城镇化进程行政区划调整与改革成效研究

STUDY ON THE ADJUSTMENT OF ADMINISTRATIVE DIVISION AND THE EFFECT OF REFORM IN THE PROCESS OF URBANIZATION

范毅 徐勤贤 张力康 / 著

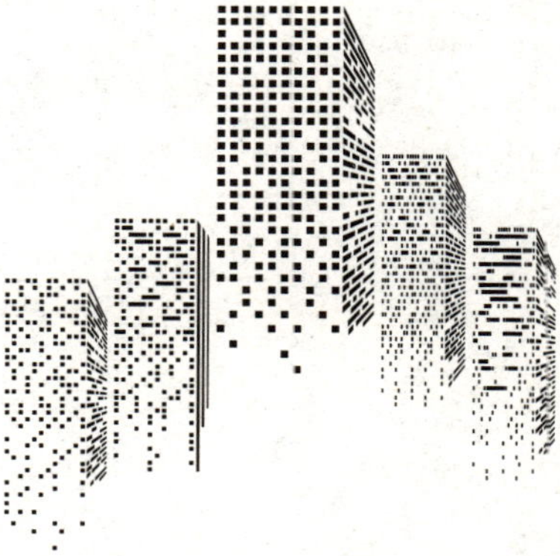

中国发展出版社
CHINA DEVELOPMENT PRESS

图书在版编目（CIP）数据

城镇化进程行政区划调整与改革成效研究 / 范毅，徐勤贤，张力康著．北京：中国发展出版社，2017.10

ISBN 978-7-5177-0722-6

Ⅰ．①城…　Ⅱ．①范…　②徐…　③张…　Ⅲ．①地方政治—行政区划—调整—研究—中国　Ⅳ．①D67

中国版本图书馆 CIP 数据核字（2017）第 173357 号

书　　　名：城镇化进程行政区划调整与改革成效研究
著作责任者：范　毅　徐勤贤　张力康
出 版 发 行：中国发展出版社
（北京市西城区百万庄大街 16 号 8 层　100037）
标 准 书 号：ISBN 978-7-5177-0722-6
经　销　者：各地新华书店
印　刷　者：三河市东方印刷有限公司
开　　　本：710mm×1000mm　1/16
印　　　张：16.5
字　　　数：235 千字
版　　　次：2017 年 10 月第 1 版
印　　　次：2017 年 10 月第 1 次印刷
定　　　价：49.00 元

联 系 电 话：（010）88919581　68990692
购 书 热 线：（010）68990682　68990686
网 络 订 购：http://zgfzcbs. tmall. com//
网 购 电 话：（010）88333349　68990639
本 社 网 址：http://www.develpress. com. cn
电 子 邮 件：370118561@qq. com

摘要

改革开放三十多年以来，我国对行政区划政策进行了较大调整，使得我国城乡行政管理体制发生了根本的变化，城市从过去的城区型政府转变为现在的区域型政府。我国行政区划调整政策的初衷是为了促进城市和区域经济的发展，现在来看基本上达到了政策设定的目标，在等级化行政管理体制下，行政等级高的城市可以利用行政手段集聚更多的优质行政资源，并带动市场资源的进入，让行政等级较高的城镇获得了优先发展机会，成为带动中国城镇化和经济发展的龙头。等级化行政管理体制不仅是中国城市管理和区域管理体制区别于国外大多数国家的一个重要特征，而且在一定程度上也是中国行政区划频繁调整的内在原因所在。

随着时间的推移，对行政区划调整争议不断增多，也带来了诸多问题，当前行政区划调整的效果如何，还需要进行综合研究分析。本课题以20世纪90年代中期以来的行政区划调整作为样本，同时选择与样本相似但并未进行区划调整的县作为参照进行对比，重点分析样本与参照系之间集聚经济和城镇人口的状况。根据以上思路，本研究以行政层级为主线，对地级市设立、县级市设立、撤县（市）设区等行政区划调整的三种模式进行研究，不仅从理论上分析讨论了这三种情形的内容和影响，而且分别就其效果进行实证研究，研究得出以下结论。

第一，地级市的设立在较大程度上推动了中心城区的发展，对地级市最初所设立的市辖区，绝大多数在其所在地级市的优势地位都得到了巩固或促进。地级市设立的中短期效果更为显著，但长期看，中心区经济总量不断增长后，其发展速度将会放缓。从地级市中心城区的人口增长来看，其中心区人口增长要显著慢于参照县市，其吸纳人口的作用并未与经济增长同步显现。

第二，过去一段时间，撤县设市对经济发展并未显示出显著的政策效果，而对城镇人口集聚却又起到抑制作用。在经济增长方面，撤县设市对当地经济发展的影响并不显著，样本和参照系之间的增长速度呈现随机分布状况。在集聚人口方面，撤县设市区划调整对城镇人口聚集有显著的抑制影响，新设市样本吸纳城镇人口的增速显著慢于参照系。如何降低进城门槛是未来在行政区划调整过程中所必须要考虑的现实问题，也是亟待解决的突出问题。

第三，撤县（市）设区类型根据中心城区发展空间是否受限可以分为两类，一类是中心城区发展空间受到限制，另外一类是中心城区发展空间不受限制。对于因中心城区发展空间受限而新设的市辖区，在市辖区设立的中短期内，对新设市辖区经济发展具有显著的正向激励作用，随着时间的推移，正向激励作用会逐步弱化。对发展空间不受限而新设的市辖区，无论在市辖区设立的中短期还是长期，影响效果均不是很显著。就集聚吸纳城镇人口来说，撤县（市）设区对吸纳人口的正向激励作用较显著。

第四，研究在基层调研基础上，对特大镇行政管理体制改革历程进行综合分析。研究认为，以“放权”为特征的特大镇改革在反复中出现不断倒退，并不能解决特大镇发展中所面临的根本问题。因此，推动撤镇设市才是根本之道，当前特大镇管理中所采取的“小马拉大车”的模式，也为解决设市将面临的机构和人员膨胀问题提供思路，为“小政府、大社会”改革提供可供借鉴的经验。

第五，行政区划调整的效果是否显著与行政区划调整后经济社会管理权限是否扩大有关。行政区划调整以后如果能够扩大行政管理权限，那么会对经济增长起到显著的推动效果，否则效果可能就是随机的。另外，当中心城区发展受空间限制较大时，扩大市辖区规模可以更好地接受中心城区的辐射带动，并对经济和人口的集聚起到显著的效果。

第六，随着时间的推移和城市规模的扩大，行政区划调整的政策红利已经充分释放，一些负面效果也开始逐渐显现，与我国经济发展和城市建设的矛盾逐渐增多。比如，城乡边界模糊加剧了土地城镇化快于人口城镇化问题；不恰当的撤县设区行为抬高了产业发展成本；城市层级间流动性较弱抑制了中小城市发展活力；权力上移限制了基层政府发展自主权；发展机会不均等扩大了不同层级城镇之间的发展差距。

第七，当前我国中心城市的城区已经具备足够的规模，已经具备推进行政区划调整改革的基本条件，推动行政区划调整改革势在必行。在经济新常态背景下，当前的重点不应该是继续通过行政手段集聚资源要素，让部分城市获得优化发展机会，而是要统筹谋划，进一步发挥中心城市的辐射带动作用，通过行政引导市场，让各类城镇获得平等发展机会；对中心城市来说，重点在于提高发展质量，把城市做精做细；要推动城市转型发展，探索新型的城市管理办法。近期来看，可以利用的手段有：改革设市模式、规范县改区、减少行政层级。远期来看，要实现以下目标：弱化行政等级，推进区域管理与城市管理分开。

目录 Contents

第一章

我国城市管理体制及形成背景

改革开放三十多年以来，为了适应经济社会的快速发展，我国开始加大行政区划体制改革推进的力度，对城市地区的行政区划进行了较大幅度的调整，比较突出的有从20世纪80年代初开始的大规模推动的市管县体制，与此同时，也经历了县改市的突进和收紧等波折，形成了切块设市、整县设市、地改市等行政区划调整的模式。虽然行政区划调整的政策初衷都是为了促进城市和区域经济的发展，但是我国行政区划调整却因受到等级化城镇管理体制的深刻影响而呈现出复杂的格局。

第一节　我国不同等级的城市

根据我国《宪法》，城市是我国行政区划的重要组成部分。在《宪法》中，城市分为国家省级的行政区划组成部分、直辖市和省辖的行政区划组成部分两类。与世界上大多数国家不同，我国的城市是有行政等级之分的。根据城市行政等级的不同，我国的城市可以分为直辖市、副省级城市、地级市、县级市。

一、直辖市

我国的直辖市是由国务院直接管辖的，人口比较集中，在政治、经济、文化等方面具有特别重要地位的大城市。在城市等级管理体制中，直辖市的行政级别最高，是全国的省级行政区划组成部分，目前全国共有4个直辖市。

新中国成立之初，直辖市的调整较为频繁。当时为了便于将管理权限较多地集中于中央，从而对地方实行高度集权的统收统支模式，除北京、天津由中央直接管辖外，沈阳、旅大（今大连）、鞍山、抚顺、本溪、西安、上海、南京、重庆、武汉、广州等其他11个直辖市均由各行政区（当时全国设立华北、东北、西北、华东、中南、西南六大行政区域）直接领导。到1953年，经中央人民政府政务院批准，新增长春、哈尔滨2个直辖市，从而使全国的直辖市增为15个。1954年6月，中央人民政府撤销了大行政区，同时仅保留北京、天津、上海等3座直辖市，而撤销其他直辖市，改设省辖市。1954年9月20日，新中国成立后第一部《宪法》公布，其中直辖市被正式列明为省级行政区域，实质上是明确了直辖市与中央的隶属关系，取消了省辖市的称谓。1958年天津由直辖市改为河北省辖市，到1968年又从河北省分离出来，恢复直辖市的建制。此后直至1997年直辖市一直仅有北京、天津和上海三座。

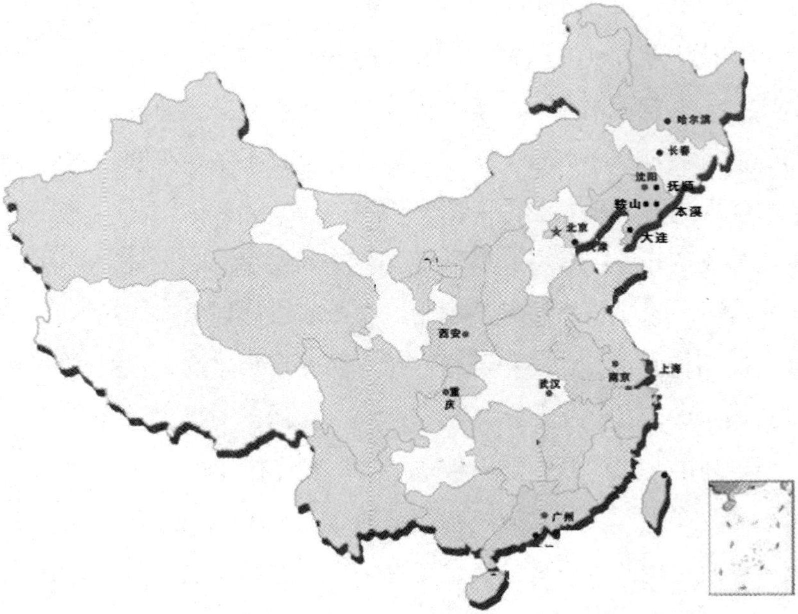

图1-1　1954年前中国的直辖市分布图

改革开放以来，重庆市是我国唯一新设立的直辖市。为了发挥重庆作为西部区域中心城市的杠杆作用，带动周边地区的发展，1997 年3 月，经第八次全国人民代表大会第五次会议决定将四川省重庆市设立为直辖市。

二、副省级城市

当前，我国的副省级城市是由一些副省级的省会城市和非省会的计划单列市构成，目前全国共有15个副省级城市。最初设立副省级市的目的是实行以提高经济效益为中心的非均衡发展战略，也是中央城市发展政策向沿海地区和中心城市倾斜的表现。

事实上，我国副省级城市的设立是与计划单列市密切相关的。计划单列市是指在不改变城市行政级别的情况下，在国家计划中将一些大城市实行单列，并赋予省一级的经济管理权限的城市综合改革的重要举措。但是在计划单列市设立之初，并未对这些大城市行政级别做明确解释，也不是省一级行政区划，仍然实行省辖市的行政管理体制。

在50年代中期和60年代初期，我国曾实行过两次对省辖大城市的计划单列，但实行不久就取消了。20世纪80年代初实行的计划单列市（全称“国家社会与经济发展计划单列市”），主要是为了解决条块分割的问题，探索实行政治与经济适当分开来发展城市经济的路子。

重庆是改革开放后第一个实行计划单列体制的城市。1983年2月，中共中央和国务院批准重庆市进行经济体制综合改革以计划单列。随后，1984年新增武汉、沈阳、大连，1985年新增广州、西安、哈尔滨，1986年新增青岛，1987年新增宁波，1988年新增厦门、深圳，1989年南京、成都、长春也相继成为计划单列市，到1993年为止共设立计划单列市14个。1993年7月，中共中央发出通知，印发《关于党政机构改革的方案》（以下简称“《方案》”）和《关于党政机构改革方案的实施意见》。《方案》规定，除重庆、深圳、大连、青岛、宁波、厦门仍保留计划单列市外，其余省会城市不再实行计划单列。全国计划单列市由14个减少为6个。1994年2月，中央机构编制委员会“中编〔1994〕1号文件”将原14个计划单列市加上杭州、济南，共16个城市确定为副省级市。1995年2月，中央机构编制委员会印发《关于副省级市若干问题的意见》的通知（中编发〔1995〕5号），明确将前述16个市定为“副省级市”，但仍为省辖市，由所在省的省委、省政府领导。1997年3月，重庆市升格为直辖市后，副省级市减少为15个，计划单列市也减少到5个。

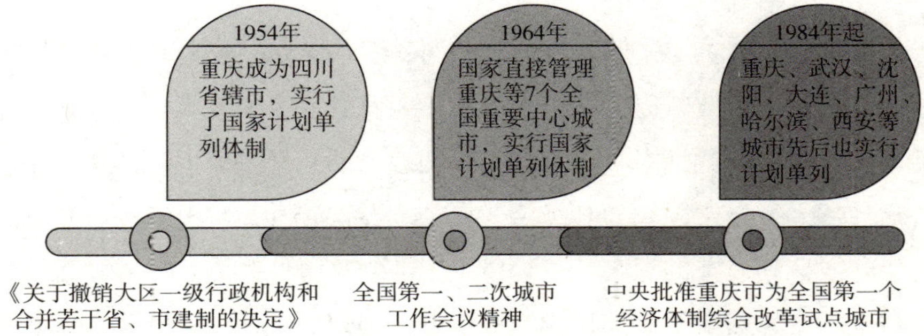

图1-2　计划单列市设立历程

副省级城市虽然行政级别较地级市高了半级，但在行政上仍受省政府领导，从区划上来说仍然是省辖市。还有一点要说明的是，“副省级城市”的设立在宪法中并无依据，也不在宪法规定的行政区划层级之内。

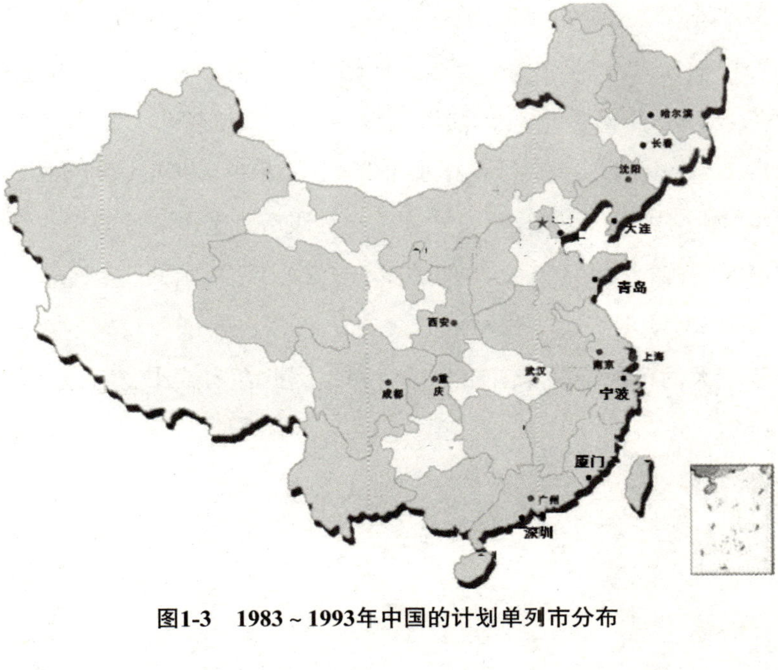

图1-3　1983～1993年中国的计划单列市分布

三、地级市和县级市

“地级市”因行政规格相当于地区行署而得名，属于地级行政区。在推行地级行政区划改革以前，“地级市”一直被称为“省辖市”。1983年国家劳动人事部、民政部在《关于地市机构改革的几个主要问题的请示报告》中首次使用“地级市”和“县级市”概念。在市管县体制改革的背景下，随着地级行政区划改革的深入，“地级市”的名称也应时而生，并得以传承下来，数量也在不断增加，并且成为地级行政区划的主体。1951～1982年，省辖市由85个发展到109个，到1983年地级行政区划改革后，全国快速增加到145个地级市，地级市进入快速增长阶段，到2004年地级市数量达到283个，自此以后，地级市数量逐步趋于稳定。

新中国成立后，专区管辖的市被称为“专辖市”，其行政地位与县相同。1951年全国共有193个专区，下辖38个专辖市，到1970年“专区”改称“地区”以后，“专辖市”又改称“地辖市”。到1982年，全国还有133个地辖市。自1983年开始地级行政区划改革后，“地辖市”便改称为“县级市”。1985～1996年县级市数量增加了261个，并在1996年达到顶峰，县级市总量达445个。1997年后县改市正式冻结，县级市总量也开始减少。

城市是我国行政区划的重要组成部分，2014年我国共有4个直辖市、288个地级市、361个县级市。根据我国《宪法》，直辖市和较大的市分为区、县，对于较大的市目前并未有统一的解释，因此在实践中，将较大的市界定为地级市。

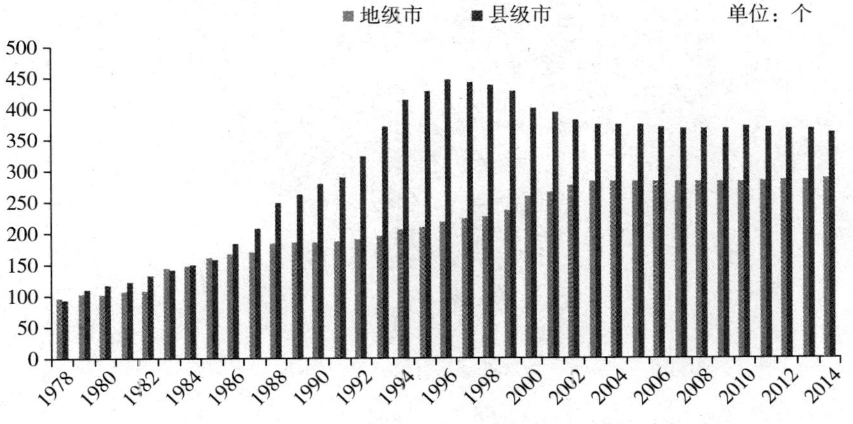

图1-4 1978～2014年地级市和县级市数量

第二节 我国城市管理体制的特征

一、我国的城市实际上是行政辖区的概念

城市不仅仅包括了这个特定的空间区域，还要包括更为广泛的辖区，既包括所辖的农村，还包括下辖的中小城市和建制镇。以苏州市为例，苏州行政辖区内既包括苏州主城6区，还包括所辖昆山、张家港等4个县级市，即使是在主城区6区中，也包括22个小城镇和部分农村区域①。再如，在《中国统计年鉴》中，以城市市辖区面积计算的北京城市人口密度仅仅为1498人/平方公里，甚至比中西部地区的一些城市的人口密度都要低。实际上，北京市辖区内既有城市也有农村，用城市人口除以辖区面积计算人口密度，会造成对北京人口密度的极大误解。但是如果使用建成区面积计算，那么北京的人口密度将高达1.4万人/平方公里。

① 资料来自《苏州2014统计年鉴》：苏州行政区划和土地面积（2013年末）。

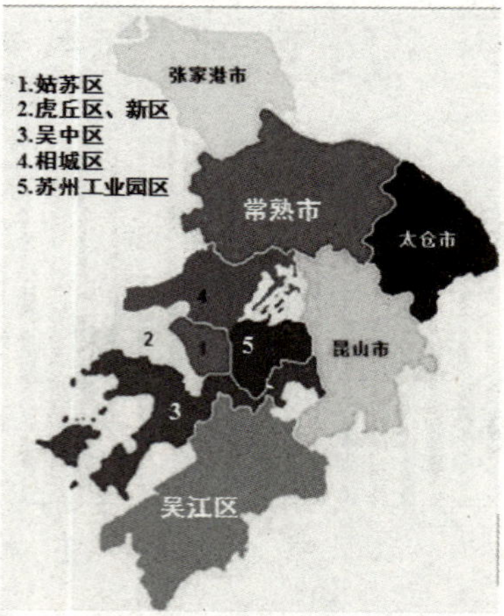

图1-5　苏州市行政区划图

表1-1　　　　　　　　　　　　苏州市行政区划构成

苏州市		
主城区	6区	姑苏区、吴中区、相城区、工业园区、高新区（虎丘区）、吴江区
		其中下辖：22个镇
县级市	4市	张家港市、常熟市、太仓市、昆山市
		其中下辖：33个镇
合计		6区、4县、55个镇

二、我国的城市有行政等级，且区域管理和城市管理界限不清

我国城市设置了行政级别，按照行政等级的高低可以分为直辖市、副省级城市、地级市、县级市和镇，不同行政级别的城市拥有的行政资源配置权力也不相同（见图1–6）。这与国际上无行政级别的自治城市有根本的区别。当前，中国的城市行政层级设置存在着两级制、三级制两种形式。其中，两级制主要包括市–市辖区（市辖区是基层地方政府）以及县（自治县，县级市）–乡（镇）。三级制主要有四种情况：市–县（郊区）–乡（镇）、设区的市–县（自治县、郊区、县级市）–乡（民族乡、镇）、自治州–县（自治县、

县级市）-乡（民族乡、镇）。在上述城市行政层级中，三级制属于具有主导性地位的普遍形式，即“市-县-镇（乡）”以及“市-区-镇（街道、乡）”的结构，不同层级的城镇之间存在领导和被领导的关系。国外城市一般不具有行政等级，在各个层级上，市镇无论大小，在法律上一律平等；经济实力虽相差悬殊，但在法律上拥有同样的权利，不存在领导与被领导的关系。

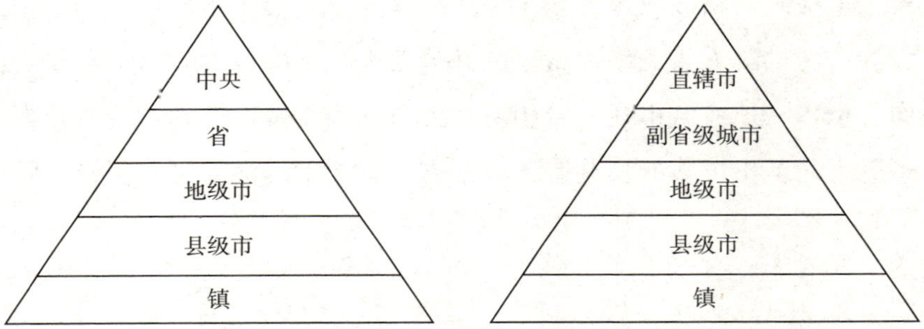

图1-6　中国城镇行政等级和行政管辖关系图

在我国等级化的城市管理体制下，其中一部分城市对于低级别的城市有管辖权限。如副省级城市还要管辖行政区域内的其他城镇，地级市也要管理着县级市、县和建制镇等。这也是中国城市管理和区域管理体制区别于国外大多数国家的一个重要特征。同时，这在一定程度上是中国行政区划调整的内在原因所在。

三、相对自给自足的城市公共服务体系和基础设施投入机制

由于当前的城市行政管理体制具有来自农业社会的传统惯性，中国城市的财政收入机制和投融资机制基本是服务于本辖区内户籍居民的。虽然基础设施在辖区内不可避免地服务于外来人口，但是投资、运营以及管理主要还是按照计划经济的方式以行政区的名义来申请和获得审批。比如，在财政转移支付方面，我国一些转移支付是按照户籍人口进行分配的。而随着土地出让收入占地方财政收入比重的不断提高，可用土地资源和能否获得建设用地指标成为决定地方财政收入总量的重要因素，对前者来说，土地资源的数

量是与本地人口密切相关的，后者在分配时户籍人口数量也是重要的参照因素。因此，地方城市政府的财政收入带有强烈的区域封闭色彩，且与本地户籍人口总量具有密切关系，这也决定了中国城镇化进程中城市作为一个区域，所担当的责任和压力。在财产税占地方政府财政收入比重较高的国家中，对人口的吸引力是决定本地财产价值的重要因素，地方政府乐于通过吸引人口来增加政府财政收入，乐于将人口作为重要资源。而在我国，正是这种特殊的资源供给方式，使得城市的开放度大大下降，人口这一重要资源往往被作为负担，地方城市政府希望更多人口作为发展的劳动力资源要素，但是并不愿为之承担过多的公共服务成本支出，要素的流通受到了极大的体制制约。

第二章
我国行政区划调整政策沿革

我国的行政区划调整实际上是适应国家经济社会发展的历史大潮流的，而且经过不断演化，在不同的时代背景下，服务于不同的发展需求，行政区划调整政策也有着不同的重点内容、不同的政策目的以及不同的效果。改革开放前，我国城市基本上管理城市自身，而区域管理则分为省、县、乡三个层次，同时通过地区行署、区公所等派出机构实现，农村管理通过县乡两级政府来实施，基本是“省-县-乡”三级管理模式。改革开放以来，我国行政区划政策进行了较大的调整，在所有的行政区划调整变更的任务中，设市和设区是两类行政区划调整的内容，也是受到普遍关注、引发很多争论的内容。

第一节　设市工作及标准的演变

一、新中国成立之初的设市标准

新中国成立初期，中央政府原则规定：人口在5万以上的城镇准予设市。1951年12月政务院在《关于调整机构和紧缩编制的决定》中，从精简机构的目的出发，提高了设市标准，规定“凡人口在9万人以下，一般不设市”。1954年颁布的《中华人民共和国宪法》明确规定了市作为行政区划建制的法律地位。

1955年6月，国务院全体会议第十一次会议通过《关于设置市、镇建制的决定》，指出：“市，是属于省、自治区、自治州领导的行政单位。聚居人口10万以上的城镇，可以设置市的建制。聚居人口不足10万的城镇，必须是重要工矿基地、省级地方国家机关所在地、规模较大的物资集散地或者边远地区的重要城镇，并确有必要时方可设置市的建制。市的郊区不宜过大。”到1961年我国有直辖市2个、省辖市58个、专辖市150个。

二、设市工作的停滞与倒退

1962年中共中央、国务院发布了《关于当前城市若干问题的指示》，要求从严审查市镇。1963年12月，国务院出台了《关于调整市建制、缩小城市郊区的指示》要求“对市镇人口必须严格控制，对市镇建制的设置必须恰当”，提出“撤销不够设市条件的市、缩小市的郊区、调整镇的建制等”三项措施，并要求“在完成精减职工、减少城镇人口任务和缩小郊区以后，聚居人口不足10万人且不符合特殊条件的市，都应撤销市建制”。在市镇建制从严管理的同时，为控制城镇人口增加，户口迁移的管理也越发严格。这段时期的政策效果使得市的建制数量得到了严格的控制。到1965年，全国共有2个直辖市、73个省辖市、94个专辖市，市的总数由1961年的210个减少到1965年的169个。

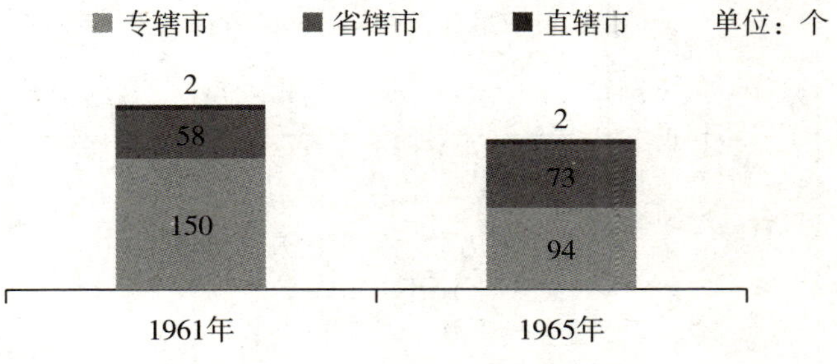

图2-1　1961～1965年市的数量变化

三、改革开放以来设市标准演变

自国务院于1955 年公布第一个设置市、镇建制的标准之后，市的建制标准又经历过几次变动。国务院于1986年和1993年分别批转了《关于调整设市标准和市领导县条件报告的通知》[①]以及民政部《关于调整设市标准的报告》[②]。目前执行的设市标准是1993年国务院批转民政部《关于调整设市标准的报告》中所规定的，不仅调整提高了1986年的设市标准，并且新增了工业产值比重、工业总产值、第三产业比重、地方财政人均收入、财政总收入及城市公共基础设施完善程度等指标，共有六大类13项指标。

表2-1　　我国有关设市文件

年份	文件名	规定标准	其他
1955年		国务院公布的第一个确定城镇的标准，其中：聚居人口10万以上的城镇可以设市	若聚居人口不足10万，必须是重要工矿基地、省级地方国家机关所在地、规模较大的物资集散地或边远地区的重要城镇，确有必要时，也可设市
1963年	中共中央、国务院《关于调整市镇建制、缩小城市郊区的指示》	在完成精减职工、减少城镇人口任务和缩小郊区以后，聚居人口不足10万人且不符合特殊条件的市，都应撤销市建制	
1986年，国发〔46〕号文	国务院批转民政部《关于调整设市标准和市领导县条件报告的通知》	非农业人口 6 万以上，年国民生产总值 2 亿元以上，已成为该地经济中心的镇，可以设市	少数民族地区和边远地区的重要城镇、重要工矿科研基地、著名风景名胜区、交通枢纽和边境口岸，虽不足以上标准，如确有必要，也可以设市
		总人口 50 万以下的县，县人民政府驻地所在镇的非农业人口 10 万以上，常住人口中农业人口不超过 40%，年国民生产总值 3 亿元以上，可以撤县设市	

① 1986年国务院以国发〔1986〕46号文批转了《关于调整设市标准和市领导县条件报告的通知》，通知规定了“切块设市”的标准：非农业人口6万以上，年国民生产总值2亿元以上，已成为该地经济中心的镇；达不到上述标准但确有必要设市的少数民族地区和边远地区的重要城镇，重要工矿科研基地、著名风景名胜地、交通枢纽、边境口岸等。

② 1993年2月8日，民政部向国务院上报了《关于调整设市标准的报告》，国务院于5月17日以国发〔1993〕38号文件批转试行。

续表

年份	文件名	规定标准	其他
1986年，国发〔46〕号文	国务院批转民政部《关于调整设市标准和市领导县条件报告的通知》	总人口50万以上的县，县府所在镇的非农业人口一般在12万以上，年国民生产总值4亿元以上，也可撤县设市	自治州人民政府或地区（盟）行署驻地所在镇，虽不足以上标准，如确有必要，也可以设市撤县
		市区非农业人口25万以上，市国民生产总值10亿元以上的中等城市，可以实行市领导县的体制	
1993年，国发〔1993〕38号	国务院批转民政部《关于调整设市标准的报告》的通知	国务院对1986年的设市标准又作了调整，采取了分类指导的原则和增加了考察的指标	

第二节　市领导县体制演变

一、改革开放前，市领导县体制经历了短暂的发展后被叫停

新中国成立初期，我国就有少数城市实行市领导县体制。此后，实行市领导体制的城市逐渐增多。1958年，为发挥中心城市在经济建设中的聚集效应和辐射作用以及保障大中城市的蔬菜副食品供应，国务院先后批准北京、天津、上海三市和辽宁省全部实行市领导县体制，并逐步在一些经济较发达地区试点并推广。到1958年底，全国有28个市领导118个县。此后，“市领导县”做法得到中央的认可，1959年9月，全国人大常务委员会二届九次会议通过了《关于直辖市和较大的市可以领导县、自治县的决定》，从法律上确定了市领导县的体制，肯定了市领导县体制，以促进工农业的相互支援，便利劳动力的调配。1960年，全国有48个市领导234个县，被市领导县的数量增加了116个。“市领导县”体制的产生与当时“大跃进”“人民公社化”运动的冒进思潮、保证城市供给的特殊目的以及中央向地方放权有很大的关联，当时

几乎所有的直辖市、省会城市、大城市都实行了市领导县体制。

然而，在自然灾害等因素的影响下，60年代初期的经济形势越发严峻，农村形势更加严峻，粮食供应严重短缺，市领导县体制受到了极大影响，重又回到了市、县分治。1963年党中央和国务院在《关于调整市建制、缩小城市郊区的指示》中决定压缩一些市镇建制，暂停推广市领导县体制。在这一背景下，绝大多数市领导的县又恢复了原有体制，划回专区。到1965年，只有24个市领导78个县。此时，省委托地区行署（省政府的派出机构）实现对县的管理。1966年"文革"开始后，全国绝大多数省、自治区、市、县乃至区、街、人民公社都相继改为各级革命委员会。1970年"专区"一律改称"地区"，"专员公署"改为"地区革命委员会"。此举使得地区成了省、县两级政区之间的一种正式行政层级，并且为以后的做实地级市埋下了伏笔。而且在1978年，将市领导县体制写入宪法修正案，这就从法律上对市领导县体制进行认定。

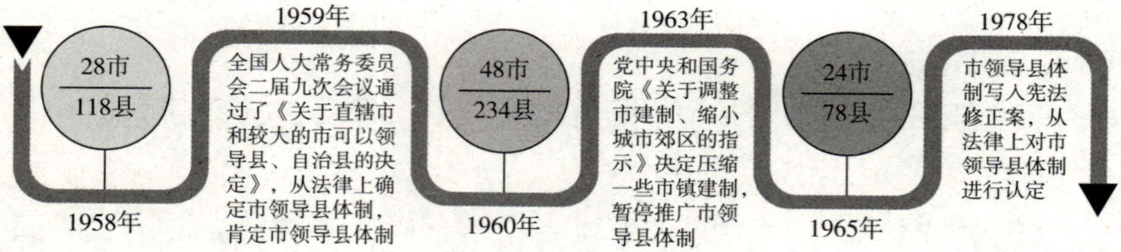

图2-2　市领导县体制的形成演变

二、改革开放后，市管县体制的嬗变

真正大规模的推行市管县体制是在改革开放以后的20世纪80年代。中央政府重视城市在经济发展中的地位和作用。1981年11月第五届人大四次会议的《政府工作报告》中指出："以大中城市为依托，形成各类经济中心，组织合理的经济网络"。而1984年10月中共十二届三中全会通过的《关于经济体制改革的决定》中也明确指出："实行政企职责分开以后，要充分发挥城市的中心作用，逐步形成以城市，特别是大、中城市为依托的、不同规模的、开放式、网络型的经济区”。

为了推进中央有关经济改革政策，城市同步推进系列改革措施。1982年12月中共中央、国务院在《关于省、市、自治区党政机关机构改革的若干问题的通知》（中发〔1982〕51号）中提出，“在经济发达地区将省辖中等城市周围的地位、行署与市委、市政府合并，由市管县”，同时肯定了辽宁等省在经济发达地区实行市领导县体制的经验，提出要“改革地区体制，实行市领导县体制”，并决定推广市领导县行政体制，实行地市合并或地改市，同时确定在江苏省首先试点。1983年1月，国务院批准江苏省人民政府为实行市管县的新体制而制定的《关于改革地市体制调整行政区划的报告》，批准其在全省范围内撤销原有的地区行政公署，率先“撤地建市”，实行市领导县体制。1983年2月，中共中央、国务院又发出《关于地市州党政机关机构改革若干问题的通知》（中发〔1983〕6号），要求“积极试行地、市合并”“逐步实行市领导县的体制”。3月，中共中央《关于地市州机构改革中应注意的几个问题的通知》强调，各地要从自己的实际情况出发，积极稳妥地实行市领导县体制。截至1988年底，全国有165个市领导647个县，辽宁、江苏、广东3个省全面实行了市领导县体制。1993年国务院批转民政部《关于调整设市标准报告的通知》中，对地级市的设立标准进行了具体规定。这样，地级市的设立有了明确标准，地级市也明确成为一级城市政府，地级市政府逐步做实。

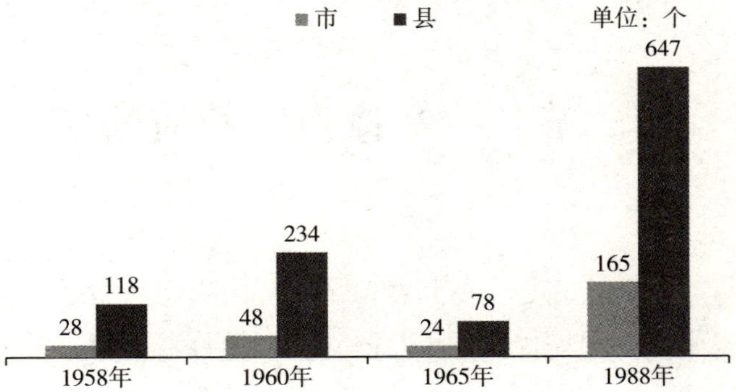

图2-3　实施“市领导县”体制的市和县数

三、市领导县体制简要评价

回顾市领导县体制的变迁，这个体制是一定历史条件的产物，带有很浓的计划经济体制色彩。从实行市领导县体制的目的看，50年代主要是为解决大中城市的蔬菜副食供应，80年代主要是为了发挥中心城市的辐射带动作用，促进城乡共同发展。对于市领导县体制，有些调查研究认为发挥了中心城市的作用，对农村、区域发展起到了带动作用，推动了工商业的繁荣和小城镇的发展。市领导县体制在实践中的直接成效，集中表现在为城乡发展提供了商品经济发展的外部条件，从而对突破城乡分割，推动城乡要素流动具有积极作用。总体上，市领导县体制发挥了积极作用，市带县体制对地区经济发展产生了重要的影响。在行政资源等级化配置模式下，农村资源过度向城市集中，而中小城市的资源又过度向高等级城市集中，大大抑制了中小城市以及农村的经济发展活力。对市领导县体制的批评从未中断，有的学者就明确建议放弃市管县体制，在这种体制下，城乡分割状况不是在减轻，而是日趋严重，主要表现在市里通过行政干预县的自主决策；同时，机构重叠，层次繁杂，关系不顺，降低了办事效率。市管县体制下，由于市的经济实力不够雄厚，市对县缺乏带动作用，甚至依靠县的“供奉”来维持市的发展，市县争利矛盾突出；同时由于难以平衡城乡利益分配，使农村工作处于不利地位。“市卡县、市刮县”的问题就缘于此。

第三节　“县改市”政策演变

“县改市”政策实施是改革开放以来行政区划调整的最主要内容之一。“县改市”政策的大规模推进，也是对我国传统行政管理体制的一个重大的改革。

一、从城区型市制向广域型市制的转变

从我国城市的历史来看，在20世纪80年代以前我国大多数城市不具有区域管理职能，仅仅管辖城市市区和郊区，是传统的城区型行政区划建制，仅有极少数较大市可以管辖县。因此，在80年代以前，城市设立大多是从县域中析出，以这种形式设市俗称“切块设市”。所以过去城市建制的一般特征是指管辖城市地区的市政当局，其职责行使的地域范围很小，限定于市区。

1980年，国务院批转了全国城市规划工作会议提出的“控制大城市规模，合理发展中等城市，积极发展小城市”的方针。这一方针对此后“县改市”的兴起产生了重要影响。与此同时，随着农村改革的推进，农村经济得到较快发展，限制城乡人口流动的就业管理制度也开始松动，农村剩余劳动力大量转入非农业生产领域，市场经济的发展要求进一步突破城乡的壁垒。在当时的经济发展和改革开放纵深推进的大背景下，各地实践中表现出对释放小城市发展活力的强烈渴求，设市工作被提上了议事日程。

最早的“县改市”工作有两种形式：一是撤销县，设立地级市，比如撤销宝安县，设立地级深圳市；撤销珠海县，设立地级珠海市。二是撤销县，设立县级市。然而对于设立县级市来讲，这就遇到了法律障碍，我国《宪法》规定，县之下可辖乡镇，较大的市才可以领导县。对于县级市来讲，是不可以辖乡镇的。这个矛盾最早是通过市县合并来解决的。1978年浙江省将吴兴县的湖州镇、嘉兴县的嘉兴镇、绍兴县的绍兴镇、金华县的金华镇和衢县的衢州镇改为市，即切块设市。但是带来了市县矛盾突出，为此浙江省申请将5县与5市合并，1981年国务院批准了浙江省的请求，撤销吴兴、嘉兴、绍兴、金华、衢县，其行政区域并入湖州、嘉兴、绍兴、金华、衢州等5个县级市，同时指出“五个县都改市带有试验性质”。1983年，民政部、劳动人事部在实地调查摸底的基础上，在上报国务院的《关于地市机构改革中的几个重要问题的请示报告》中肯定了撤县设市模式，并提出了县改市的具体标准。由此以后，撤县改市成为设市的主要模式。由于撤县设市模式的推行，县级市建制也从传统的城区型转向了广域型，市下辖的区域范围既包括城

区，也包括农村。这就是我国广域型城市形成的制度背景，也是我国城市的主要特征。

二、“县改市”标准的调整

在1983年提出的内部设市标准中，“县改市”的标准设定为“整个县设为市（或撤销县并入市）的，县政府驻地的非农业人口应在8万以上（总人口50万以上的县改市的，县政府驻地的非农业人口要占总人口的20%）、工业年产值要在2亿元以上”。1986年，国务院批转了民政部《关于调整设市标准和市领导县条件的报告》中公开提出了“镇改市”和“县改市”标准，“县改市”的相应标准设定为“总人口50万以下的县，县人民政府驻地所在镇的非农业人口10万以上、常住人口中农业人口不超过40%、年国民生产总值3亿元以上”“总人口50万以上的县，县人民政府驻地所在镇的非农业人口一般在12万以上、年国民生产总值4亿元以上”和“自治州人民政府或地区（盟）行政公署驻地所在镇，非农业人口虽然不足10万、年国民生产总值不足3亿元，如确有必要，也可以设市撤县”。相比1983年标准，1986年的非农业人口标准中，根据1984年提出自理口粮进镇落户农民计算在非农业人口之中。1993年国务院批转的民政部《关于调整设市标准的报告》对“县改市”标准进行了重新调整，将“县改市”标准按照人口密度的不同进行区分，通过分类指导的方式，提出不同的“县改市”标准，并对撤县设市增加了全县情况的指标。

表2-2　　我国现行设市标准

指标		设立县级市			设立地级市
		原来县的人口密度			
		>400	100～400	<100	
人口	县城镇人口中				市政府驻地
	非农产业人口	≥12万	≥10万	≥8万	
	非农户口从事非农产业人口	≥8万	≥7万	≥6万	>20万
	县总人口中				市区人口中
	非农产业人口	≥15万	≥12万	≥10万	>25万
	非农产业人口占比	≥30%	≥25%	≥20%	

续表

指标		设立县级市			设立地级市
		原来县的人口密度			
		>400	100～400	<100	
经济	全县乡镇以上				市区
	工业产值	≥15亿	≥12亿	≥8亿	工农业总产值>30亿
	工业产值占工农业总产值的比重	≥80%	≥70%	≥60%	>80%
	全县GDP	≥10亿	≥8亿	≥6亿	市区GDP>25亿
	全县第三产业占GDP比重	>20%	>20%	>20%	>35%
	地方预算内财政收入	承担一定上解任务			地方预算内财政收入>2亿
	人均收入	≥100元/人	≥80元/人	≥60元/人	
	总收入	≥6000万元	≥5000万元	≥4000万元	
基础设施	自来水普及率	≥65%	≥60%	≥55%	无
	道路铺装率	≥65%	≥55%	≥50%	
	排水系统	较好	较好	较好	

三、“县改市”工作的收紧

1994年10月，中央发函各级停止“撤县设市”。1997年，中共中央、国务院《关于进一步加强土地管理切实保护耕地的通知》（中发〔1997〕11号）中出于保护耕地的目的，要求：“自本通知下发之日起，冻结县改市的审批”，“县改市”工作正式被冻结。1998～2012年，城市数量不但没有增加，反倒由668个减至657个，减少11个。直至2010年，民政部只批复了云南蒙自、文山两个县撤县设市，江西德安县部分区域设立共青城市的申请。2013年1月，民政部批准吉林扶余和云南弥勒两县改为县级市，停滞多年之久的设立县级市才有所松动。

四、简要评价

改革开放初期，“切块设市”是设市的主要模式，对于“切块设市”主要是依据“市县分立、城乡分离”的思路，将某一行政区域内城镇人口较集中的一块社区单独划出来设市。这样做可实现行政区域与城市地域相一致，便于政府根据城市的特点，集中精力管好城市，城乡界线清楚，也促进了一批具有一定人口集聚和经济发展优势、基础设施较好、功能齐全的镇发展为中小城市，且范围较小，易于集中管理。但是，由于切出去的往往是县内最发达或者最有发展潜力的“块”，对县域经济的发展必然造成不利的影响，设“市”后可能会导致机构人员的膨胀，还造成一系列的问题，比如切块设市往往与县的各种利益关系难以协调；市县矛盾冲突加剧等；小城镇切块设市面临所在县级政府的阻力较大。为了解决这些问题，并从工作便利的角度出发，撤县设市成为设市的主要方式，1993年以后切块设市的模式已经非常少见了。

整县设市基本克服了传统切块设市的弊端，解决了切块设市模式造成的市县并存、同驻一地、重复建设的问题，精简了机构，有利于县级政区的稳定。不可否认的是，撤县设市对一些县市来说，确实推进了城市建设，加快了非农产业发展步伐，推进了城镇化的发展，但是在实际工作中，撤县设市成为一件彰显地方发展政绩的行为，致使撤县设市快速推进，比如从1992年到1996年，我国撤县设市数量达183个，县级市数量增加了近60%。与此同时，有些地方借撤县设市大肆圈地谋利，使得耕地非农占用数量快速增加，仅从1992年到1994年三年间，共减少耕地1.1亿亩。在管理中，市政合一的体制加剧了行政分割，不断出现政区的变化，行政等级越趋复杂，诸多问题的存在也使得中央政府不得不叫停撤县设市工作。随着撤县设市工作的推进，我国城市也从城区型完全转化为广域型市制，之前一些切块所设城市也都增加了一些乡镇，增加了所谓的城市腹地。这样使得中国城市区别于世界上绝大多数国家的城市。城市管辖农村原本是希望城市能够带动农村的发展，消除城乡分割，但是在工作中更多地表现为方便了城市利用农村资源，突出表现在对乡村土地资源的占用上。

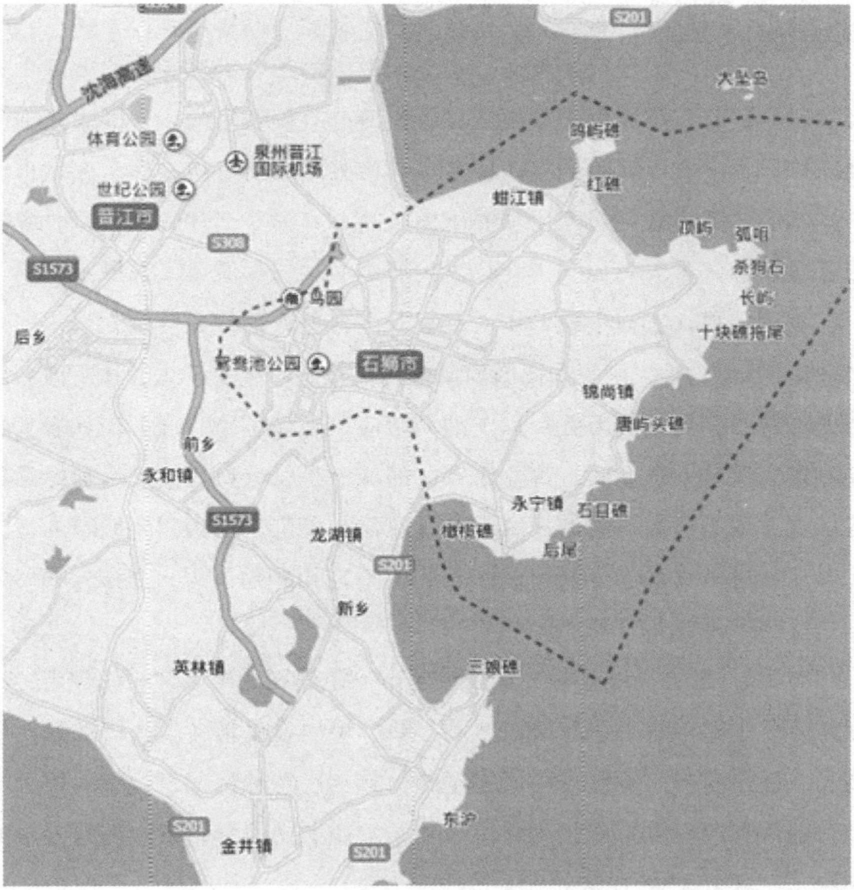

图2-4　以石狮市设立为例的切块设市示意图

第四节　市辖区相关政策演变

一、新中国成立到20世纪70年代末

新中国成立初期城市设区一个重要考虑是加强较大的城市的社会管理

以及保障市民参政的机会，“城市工作宜于集中，人口少的市，在市人民代表大会下不要有区人民代表大会一级。但较大的市若无区一级，就减少人民参政的机会，且有很多事不是市人民政府所能直接做了的。”同时还强调了一些原则，如“有些区里的事情，必须由市人民政府直接来做。大城市设区级，绝不应该有了区一级反增加办事的重复、麻烦”。1950年11月，政务院公布《大城市区各界人民代表会议组织通则》和《大城市区人民政府组织通则》，规定人口10万以上的城市，应召开区各界人民代表会议，建立区人民政府。而1951年4月，中央人民政府政务院又发布了《关于人民民主政权建立工作的指示》，规定10万人口以上的城市应该分设区，召开人民代表大会，成立区级人民政府。此时，设立市辖区的城市是以人口规模为衡量标准的。市辖区真正成为法律认可的一级地方行政建制单位，是1954年颁布的《中华人民共和国宪法》以及同年9月颁布的《地方组织法》。《宪法》第5条规定：“直辖市和较大的市分设区”。

1955年6月国务院发布的《关于设置市、镇建制的决定》明确规定：“人口在20万以上的市，如确有分设区的必要，可以设市辖区。人口在20万以下的市，一般不应设市辖区；已经设了的，除具有特殊情况，经省人民委员会或者自治区自治机关审查批准保留者外，均应撤销，分别设立街道办事处，作为市人民委员会的派出机关。需要设市辖区的，也不应多设。”从《决定》中可见，市辖区秉持的是“不多设”的原则，而且对设区的市的人口标准提高了一倍。

新中国成立初期由于中心任务所限，没有及时研究制定设市、设区、设镇标准，因而设区与设市一样增设数量较多。1949年底全国设市辖区275个，到1954年达到471个，增加了196个。而1955年开始，对市辖区进行了调整，到1958年市辖区比1954年减少了200个。此后市辖区数量一直在波动，到1978年达到408个。在新中国成立到20世纪70年代末，市辖区设置权在各省（自治区）。在计划经济体制的背景下，市辖区主要是在市政府的集中统一管理下行使自己的职权，自身没有较大的独立性，实际权限较小。

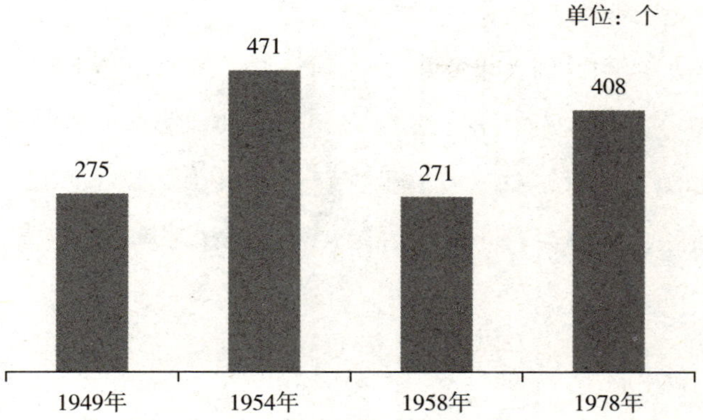

图2-5　改革开放前市辖区数量变化

二、改革开放以来，我国市辖区数量变动

1978～1996年，行政区划调整主要是以地级市做实和县改市为主，带动了市辖区的稳步增长。我国地级市的数量从97个增加到218个，增加了121个。同期，市辖区的数量由408个增长到717个，增加了309个。

1997年以后，随着“县改市”冻结和地级市政府的逐渐强化，地级以上城市为了能够在更大范围内集中资源，将县（市）改区作为城市扩张的手段，“县（市）改区”也逐渐成为此后一段时间内行政区划调整的主要内容。“县（市）改区”通常做法是将大城市周边的县或县级市改为区，纳入到大城市行政区范围内，从而为大城市及其周边地区的统一规划和协调发展创造条件。一些百强县诸如佛山顺德和南海、无锡锡山、常熟武进等相继变为上级城市的市辖区。1997～2005年，市辖区数量从727个增加到852个，同期我国的县级市却从442个减少到374个，县从1693个减少到1636个。

2005年以后，县（市）改区也开始受到限制，市辖区数量基本保持850多个。从2011年开始，县（市）改区又重新引起关注，比如苏州吴江撤市设区。2011～2014年，撤县设区9个，均为西部地区；而撤市设区11个，均为东部地区。

在“县改区”的同时，北京、上海、天津、重庆、厦门、沈阳等大城市的市辖区调整、合并以及建立一些新区是这一段时期内行政区划调整的重要内容之一。如北京城区的崇文、宣武二区分别并入东城、西城，上海的南汇区并入浦东新区，天津的塘沽、汉沽、大港三区并入滨海新区等。

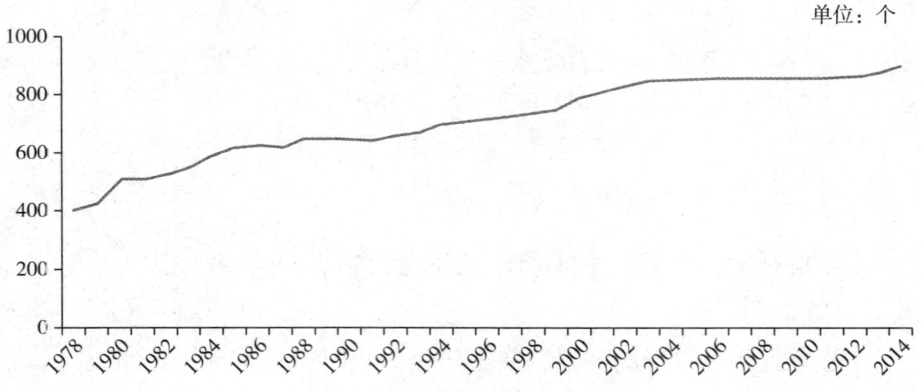

图2-6　1978～2014年市辖区数量

三、当前市辖区的现状

市辖区本来是城市的重要组成部分，但当前我国城镇化快速发展，一些城市为了快速扩张，采取强行行政划转的手段，出现了一些市辖区城镇人口集聚不足，农业人口仍占据很高的比重，甚至一些地区人口净流出明显等现象。这些已经违背了市辖区设立的初衷。

15%的市辖区城镇化率低于50%，未达到全国平均水平。按城镇人口比重对市辖区进行排序，城镇人口比重80%以上的市辖区445个，60%～80%的有211个，50%～60%的有77个，40%～50%的有72个，40%以下的有62个。分区域来看，东部地区92%的市辖区城镇人口占比在50%以上；中部和西部地区这一比重分别为85%和72%。

表2-3　　按城镇人口占比的市辖区分布情况

城镇人口占常住总人口的比重	市辖区数量（个）	其中		
		东部	中部	西部
80%以上	445	208	162	75
60%～80%	211	90	68	53
50%～60%	77	33	22	22
40%～50%	72	18	30	24
40%以下	62	12	15	35

资料来源：根据2010年第六次全国人口普查数据整理。

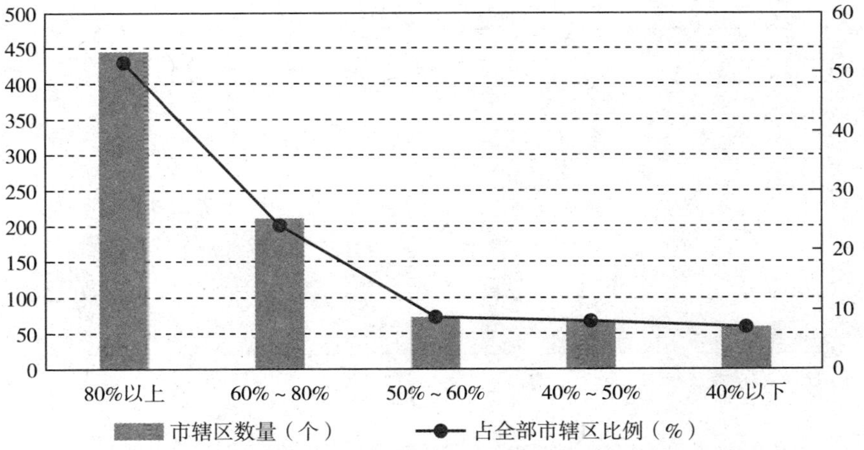

图2-7　按城镇人口占比的市辖区分布情况

资料来源：根据2010年第六次全国人口普查数据整理。

43%的市辖区仍有一半以上的农业人口，具有明显的农业地区特征。按非农业人口的比重进行排序，非农业人口比重80%以上的市辖区有153个，60%～80%的为235个，50%～60%的103个，40%～50%的102个，40%以下的有274个。可见，当前市辖区非农业人口比重超过50%的有491个，占全部市辖区总数的56.6%；而东部、中部和西部地区分别有54.3%、67%和45.9%的市辖区的非农业人口比重超过50%。

表2-4　　按非农业人口比重的市辖区分布情况

非农业人口比重	市辖区数量（个）	其中		
		东部	中部	西部
90%以上	58	22	36	0
80%～90%	95	51	39	5
60%～80%	235	84	87	64
50%～60%	103	39	37	27
40%～50%	102	42	32	28
40%以下	274	123	66	85

资料来源：根据2010年第六次全国人口普查数据整理。

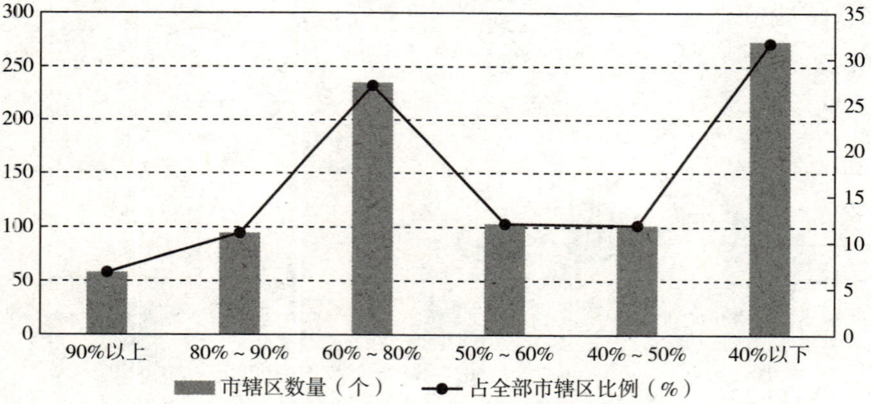

图2-8　按非农业人口比重的市辖区分布情况

资料据来源：根据2010年第六次全国人口普查数据整理。

从城镇人口占比以及非农业人口占比的情况看，全国市辖区中城镇人口占常住人口比重不到50%的仍有134个，超过半数是西部地区的；而农业人口占比高于60%的市辖区有274个，其中东部123个、中部66个、西部85个。一些市辖区常住总人口众多，而农业人口却占据很高的比重。像安徽省亳州市谯城区常住总人口为141万，其农村人口总量达93.5万，城镇人口比重仅为33.7%；甘肃武威凉州区常住总人口101万，其农村人口达79万，城镇人口比重仅32.8%；类似的情况还有广西来宾市的兴宾区、河北唐山市的丰南区等。这些市辖区实际上还有大范围的农村，还承担着管理农村的功能。

近三分之一的市辖区处于人口净流出状态。城市应是吸引人口集聚的地方，市辖区更应该发挥人口集聚的功能，但是现有的一些市辖区反而是人口净流出的地区。根据“六普”分区县的数据，全部市辖区净流入的总人口为8908万人，其中，人口净流入的市辖区有625个，净流入总人口为10011.7万人；而人口净流出的市辖区有242个，净流出总人口为1103.1万人。

在625个人口净流入的市辖区中，净流入人口在100万以上的有16个，50万~100万的有22个，20万~50万的有82个，10万~20万的有124个，10万以下的有381个。像深圳的宝安区净流入人口399万、上海浦东新区227万、深圳龙岗区191万。近似将净流入人口作为外来人口可以看到，外来人口占常住人口比重超过50%的市辖区有33个，除内蒙古鄂尔多斯东胜区、新疆乌鲁木齐水磨沟区为西部外，其余均在东部。

而在242个人口净流出的市辖区中，净流出人口20万以上的有8个，10万~20万的有31个，5万~10万的有28个，净流出人口不足5万的有175个。

表2-5　不同净流入和净流出人口规模市辖区数统计

规模	人口净流入的市辖区（个）				人口净流出的市辖区（个）			
	全国	东部	中部	西部	全国	东部	中部	西部
100万以上	16	16	0	0	0	0	0	0
50万~100万	22	19	2	1	0	0	0	0
20万~50万	82	45	12	25	8	2	2	4
10万~20万	124	74	25	25	31	7	9	15
5万~10万	134	54	47	33	28	12	8	8
5万以下	247	93	105	49	175	39	87	49
合计	625	301	191	133	242	60	106	76

资料来源：根据2010年第六次全国人口普查数据整理。

通过上述数据分析可以看出，我国大多数城市都存在市辖区空间规模偏大的特征，市辖区并未完全表现为城市的辖区，市辖区内农村人口还要占到多数，甚至还是典型的农业地区。从这个角度出发，我国绝大多数城市在发展过程中，城市发展空间不足问题并不突出，但是一些城市还有强烈的县改区冲动，究其原因不过是为了能够控制更大规模的资源。

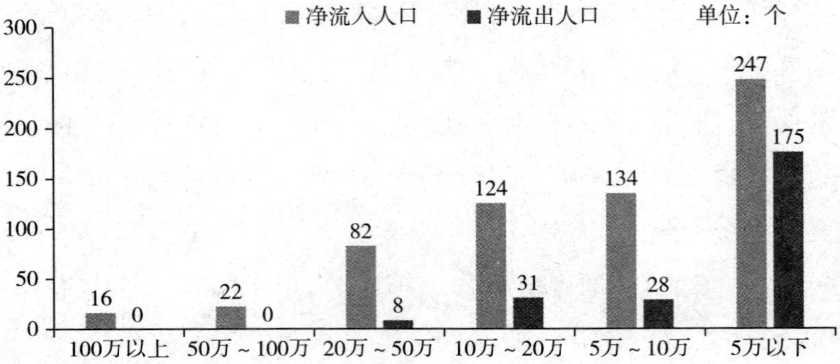

图2-9　不同净流入和净流出人口规模市辖区数统计

资料来源：根据2010年第六次全国人口普查数据整理。

第三章

地级市设立效果评估

我国地级市设立分为三类。一是撤地设市，即将原有地区和地区所在县级市、县撤销，全部一并设立为地级市，原来地区所在县级市和县设为市辖区。例如，1997年撤销聊城地区和县级聊城市，设立地级聊城市，设立东昌府区。我国大多数地级市通过此类方法设立。二是县级市升格为地级市，原县级市行政区域设为市辖区行政区域。例如，2000年撤销省直辖县级随州市，设立地级随州市，原县级随州市行政区域为曾都区行政区域。三是将县直接升格为地级市。比如，1988年广东撤销清远、河源、阳江3个县，设立3个地级市。

第一节　不同阶段地级市的设立

从我国地级市设立情况来看，地级市大致分为以下几个阶段[①]：

一、新中国成立初期快速发展阶段（1949～1957年）

新中国成立初期，党和政府把恢复经济和稳定社会秩序作为当时城市建设的主要任务，确立了“城市建设为经济建设服务”的城市发展方针，促进了城市经济的恢复和发展，促进了城市社会的安定和繁荣。而且由于新中国成立初期我国并未有明确的城市设立标准，城市数量快速增加，其中包括地

① 改革开放以前的数据主要来自于刘君德、冯春萍等《中外行政区划比较研究》，华东师范大学出版社2002年版。

级市[①]的数量快速增加。地级市数量从1949年底的54个增加到1957年底的92个，增加了38个。

二、大幅回落阶段（1958~1964年）

1958年我国对城市设置进行了较大的调整，仅此一年，地级市数量减少了24个。此后虽也有一定回升，但是三年自然灾害后，中央重新收紧了设市政策，甚至撤销了一些城市，地级市的数量重新出现较大幅度减少，到1964年，我国地级市数量为75个。

三、徘徊和缓慢增长阶段（1965~1982年）

1982年，我国地级市数量达112个，相比1964年增加了37个，年均增长仅2个。而且这期间仅1978年到1982年期间，地级市数量就增长了12个，总体上地级市数量在徘徊中缓慢增加。

四、加速发展阶段（1983~1988年）

1983年我国全面推行了市领导县体制，同时也正式提出了地级市的叫法。当年地级市数量呈现井喷式增长，仅此一年地级市数量就增加了36个，到1988年我国地级市总量达183个，相比1982年增加了74个。6年间我国地级市年均增加超过12个，是我国地级市数量增长最为快速的一个阶段。

五、平稳发展阶段（1989~1993年）

1988年，为了控制机构和编制的增多，国务院暂停了县级市升格为地级

---

① 地级市在新中国成立初期称为省辖市，为方便称呼，在本章通称之为地级市。

市的审批工作，由此地级市总量增长出现了较大的回落。到1993年我国地级市总量为196个，相比1988年增加了13个。这一期间地级市数量年均增长2个，增长速度相比上一时期出现了大幅度回落。

六、快速发展阶段（1994～2003年）

1993年国务院颁布了新的设市标准，地级市设立标准更加清晰明确，而且随着1997年撤县设市工作的暂停，设立地级市成为这一时期区划调整的主要内容。到2003年，我国地级市数量达到282个，相比1993年增加了86个，年均增长8.6个，是新中国成立以后增长速度最快的时期之一。

七、成熟稳定阶段（2004年至今）

2014年我国地级市总量为288个，仅剩14个地区行政公署和3个盟行政公署存在于一些边远省区。未来通过撤地设市的方式，新设地级市的条件已基本不再具备。可以预期，如果设市政策不出现较大调整的话，我国地级市数量将会保持稳定。

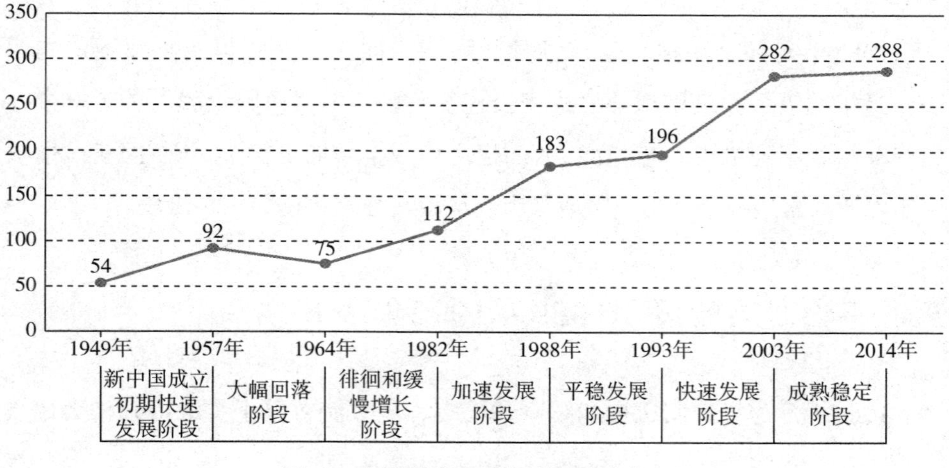

图3-1　各阶段节点地级市数量（个）

“市领导县”的城市管理体制的实施使得地级以上城市市辖区，特别是中心城区发展壮大。市辖区因其临近中心城区的优势区位，在资源向中心城区集聚的过程中得到快速发展，而偏远的市辖区及下辖县市则相对处于弱势，发展缓慢。另外，一些市辖区内部还存在着相当大面积的农村地区，城乡二元经济结构显著，城乡差别明显。中心城区集中更多的优质公共服务资源，比如广州市三甲医院床位、优质中小学学位主要在中心城区集聚，越秀、荔湾、天河、海珠四区集中了全市60%以上的医疗床位，而都市区外围、新城区和副中心在教育、医疗、购物、文化等基本生活的服务功能上则配套滞后。

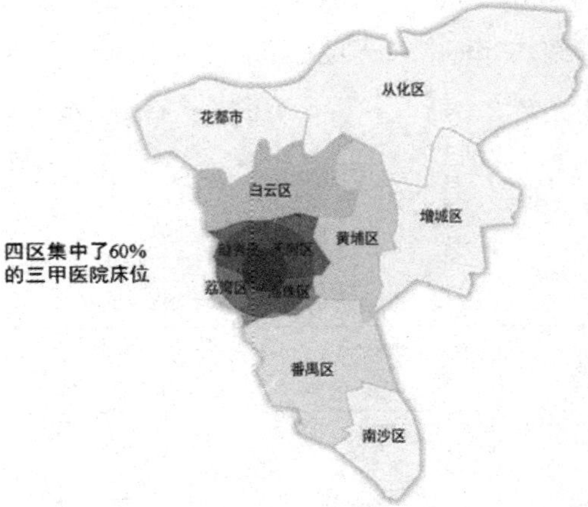

图3-2 广州行政区划示意图

第二节 行政等级体制下地级市发展的状况

在我国等级化管理体制下，资源自上而下的分配方式决定了不同等级城市资源配置条件的不均等，使得一些优质公共服务和稀缺性的资源分配不均衡，地级市设立进一步强化了这种体制。对地级市来讲，市辖区是地级市政府直接控制的区域，能够享受地级市的制度优势。

一、市辖区总体发展状况更优

由于各类行政资源更多的是由高等级城市政府来进行配置，特别是财政和土地等计划指令性资源，所以行政等级较高城市获取这些行政资源的机会就会更大，表现在地级市市辖区获得的财政投入更大，公共服务质量更高等。

（一）地级以上城市市辖区公共服务水平高于县和县级市

从全国不同行政级别城市的公共服务对比来看，行政级别越高的城市，公共服务水平和质量也越高，比如在医疗卫生方面，2013年万人平均医生数地级以上城市和地级市市辖区分别是县的3.3倍和2.3倍，万人平均床位数地级以上城市和地级市市辖区分别是县的2.7倍和2.1倍。在教育方面，2013年地级以上城市市辖区人均教育支出为2688元，地级市市辖区为1480元，而县仅为989元[①]。

表3-1　不同层级城镇的公共服务状况

	平均万人拥有的医生数	平均万人拥有的医院床位数	人均教育支出（元）
地级以上城市[①]市辖区	43.5	83.1	2688.4
地级市市辖区	30.4	64.3	1479.7
县和县级市	13.2	31.2	989.0

资料来源：根据《2014年城市统计年鉴》计算整理

（二）地级以上城市市辖区财政支出水平远高于县和县级市

2013年我国直辖市市辖区人均公共财政预算支出为21316元，省会城市和计划单列市市辖区的人均公共财政预算支出为15160元，地级市市辖区人均公共财政预算支出为8798元，县和县级市人均公共财政预算支出为4736元。可以看出，行政级别越高的城市人均公共财政预算支出越高。造成上述问题的重要原因在于，行政级别高的城市，可以利用行政手段集中辖区内其他城镇的公共财政资源。

① 直辖市、计划单列市和省会城市。

表3-2　不同层级城镇财政收支状况（元）

	人均公共财政预算收入	人均公共财政预算支出
直辖市市辖区	18592.5	21316.0
计划单列市和省会城市辖区	14075.5	15160.1
地级市市辖区	5941.4	8798.1
县级市和县	2061.9	4736.0

资料来源：根据《2014年城市统计年鉴》计算整理。

（三）行政计划性指标更多地在地级以上城市集中

城市的等级管理体制决定了资源的流向，这就造成了上级城市可以任意获取下级城市资源。据我们调研得出，以贵阳市为例，2012年其人口仅占全省的12.5%，但获得的土地指标却达到了全省的35%。成都市人口占全省的比重不足20%，但以成都为核心的天府新区获得的土地指标占全省的一半左右。在财政方面，2013年我国地级城市市辖区公共财政预算收入占全国比重为30.7%，而公共财政预算支出占到35.3%；与高等级城市能够获取下级政府的财政资金相反，我国小城镇则要为上级政府贡献自己的财政收入，2013年我国小城镇财政支出占收入的比例为52.91%。上级政府将发展所需的资金、指标等资源集中，这也就使得城市间发展日益不平衡，县和县级市与地级以上城市发展的差距被拉大。

二、市辖区在经济社会发展过程中拉大了与县的差距

由于地级市和县及县级市之间发展机会不均等，地级市相对来讲获得了更多的行政资源，获取了优先发展的机会，进一步拉大了两者之间的差距。

（一）县与市辖区人均GDP存在较大差距

对比各省（市）2001年、2006年和2013年的数据可以发现，除西藏和海

南之外的29个省（市）[①]市辖区与县的人均GDP之差均呈现扩大趋势。而从相对值来看，也有部分省份存在不断扩大的趋势，以东部10省为例，其中有5个省份相对值也是扩大的，而以城市经济为主的三大直辖市相对值也呈现扩大趋势，另外县域经济相对发达的广东与浙江相对值也是在扩大。其中，广东市辖区和县之间的差值在2001年为25633元，两者之间的比值为4.4∶1，到2013年两者之间的差值扩大为121363元，两者之间的比值扩大到6.2∶1。当然，从近些年的发展趋势来看，县相对速度也在加快，从2006年、2013年相对比值与2001年的对比来看，相对差缩小的省份从14个增加到17个。

表3-3　　不同省份市辖区和县人均GDP变化

省（市、自治区）	人均GDP（元）								
	2001年			2006年			2013年		
	市辖区	县	差额	市辖区	县	差额	市辖区	县	差额
北京	23942	10979	12963	60919	17216	43702	154298	40420	113878
天津	20422	10719	9703	44217	17362	26855	159992	67121	92872
河北	16481	6602	9879	28680	12030	16650	67214	32020	35194
山西	9927	3789	6138	20866	9503	11363	53115	28674	24440
内蒙古	10022	3777	6245	31601	12450	19151	123583	59107	64476
辽宁	17951	6329	11622	34033	11014	23019	95343	49647	45696
吉林	14528	5213	9315	25344	9985	15358	82202	40404	41798
黑龙江	18013	5465	12548	27871	7388	20482	67717	28636	39082
上海	36054	24485	11568	70213	13651	56562	156434	38554	117880
江苏	23507	9500	14007	39969	17904	22065	108833	59718	49114
浙江	23797	12467	11330	43980	22547	21433	115850	57100	58750
安徽	7714	3371	4342	16031	5345	10686	51054	18861	32193
福建	25590	9732	15859	34086	14455	19631	99098	46270	52828
江西	10071	3253	6818	19449	6574	12875	62573	21910	40663
山东	16019	7195	8824	34009	15450	18559	89931	43264	46667
河南	10599	4346	6254	18671	8823	9848	45614	25351	20263
湖北	12683	5184	7499	21472	6035	15438	89394	27825	61569

① 西藏和海南由于数据问题剔除，下同。

续表

省（市、自治区）	人均GDP（元）								
	2001年			2006年			2013年		
	市辖区	县	差额	市辖区	县	差额	市辖区	县	差额
湖南	12857	4285	8572	22455	7264	15191	83963	25037	58925
广东	33185	7551	25633	53642	8274	45368	144496	23133	121363
广西	9293	3848	5445	14262	5196	9067	51690	17402	34288
重庆	8770	3661	5109	16896	6219	10677	53849	19307	34542
四川	8168	3914	4255	14789	6439	8350	52519	21356	31162
贵州	9303	2550	6752	16344	4704	11640	43468	15405	28063
云南	20330	3805	16524	23512	5220	18292	67595	17661	49934
陕西	10966	3090	7876	17359	6454	10905	56333	33382	22951
甘肃	10574	2401	8172	14866	6826	8040	40320	15343	24977
青海	6651	2833	3819	15959	6835	9124	49358	22916	26442
宁夏	10103	4622	5480	15834	6497	9337	52297	28375	23923
新疆	22487	11016	11472	43671	9090	34581	103046	30947	72099

资料来源：根据《2002年城市统计年鉴》《2007年城市统计年鉴》和《2014年城市统计年鉴》计算整理。

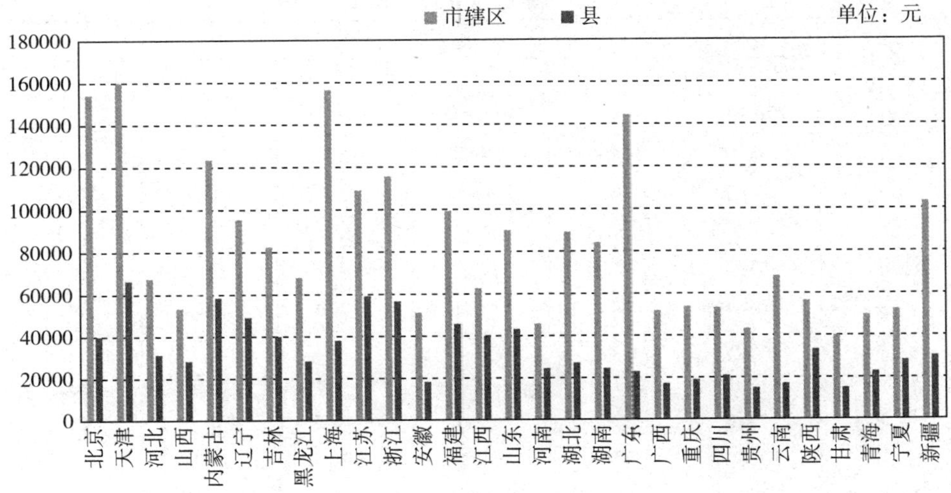

图3-3　2013年不同省份市辖区和县人均GDP

（二）县与市辖区人均财政收入存在较大差距

对比各省（市）2005年、2010年和2013年的数据可以发现，除西藏和海南之外的29个省（市）市辖区与县的人均财政收入之差呈现增长趋势。以河北省为例，2005年市辖区和县的人均财政收入分别为1817元和283元，县与市辖区的差距为1534元；2010年市辖区和县的人均财政收入分别为3512元和625元，县与市辖区的差距为2887元，与2001年相比增长88%；2013年市辖区和县的人均财政收入分别为7539元和1428元，县与市辖区的差距为6111元，与2006年相比增长112%。

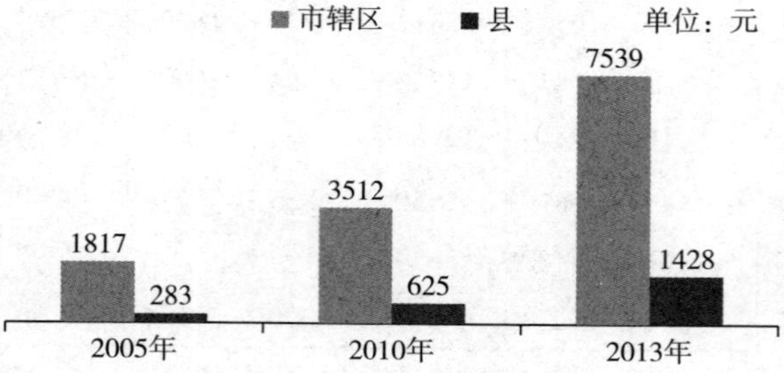

图3-4　河北省市辖区和县的人均财政收入的对比

表3-4　不同省份市辖区和县人均财政收入情况

省（市、自治区）	人均财政收入（元）					
	2005年		2010年		2013年	
	市辖区	县	市辖区	县	市辖区	县
北京	8184	1461	17091	2622	29117	4984
天津	4161	685	9949	1633	14789	47385
河北	1817	283	3512	625	7539	1428
山西	1337	510	2869	1097	5541	2696
内蒙古	1841	731	4691	1829	10604	3971
辽宁	2460	348	5521	1219	11837	4218
吉林	1135	213	2499	744	6390	1729
黑龙江	1318	198	2591	442	4872	1162
上海	10846	2592	18900	5703	29829	5949
江苏	3084	910	6480	2585	11468	5293
浙江	3947	1215	7636	2810	12848	4310
安徽	1033	191	2374	495	6003	1521

续表

省（市、自治区）	人均财政收入（元）					
	2005年		2010年		2013年	
	市辖区	县	市辖区	县	市辖区	县
福建	2905	530	5924	1176	12000	2868
江西	1138	340	2198	712	5952	2454
山东	2143	568	3966	1210	8111	2871
河南	1611	248	3071	533	5796	1116
湖北	1094	197	2771	410	13803	1609
湖南	1523	244	4137	466	7530	1185
广东	3604	251	8019	1121	12714	1226
广西	945	245	2098	428	4290	1010
重庆	1940	267	1774	758	4431	5737
四川	907	175	1671	485	3877	1524
贵州	2018	182	2757	470	5096	1748
云南	1579	440	1598	655	3839	2965
陕西	852	356	1932	688	4873	2308
甘肃	597	177	1202	278	2527	1217
青海	933	202	833	559	1706	2239
宁夏	968	326	2102	806	5535	2298
新疆	3433	898	5358	993	12315	7768

资料来源：根据《2006年城市统计年鉴》《2011年城市统计年鉴》和《2014年城市统计年鉴》计算整理。

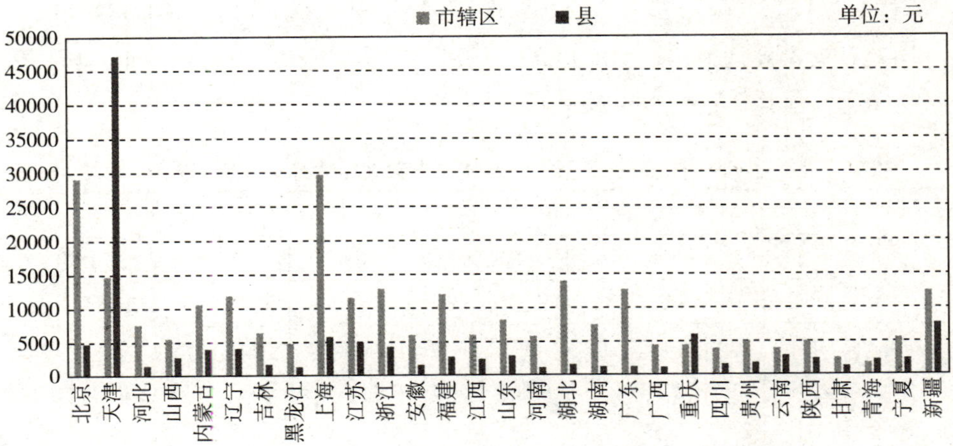

图3-5　2013年不同省（市、自治区）市辖区和县人均财政收入

资料来源：根据《2014年城市统计年鉴》计算整理。

（三）县与市辖区相比人均公共服务支出存在较大差距

对比各省（市）2005年、2010年和2013年的数据可以发现，除天津、内蒙古、云南、甘肃、青海和新疆[①]之外的23个省（市）市辖区与县的公共服务支出之差均呈现增长趋势。以河北省为例，2005年市辖区和县的人均财政支出分别为2664元和775元，县与市辖区的差距为1889元；2010年市辖区和县的人均财政支出分别为5648元和1903元，县与市辖区的差距为3745元，与2001年相比增长98%；2013年市辖区和县的人均财政支出分别为10463元和3814元，县与市辖区的差距为6649元，与2006年相比增长78%。

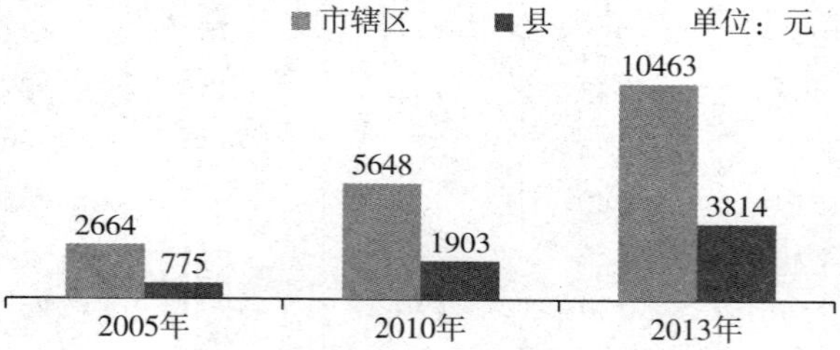

图3-6　河北省市辖区和县的人均财政支出对比

2010年河北省地级以上城市市辖区人均科技支出和人均教育支出分别为89元和971元，分别比2005年增长78元和596元，县与市辖区的差距分别由10元增长为74元、由178元增长为503元。2013年河北省市辖区人均科技支出和人均教育支出分别为141元和812元，分别比2010年增长52元和565元，县与市辖区的差距增长为110元和948元。

表3-5　不同省份市辖区和县人均科技支出和人均教育支出变化情况

省（市、自治区）	人均科技支出（元）						人均教育支出（元）					
	2005年		2010年		2013年		2005年		2010年		2013年	
	市辖区	县	市辖区	县	市辖区	县	市辖区	县	市辖区	县	市辖区	县
北京	141	19	1065	177	1867	313	1263	795	3002	1831	5292	3132
天津	36	1	418	23	560	2565	791	372	1969	875	3342	10243
河北	11	1	89	15	141	31	375	197	971	468	1760	812

① 云南、甘肃、青海和新疆主要是由于转移支付的原因，县的人均财政支出不比市辖区少。

续表

省（市、自治区）	人均科技支出（元）						人均教育支出（元）					
	2005年		2010年		2013年		2005年		2010年		2013年	
	市辖区	县	市辖区	县	市辖区	县	市辖区	县	市辖区	县	市辖区	县
山西	6	1	62	22	152	55	279	254	787	660	1352	1272
内蒙古	4	5	79	51	158	78	295	296	987	870	1763	1587
辽宁	16	1	212	16	454	72	393	139	960	464	1634	1066
吉林	8	1	74	16	195	39	242	207	818	570	1641	1014
黑龙江	8	1	61	14	110	34	295	222	767	471	1254	816
上海	123	16	1615	33	1877	241	1382	659	2539	1282	4849	2661
江苏	13	1	226	79	564	232	396	227	1039	612	1967	1374
浙江	23	8	301	106	574	206	577	330	1348	814	2336	1482
安徽	5	1	116	18	359	65	198	147	501	394	1273	772
福建	18	2	165	27	334	73	462	225	1139	554	2313	1111
江西	5	2	50	14	127	61	176	171	449	462	1342	1143
山东	16	2	112	33	254	80	535	138	813	491	1659	1118
河南	6	1	70	19	156	38	238	143	751	377	1487	796
湖北	7	1	90	16	289	55	235	145	691	388	1405	760
湖南	7	1	116	16	219	29	228	136	772	373	1745	748
广东	23	2	454	14	674	30	548	188	1444	381	2911	849
广西	4	1	36	10	128	38	223	156	617	445	1214	868
重庆	9	1	41	53	117	113	300	139	570	591	1233	1380
四川	6	1	43	17	97	43	154	123	517	386	1179	845
贵州	6	2	70	15	158	27	259	200	732	490	1425	1045
云南	9	3	26	28	72	76	266	240	529	630	1058	1362
陕西	3	2	40	24	81	47	161	216	570	678	1389	1588
甘肃	4	2	33	18	65	33	215	225	653	669	1043	1224
青海	3	0	5	253	50	57	233	248	253	1334	795	1640
宁夏	3	3	40	30	135	69	254	268	825	832	1375	1416
新疆	6	2	124	51	277	263	401	380	1154	1076	2543	2905

资料来源：根据《2006年城市统计年鉴》《2011年城市统计年鉴》和《2014年城市统计年鉴》计算整理。

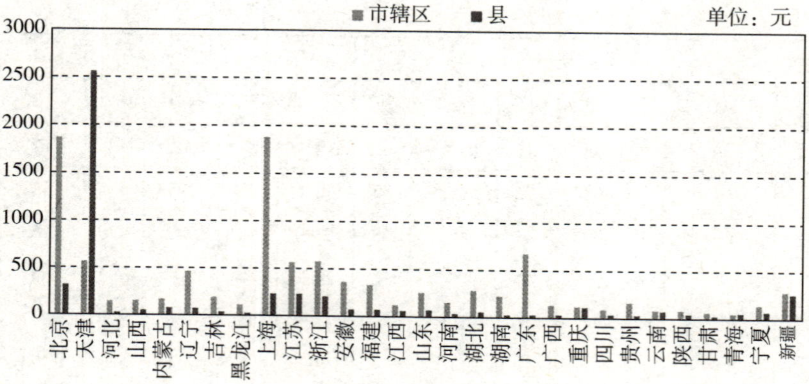

图3-7　2013年不同省份市辖区和县人均科技支出情况

资料来源：根据《2014年城市统计年鉴》计算整理。

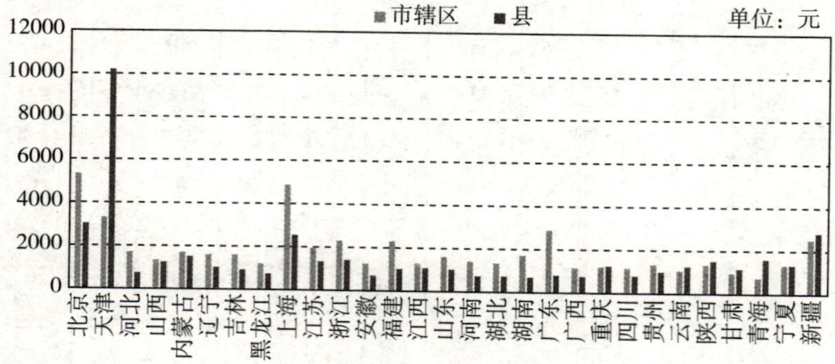

图3-8　2013年不同省份市辖区和县人均教育支出

资料来源：根据《2014年城市统计年鉴》计算整理。

三、优质公共服务资源呈现出了向市辖区集中的趋势

（一）教育和医疗等优质公共服务资源更多地在市辖区集中

1. 教育资源

在全国120所985、211重点大学中，其中有111所坐落于直辖市、省会城市和计划单列市这些高等级城市市辖区，7所在一般地级市市辖区，地级以上

城市占比约为全国总数的98.3%，仅有2所在县或县级市[①]，占比仅为1.7%。在全国231所国家级重点中学中，有120所集中在直辖市、省会城市和计划单列市这些高等级城市市辖区，占全国总数的51.9%，86所在一般地级市市辖区，占全国总数的37.3%，仅有25所在县或县级市，占比仅为10.8%，其中有7所还是在省会城市所辖县或县级市。

图3-9　国家级重点中学在不同等级城市的分布

2. 医疗卫生资源

全国705所[②]三级甲等医院中，有342所坐落在直辖市、省会城市和计划单列市这35个高等级城市，占全国三甲医院总数的48.5%，其余363所基本集中在各省地级市。以河北省为例，河北省共有三甲医院39家，其中石家庄9家，唐山7家，保定5家，邯郸和廊坊各4家，承德和沧州各3家，张家口、衡水、秦皇岛、邢台各1家。由此可见，地级以上城市集中了主要的医院卫生优质资源。

图3-10　河北省三甲医院在地级市的分布情况

① 分别是在吉林省延吉市延边朝鲜族自治州的延边大学和在新疆维吾尔自治区石河子市的石河子大学。

② 资料来源：卫生部收录公开的医院等级名录中，截至2014年9月三级甲等医院共705家。

（二）地级以上城市具备集中优质资源的体制和制度优势

除行政等级影响资源分配外，基础设施建设水平也受到了硬性的规章制度的影响。

1. 部分明文规定的不同规模城市基础设施配备标准不同

我国现行《城市道路设计规范》（CJJ37）明确规定："除快速路外，每类道路按照所在城市的规模、设计交通量、地形等分为Ⅰ、Ⅱ、Ⅲ级。大城市应采用各类道路中的Ⅰ级标准；中等城市应采用Ⅱ级标准；小城市应采用Ⅲ级标准。"而按照现行城市规模划分标准，我国可以分为1000万以上的超大城市、500万～1000万的特大城市、300万～500万的Ⅰ型大城市、100万～300万的Ⅱ型大城市，50万～100万的中等城市以及50万以下的小城市。因此，根据"六普"城镇人口数据，能采用Ⅰ级标准的为100万以上大城市、特大城市和超大城市，而市辖区城镇人口100万以上城市主要是4个直辖市、15个副省级城市以及22个地级市，都是高等级城市。而367个县级市中，只有4个能采用Ⅰ级标准、34个能使用Ⅱ级标准，其余都只能采用Ⅲ级标准。另外，按照"六普"数据，只有7个县能使用Ⅱ级标准，其余都只能采用Ⅲ级标准。

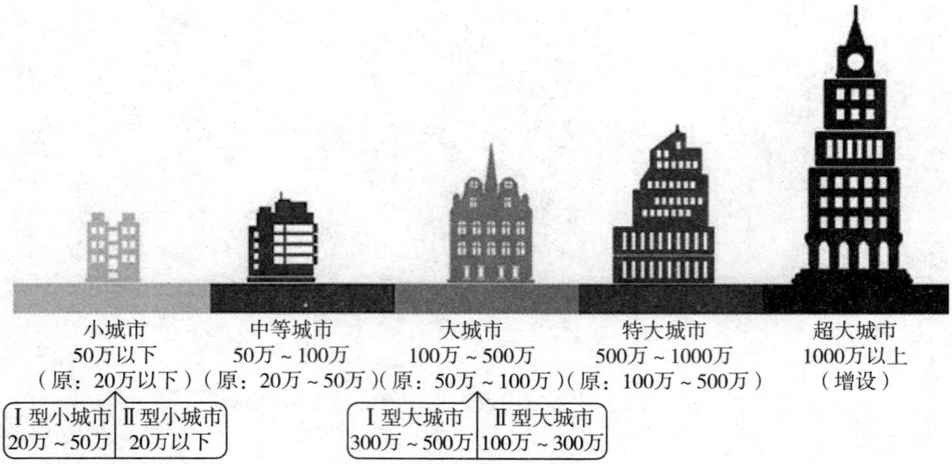

图3-11 城市规模标准示意图

2. 政策实施过程中或资源分配过程中产生的不同等级城市的资源设置差别

在政策实施或资源分配时，政府首先会将优质资源配置在高等级城市，逐渐地高等级城市的优质资源会由于规模效应形成良性循环，进一步聚集优势。而低等级城市想要获得同等的资源却是难上加难，例如我国地级以下城市所拥有的三级医院都很少，江苏省吴江市盛泽镇是第一个拥有三级综合医院——江苏盛泽医院的小城镇，而该医院当时是在江苏省政府特批下才得以建成的。由此可以看出，下辖县市要得到同样的资源，与市辖区相比，要困难得多。

表3-6　　按城市人口规模分组不同行政等级城市个数（"六普"）[1]

按人口规模划分采用不同标准城市	直辖市	副省级城市	地级城市	县级市	小计
采用Ⅰ级标准的城市	4	15	61	4	84
采用Ⅱ级标准的城市			102	34	136
采用Ⅲ级标准的城市			105	329	434
合计	4	15	268	367	654

资料来源：根据国家统计局第六次人口普查数据计算整理。

第三节　设立地级市的实证分析
——以1997～2001年设立的地级市为例

一、数据与参照系的选择

由于地级市的设立主要促进了地级市中心城区的发展，因此选取与地级市设立同时设立的市辖区作为研究对象，分析其在地级市设立之后经济社会

① 直辖市、副省级城市和地级市是按照市辖区城镇人口总量分组，县级市是按照全市城镇人口总量分组。

的发展变化情况，并选取相应参照系进行对比。

（一）数据的选择

由于20世纪90年代及21世纪初产生了第二次撤地设市高潮，选取1997～2001年设立的57个地级市作为分析对象，结合数据的可取性和行政区划的连贯性，选取其中53个①地级市作为研究对象进行分析。53个地级市中，按东中西部划分，东部5个、中部22个、西部26个；按省份来看，四川6个，安徽、云南、江西各5个，河南、广西、山西各4个，山东、甘肃各3个，福建、湖北、湖南、内蒙古、陕西和宁夏各2个，黑龙江和贵州各1个；按地级市设立类型来看，通过撤地设市设立的有51个，通过县级市升格的有2个，分别为湖北的随州市和安徽的亳州市。

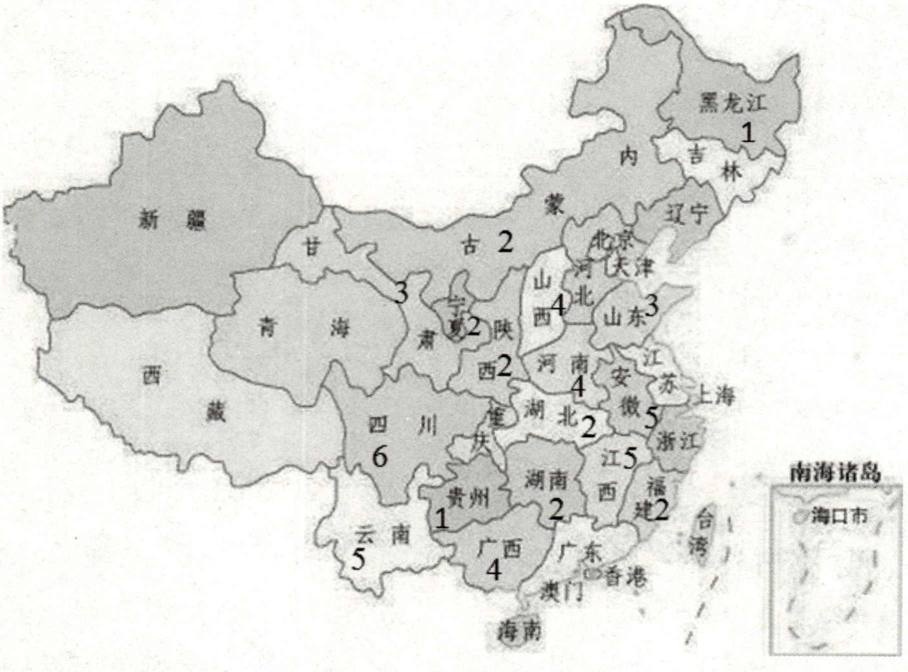

图3-12 分省样本分布

① 1997～2001年撤地设市城市共57个，由于之后行政区划的调整和数据缺失等情况剔除安徽巢湖市、陕西商洛市、内蒙古呼伦贝尔市和广西桂林市，选取剩余53个进行分析。

（二）参照系的选择

为更好地进行比较，每个城市都选取参照系（县或县级市）作为对比，选择的标准如下：①与原来县或县级市（该市辖区的前身）所属相同地区；②地级市设立之后仍保留原有行政区划；③与原来县或县级市（该市辖区的前身）财政收入增长趋势相近（地级市设立前3年平均增速相差不超过3个百分点）；④若有2个及以上县（市）符合前3个条件，则选取其中与设为市辖区的县（市）在设地级市时财政收入最接近的县（市）。按照以上4个条件，选取了相同53个城市所辖的62个县或县级市作为参照系。

二、实证分析

（一）地级市设立奠定了当时所设市辖区的优势地位，在发展过程中提升了市辖区在地级市的经济地位

在所选取的53个城市设市时所设的市辖区中，将其设市当年GDP和财政收入与2013年[①]进行比较，可以发现中心城区得到了明显的发展。

1. 市辖区财政收入占地级市比重较高的城市数量增加

从设市当年到2013年的总体变化情况来看，设市当年市辖区占所属地级市财政收入比重在30%以上的有10个，20%～30%之间的有10个，10%～20%之间的有24个，5%～10%之间的有9个，比重在20%以上的占城市总数的60%。到2013年，市辖区占所属地级市财政收入比重在30%以上的有20个，20%～30%之间的有12个，10%～20%之间的有15个，5%～10%之间的有6个。可以发现，市辖区财政收入在20%以上的城市数量明显增加，由20个增加到32个，净增加12个。

① 个别城市2013年数据有明显问题的，用2012年数据代替。

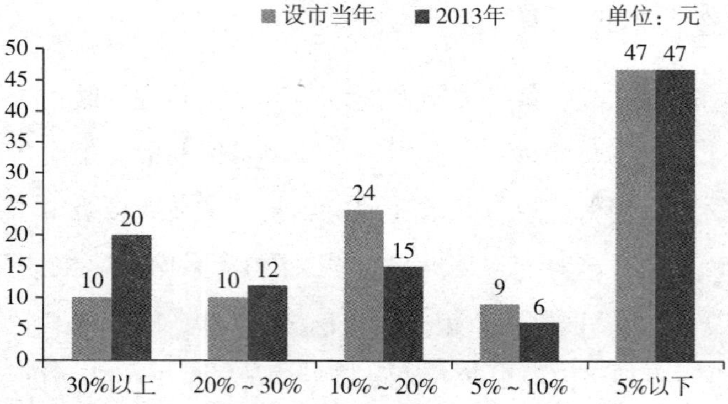

图3-13 根据设市当年与2013年市辖区财政收入占地级市财政收入比重统计的市辖区数量

2. 超过七成的市辖区财政收入占地级市总体比重提高

从与自身对比的增长变化情况来看，1997～2001年设立地级市的53个城市中，38个城市市辖区财政收入占地级市比重从设市当年到2013年出现了明显增长，占城市总数的72%，15个出现了下降，占城市总数的28%。下降的5个城市市辖区中，下降后有5个财政收入占全市比重仍在20%以上，5个比重在10%～20%之间，5个比重在5%～10%之间。

总体来看，超过七成的城市中心城区集中的财政收入占地级市比重从设市最初有所提高。从纵向比较来看，绝大多数撤地设市城市中心城区在城市发展过程中取得了明显的优势。

3. 市辖区GDP占地级市比重较高的城市数量增加

从设市当年到2013年的总体变化情况来看，设市当年市辖区占所属地级市GDP比重在30%以上的有20个，20%～30%之间的有17个，10%～20%之间的有13个，5%～10%之间的有3个，比重在20%以上的占城市总数的70%；到2013年，市辖区占所属地级市GDP比重在30%以上的有24个，20%～30%之间的有15个，10%～20%之间的有12个，5%～10%之间的有2个。可以发现，市辖区GDP在20%以上的城市数量也出现了增加，由37个增加到39个，净增加2个。

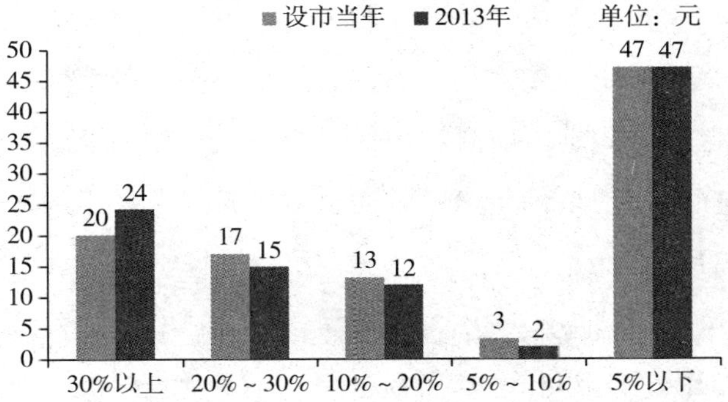

图3-14　根据设市当年与2013年市辖区GDP占地级市GDP比重统计的市辖区数量

4. 接近六成的城市市辖区GDP占地级市总体比重提高

从与自身对比的增长变化情况来看，1997～2001年设立地级市的53个城市中，29个城市市辖区GDP占地级市比重从设市当年到2013年出现了明显增长，占城市总数的55%；4个基本不变（变化不超过1个百分点），占城市总数的7%；20个出现了下降，占城市总数的38%。而在下降的20个城市市辖区中，有3个与参照城镇的GDP相对比值也是在扩大的。

总体来看，2013年接近六成的城市中心城区GDP占地级市总体比重比设立地级市之时有所提高。从纵向比较来看，大多数撤地设市城市中心城区在城市发展过程中取得了明显的优势，但是相对财政收入的增长来说，GDP增长的相对速度略微慢一点。究其原因：一是我国财政收入以工业税收为主体，而发展势头正盛的产业园区则是各地增值税的主要来源地，而产业园区主要在城市市辖区，其财政收入也主要由地级城市市辖区获得。我国国家级经济技术开发区共计219家，其中，16个在直辖市市辖区，10个在单列市市辖区，42个在省会城市市辖区，111个在地级市市辖区，2个在副地级城市[①]，仅有38个在县或县级市[②]。在推动企业到园区集中和用地指标严格控制的背景下，国家级园区在招商引资和获取用地指标等方面具有显著的优势，相对来讲，国家级园区主要集中在地级市市辖区，这在一定程度上也会推动财政收

① 青海省的格尔木和浙江义乌。

② 资料来源：中华人民共和国商务部。

入的快速增长。二是在当前的等级体制下，行政资源在地级城市中心区的集中，同时也带来市场资源要素的集中，必然带来土地价格的提高。当前我国土地出让收入已经占到地方财政收入的半壁江山。作为地级市中心区，一方面能够获得更多的用地指标，另一方面土地价格也会高于周边县，势必带来土地出让收入的增加。

表3-7　　样本城市市辖区和对比县财政收入和GDP占地级市比重情况

比重区间	财政收入占地级市比重分区间数量（个）			GDP占地级市比重分区间数量（个）		
	设市当年	2013	净增	设市当年	2013	净增
30%以上	10	20	10	20	24	4
20%～30%	10	12	2	17	15	–2
10%～20%	24	15	–9	13	12	–1
5%～10%	9	6	–3	3	2	–1
总计	53	53		53	53	

表3-8　　样本城市市辖区和对比县财政收入和GDP占地级市比重

地级市	区县（市）名称	财政收入占地级市比重（%）		GDP占地级市比重（%）	
		设市当年	2013年①	设市当年	2013年②
聊城市	东昌府区	14.63	38.39	20.72	17.96
	临清市	12.07	9.96	12.14	14.19
商丘市	梁园区和睢阳区	17.14	38.56	23.37	20.06
	夏邑县	8.57	4.79	10.23	10.31
龙岩市	新罗区	17.20	57.47	18.78	38.42
	武平县	8.88	5.40	7.64	8.14
宿州市	埇桥区	30.35	23.07	38.90	40.91
	泗县	11.53	8.59	11.64	13.09
玉林市	福绵区和玉州区	11.73	20.32	14.74	26.62

① 其中商丘市、通辽市、怀化市、赣州市、咸宁市、六安市、广安市、宁德市、眉山市、巴中市、资阳市、运城市、昭通市、随州市、安顺市和酒泉市16个城市由于2013年数据有问题，用2012年数据代替。

② 同上。

续表

地级市	区县（市）名称	财政收入占地级市比重（%）		GDP占地级市比重（%）	
		设市当年	2013年	设市当年	2013年
玉林市	博白县	15.46	11.97	22.87	15.92
曲靖市	麒麟区	10.97	16.74	33.31	31.21
	宣威市	13.30	12.10	13.95	15.00
玉溪市	红塔区	9.59	17.42	77.91	52.94
	元江县	1.99	2.97	2.28	4.58
通辽市	科尔沁区	31.66	38.83	35.17	38.77
	科左中旗	10.03	2.65	11.21	8.26
怀化市	鹤城区	4.45	32.78	7.13	21.98
	麻阳县	4.22	3.13	5.62	4.73
赣州市	章贡区	5.30	17.37	18.83	22.33
	会昌县	3.80	3.80	3.97	3.99
信阳市	师河区 和平桥区	17.77	19.58	27.14	25.81
	罗山县	7.11	5.44	9.56	8.55
咸宁市	咸安区	14.51	41.52	13.94	24.17
	通山县	8.92	7.76	8.21	9.16
六安市	金安区 和裕安区	19.36	46.97	20.91	32.27
	金寨县	9.02	5.51	10.39	8.71
吴忠市	利通区	12.65	42.60	20.17	32.45
	青铜峡市	26.09	28.41	24.01	37.54
达州市	通川区	10.01	23.16	13.41	14.73
	开江县	6.61	16.31	8.56	7.63
	大竹县	17.11	40.05	20.54	18.68
广安市	广安区	21.26	44.05	21.77	29.19
	岳池县	20.94	15.88	27.48	18.91
宁德市	蕉城区	11.49	30.87	17.45	17.06
	柘荣县	2.70	2.41	3.36	3.49
晋中市	榆次区	22.19	13.25	24.29	20.37
	昔阳县	4.77	4.70	5.11	4.91

续表

地级市	区县（市）名称	财政收入占地级市比重（%）		GDP占地级市比重（%）	
		设市当年	2013年	设市当年	2013年
晋中市	左权县	3.96	3.84	3.19	3.43
绥化市	北林区	16.06	7.59	26.41	9.30
	安达市	14.78	24.96	11.91	32.00
娄底市	娄星区	9.06	14.28	22.77	28.90
	冷水江市	18.71	33.65	16.33	21.14
忻州市	忻府区	17.10	5.90	24.48	17.38
	河曲县	5.02	7.92	4.14	10.07
榆林市	榆阳区	12.32	8.09	15.33	16.20
	定边县	8.00	7.12	6.41	10.89
眉山市	东坡区	29.65	44.17	32.49	34.47
	仁寿县	28.98	21.79	34.59	33.42
雅安市	雨城区	14.26	11.22	30.23	28.46
	芦山县	3.89	1.70	6.11	6.13
巴中市	巴州区	32.21	35.00	44.14	34.49
	南江县	19.92	19.97	17.27	21.20
资阳市	雁江区	27.41	37.89	29.95	32.26
	安岳县	20.37	19.32	22.12	22.15
来宾市	兴宾区	17.02	18.65	49.03	49.15
	象州县	12.91	10.66	14.05	16.28
滨州市	滨城区	10.56	27.30	22.01	21.35
	惠民县	8.54	4.18	11.91	7.64
菏泽市	牡丹区	12.42	28.62	19.26	21.53
	郓城县	9.98	13.40	12.41	13.07
	鄄城县	5.68	4.61	6.82	6.89
运城市	盐湖区	16.73	17.78	8.87	15.17
	新绛县	4.15	4.38	2.67	5.94
临汾市	尧都区	27.16	34.11	24.57	19.86

续表

地级市	区县（市）名称	财政收入占地级市比重（%）		GDP占地级市比重（%）	
		设市当年	2013年	设市当年	2013年
临汾市	安泽县	1.53	7.14	1.74	3.94
	蒲县	3.50	12.60	2.98	4.19
亳州市	谯城区	16.81	45.98	21.45	34.34
	涡阳县	23.17	31.08	22.37	24.89
宣城市	宣州区	25.22	28.83	34.19	27.77
	广德县	13.25	15.29	16.46	18.68
	旌德县	4.65	4.06	3.80	3.56
池州市	贵池区	30.16	60.89	49.52	52.60
	东至县	25.04	14.16	30.39	23.96
吉安市	吉州区和青原区	9.02	10.41	15.26	15.45
	遂川县	6.27	6.27	7.42	7.67
周口市	川汇区	5.69	23.65	7.67	9.61
	太康县	7.52	9.23	10.69	9.99
驻马店市	驿城区	7.44	12.18	15.71	17.19
	平舆县	7.32	7.03	8.03	9.57
随州市	曾都区	31.82	63.20	63.42	45.75
	广水市	43.17	27.98	29.66	32.04
丽水市	莲都区	8.63	37.39	24.73	25.34
	松阳县	6.21	5.30	5.00	7.47
保山市	隆阳区	34.40	23.51	40.83	37.35
	腾冲县	25.23	34.83	24.71	27.19
昭通市	昭阳区	22.66	24.51	50.59	30.68
	巧家县	4.87	4.35	6.62	7.43
	盐津县	3.63	9.96	4.21	15.17
安顺市	西秀区	37.64	51.80	42.43	39.59
	平坝县	10.47	13.68	19.03	17.64

续表

地级市	区县（市）名称	财政收入占地级市比重（%）		GDP占地级市比重（%）	
		设市当年	2013年	设市当年	2013年
安康市	汉滨区	27.20	24.03	36.83	31.01
	汉阴县	7.71	6.91	6.45	9.69
	石泉县	5.63	4.49	9.93	7.91
鄂尔多斯市	东胜区	32.41	21.97	23.54	22.25
	杭锦旗	5.25	2.19	6.59	1.95
武威市	凉州区	70.41	39.23	66.51	61.95
	天祝县	9.16	15.75	6.91	12.01
固原市[①]	原州区	26.25	17.84	42.40	42.65
	隆德县	18.80	7.38	16.18	9.37
贺州市	八步区	17.86	45.30	49.84	53.00
	昭平县	12.45	8.24	15.58	12.72
河池市	金城江区	6.78	7.71	17.49	17.32
	天峨县	6.08	4.15	4.89	6.13
张掖市	甘州区	32.67	24.94	40.78	41.83
	民乐县	10.49	10.05	13.70	11.59
酒泉市	肃州区	15.44	18.08	26.73	32.11
	金塔县	6.13	4.68	10.25	10.12
	敦煌市	11.18	12.62	15.74	13.62
宜春市	袁州区	15.47	7.35	16.89	13.61
	樟树市	11.26	14.82	10.47	19.23
上饶市	信州区	14.66	7.48	14.15	11.82
	玉山县	5.93	6.88	6.51	7.73
抚州市	临川区	29.69	16.69	32.74	31.34
	东乡县	12.33	12.93	12.66	12.03

资料来源：根据财政部1994～2003年《地市县财政统计资料》和国家统计局2014年《城市统计年鉴》及2013年区县（市）数据计算整理[①]。

① 2004年海原县划归中卫市，因此计算设市当年财政收入和GDP占地级市比重时，不计算海原县。

（二）地级市设立之后，绝大多数市辖区经济发展速度高于同一地区设地级市之前发展速度相近的县

1. 大多数市辖区财政收入年平均增速高于全市水平和县

从地级市设立15年间[①]全市平均、市辖区和对比县的财政收入增长速度的对比情况来看，有4种情况：33个市辖区平均增速既高于全市也高于对比县，3个市辖区高于全市水平但低于对比县，5个市辖区低于全市水平但高于对比县，12个市辖区既低于全市平均水平也低于县。总体来看，53个市辖区财政收入平均增速均值为22.8%，比全市平均增速均值19.96%高2.84个百分点，比所有对比县平均增速均值19.13%高3.67个百分点。53个城市市辖区中，36个市辖区平均增速高于全市平均水平，占城市总数的68%，该36个市辖区财政收入平均增速均值为25.2%，比对应36个地级市全市平均增速均值18.86%高6.34个百分点；38个市辖区平均增速高于对比县，占城市总数的72%，该38个市辖区平均增速均值为25.1%，比对应对比县平均增速均值17.46%高7.64个百分点。

2. 大多数市辖区GDP年平均增速高于全市水平和县

从地级市设立后15年间[②]全市、市辖区和对比县的GDP增长速度的对比情况来看，有4种情况：24个市辖区平均增速既高于全市也高于对比县，2个市辖区高于全市水平但低于对比县，6个市辖区低于全市水平但高于对比县，21个市辖区既低于全市平均水平也低于县。总体来看，53个市辖区GDP平均增速均值为16.5%，比全市平均增速均值16.05%高0.45个百分点，比所有对比县平均增速均值16.91%低0.41个百分点。53个城市市辖区中，26个市辖区平均增速高于全市平均水平，占城市总数的49%，该26个市辖区财政收入平均增速均值为18.2%，比对应的26个地级市全市平均增速15.8%高2.4个百分点；30个市辖区平均增速高于对比县，占城市总数的57%。该30个城市市辖区财政收入平均增速均值为19%，比对应的对比县平均增速均值16.25%高2.75个百分点。

---

① 到2013年为止，所选地级市设立年数分别共有12～14年，为方便查看，此处都用15年为标题，实际计算时分别按照实际年数进行处理。

② 同上。

表3-9　　样本城市市辖区与全市平均水平、对比县财政收入和GDP对比

分组	数量（个）	
	财政收入	GDP
设市当年到2013年市辖区平均增速高于全市和县	33	24
设市当年到2013年市辖区平均增速高于全市低于县	3	2
设市当年到2013年市辖区平均增速高于县低于全市	5	6
设市当年到2013年市辖区平均增速低于全市和县	12	21
合计	53	53

3. 与对比县相比，地级市设立之后1～5年的增速优势更为明显

把53个地级市设市后到2013年之间分为3个阶段来看，分别为设市之后1～5年、设市之后5～10年、设市之后5～15年①，此处分别简称为第一阶段、第二阶段和第三阶段。将53个市辖区分别与参照系进行对比可以发现：第一阶段市辖区财政收入增速高于对比县的有33个，GDP增速高于县的有26个；第二阶段市辖区财政收入增速高于对比县的有24个，GDP增速高于县的有25个；第三阶段市辖区财政收入增速高于对比县的有24个，GDP增速高于县的有18个；从1～15年平均增速来看，市辖区财政收入增速高于对比县的有36个，GDP增速高于县的有26个。可以看出，在地级市设立之后的1～5年，市辖区的发展相对较快，在中长期增速与参照系相比逐步放缓。

表3-10　　样本城市市辖区与参照系财政收入和GDP分阶段增速

名称	财政收入平均增速（%）					GDP平均增速（%）				
	1～5年	5～10年	10～15年	1～10年	1～15年	1～5年	5～10年	10～13年	1～10年	1～15年
聊城市	15.5	28.0	17.8	19.9	19.3	17.0	23.7	9.9	19.4	16.8
东昌府区	35.2	19.6	21.8	29.3	27.3	13.8	24.2	10.9	17.5	15.7
临清市	14.8	17.8	23.2	15.9	17.8	18.8	20.0	14.7	19.2	18.0

① 到2013年为止，所选地级市设立年数分别共有12～14年，为方便查看，此处都用15年为标题，实际计算时分别按照实际年数进行处理。由于数据原因，此处选用2005年和2010年数据作为分段点，即设市当年到2005年为1～5年阶段，2005～2010年为5～10年阶段，2010～2013年为10～15年阶段，其中根据设市年份的不同，不同城市在第一阶段可能有4～7年不等，在第三阶段可能有2～4年不等，均分别按照实际年数计算得出平均增速。

续表

名称	财政收入平均增速（%）					GDP平均增速（%）				
	1～5年	5～10年	10～15年	1～10年	1～15年	1～5年	5～10年	10～13年	1～10年	1～15年
商丘市	13.1	20.9	18.7	14.6	18.3	12.4	15.4	8.8	12.3	13.2
梁园区和睢阳区	34.0	20.0	13.5	25.3	25.9	13.1	10.6	8.3	10.9	11.9
夏邑县	–0.8	16.9	29.2	5.4	13.1	12.4	15.7	8.8	12.4	13.3
龙岩市	13.2	27.1	21.2	18.1	18.9	9.4	20.9	15.7	13.4	14.0
新罗区	35.7	26.1	20.3	32.1	28.9	22.2	21.4	13.5	21.9	19.6
武平县	3.6	19.8	32.7	9.2	15.0	9.1	20.8	18.3	13.2	14.5
宿州市	–3.1	27.5	37.6	9.5	17.4	9.3	14.6	17.0	11.6	13.3
埇桥区	11.7	7.3	27.7	9.7	15.0	8.9	15.9	17.8	11.9	13.7
泗县	–10.6	33.0	35.5	6.7	14.8	13.3	14.0	15.9	13.6	14.3
玉林市	5.4	19.8	25.3	10.9	14.9	10.7	17.7	15.1	13.4	13.9
福绵区和玉州区	31.5	21.6	1.7	27.4	19.5	27.0	16.1	10.0	22.5	18.8
博白县	1.3	16.8	27.9	7.3	12.8	5.4	17.5	13.4	10.1	11.0
曲靖市	11.2	21.0	17.8	14.7	15.5	13.1	18.5	16.1	15.1	15.4
麒麟区	12.1	22.2	27.9	15.7	18.8	11.1	20.4	16.2	14.4	14.9
宣威市	12.6	16.8	16.7	14.1	14.8	14.4	16.9	17.7	15.3	15.9
玉溪市	4.1	14.8	18.3	8.3	11.0	2.5	15.0	14.4	7.3	9.3
红塔区	5.3	21.7	27.4	11.6	15.9	–1.8	14.4	11.2	4.4	6.3
元江县	12.7	9.3	21.9	11.3	14.3	11.7	15.8	18.8	13.3	14.9
通辽市	22.5	36.9	15.2	28.7	26.7	18.3	30.7	15.2	23.7	22.9
科尔沁区	9.7	42.8	33.4	23.4	28.8	19.1	27.9	19.7	22.9	23.9
科左中旗	10.7	11.1	15.6	10.9	13.4	15.5	27.3	13.0	20.6	19.8
怀化市	5.8	34.2	18.0	17.6	19.3	11.9	23.0	10.4	16.7	16.0
鹤城区	57.6	30.8	21.1	45.1	40.9	40.2	22.3	10.9	32.0	27.4
麻阳县	3.6	20.1	25.6	10.6	16.3	8.2	17.8	15.1	12.3	14.4
赣州市	9.4	27.3	20.0	16.2	18.7	9.7	17.1	12.5	12.6	13.6
章贡区	20.3	40.0	27.3	27.8	30.1	8.0	20.9	16.4	13.0	15.1
会昌县	4.2	35.7	21.0	15.8	18.7	8.9	17.4	13.7	12.2	13.7

续表

名称	财政收入平均增速（%）					GDP平均增速（%）				
	1～5年	5～10年	10～15年	1～10年	1～15年	1～5年	5～10年	10～13年	1～10年	1～15年
信阳市	7.6	20.2	24.8	12.5	15.8	13.2	16.3	14.2	14.4	14.4
师河区和平桥区	24.9	22.2	0.5	23.8	16.7	13.1	14.9	14.3	13.8	14.0
罗山县	1.3	22.8	25.1	9.4	13.7	9.7	17.9	14.8	12.9	13.5
咸宁市	13.8	9.0	26.1	11.9	17.1	8.9	18.7	17.1	12.7	15.1
咸安区	34.5	9.2	27.4	23.7	26.9	20.7	19.9	13.9	20.4	20.1
通山县	1.2	24.3	27.4	9.8	15.8	6.4	26.7	16.6	14.1	16.1
六安市	–0.7	30.0	20.3	11.9	15.7	15.2	16.9	12.0	16.0	16.0
金安区和裕安区	15.7	2.4	56.9	9.5	24.4	16.6	16.2	18.2	16.4	18.5
金寨县	–8.5	34.4	13.9	8.6	11.1	12.8	15.0	11.8	13.8	14.3
吴忠市	3.2	25.2	27.4	12.5	16.9	0.5	17.3	17.3	7.6	10.5
利通区	10.6	56.5	–11.3	29.1	15.0	10.6	18.3	15.9	13.9	14.5
青铜峡市	13.3	20.4	20.5	16.4	17.6	15.1	14.2	13.7	14.7	14.4
达州市	4.6	28.0	–0.5	13.4	9.3	11.8	18.8	16.2	14.6	15.0
通川区	5.1	25.3	24.6	12.7	16.0	13.1	20.1	15.7	15.9	15.8
开江县	4.1	28.1	25.5	13.1	16.5	10.4	17.8	16.0	13.3	14.1
大竹县	3.8	25.1	27.4	11.9	16.1	10.9	18.3	15.4	13.8	14.3
广安市	10.6	19.8	19.3	14.2	16.9	21.3	16.3	13.7	19.3	19.1
广安区	25.9	5.5	33.9	17.3	23.7	27.0	16.8	13.7	22.8	21.8
岳池县	6.0	19.1	19.4	11.0	14.5	13.9	16.3	13.7	14.9	15.7
宁德市	9.1	21.5	26.6	14.4	19.7	9.6	15.5	15.2	12.2	14.3
蕉城区	6.3	61.5	25.9	28.0	29.9	8.5	17.4	14.1	12.3	14.0
柘荣县	6.9	16.7	31.4	11.1	18.6	9.9	18.1	13.3	13.5	14.6
晋中市	21.5	31.7	18.8	25.9	23.7	19.3	17.8	12.6	18.6	16.7
榆次区	8.1	27.8	24.6	16.4	18.9	14.5	16.9	14.2	15.5	15.1
昔阳县	9.3	49.1	19.4	25.5	23.6	11.4	19.9	19.2	15.1	16.3
左权县	12.7	46.5	16.4	26.6	23.4	23.0	16.0	11.9	19.9	17.4
绥化市	0.4	21.9	35.1	8.5	16.8	3.7	14.6	18.2	7.5	11.3

续表

名称	财政收入平均增速（%）					GDP平均增速（%）				
	1～5年	5～10年	10～15年	1～10年	1～15年	1～5年	5～10年	10～13年	1～10年	1～15年
北林区	-12.7	26.9	28.3	2.8	10.3	-14.9	13.5	17.7	-3.0	2.8
安达市	8.3	25.2	36.4	13.9	21.6	12.7	22.9	27.2	15.3	20.1
娄底市	10.1	23.0	22.1	15.7	17.6	10.1	16.3	18.4	12.8	14.5
娄星区	46.7	-15.0	38.3	15.1	21.8	16.7	15.1	18.0	16.0	16.6
冷水江市	10.7	24.1	39.3	16.4	23.0	15.4	18.1	17.3	16.6	16.8
忻州市	16.8	29.9	21.7	22.5	22.3	15.6	20.2	17.0	17.7	17.5
忻府区	-4.5	28.3	21.6	8.9	12.6	8.5	22.1	14.4	14.4	14.4
河曲县	23.6	42.2	16.2	31.5	26.6	43.8	16.1	15.2	30.7	25.8
榆林市	31.1	39.8	30.0	34.9	33.4	33.7	42.0	21.6	37.4	32.3
榆阳区	17.7	40.3	33.6	27.3	29.2	35.4	36.9	25.9	36.1	32.9
定边县	28.0	43.2	27.2	34.6	32.2	45.1	43.0	24.6	44.1	37.8
眉山市	11.1	27.0	27.6	17.9	22.7	15.0	17.4	13.6	16.1	16.7
东坡区	4.1	56.6	24.0	24.8	26.8	13.8	19.2	15.0	16.2	17.2
仁寿县	-0.0	26.5	36.0	11.0	19.8	14.1	17.3	13.8	15.5	16.3
雅安市	14.2	24.5	25.9	18.7	20.8	11.6	17.3	14.9	14.1	14.3
雨城区	-0.4	25.3	13.0	10.3	11.1	10.7	17.0	14.7	13.4	13.8
芦山县	10.9	11.1	19.0	11.0	13.4	12.4	16.9	14.4	14.4	14.4
巴中市	-0.7	20.4	39.0	8.2	18.4	9.0	16.6	13.1	12.3	13.7
巴州区	-6.9	45.0	27.8	13.3	19.2	6.3	15.6	10.6	10.4	11.3
南江县	-2.1	20.4	41.5	7.3	18.4	11.2	16.8	15.9	13.6	15.6
资阳市	8.5	30.1	22.1	17.6	20.7	12.3	20.3	16.5	15.8	17.5
雁江区	20.3	26.6	19.7	23.1	24.0	12.7	22.2	16.4	16.8	18.2
安岳县	0.4	37.9	25.3	15.6	20.2	14.9	18.2	15.3	16.4	17.5
来宾市	6.4	32.5	15.4	23.2	20.0	22.3	15.2	14.6	17.5	16.3
兴宾区	101.0	33.8	-21.0	53.3	17.6	23.5	16.6	11.5	18.9	15.9
象州县	-10.2	32.1	18.0	16.2	16.9	19.1	19.0	16.1	19.1	17.9
滨州市	23.0	25.7	20.7	24.3	23.1	21.5	19.4	12.3	20.4	17.7
滨城区	65.3	21.4	17.8	41.7	33.2	21.9	17.7	12.6	19.8	17.4
惠民县	-11.9	43.7	23.2	12.5	16.0	15.8	10.8	13.6	13.2	13.4

续表

名称	财政收入平均增速（%）					GDP平均增速（%）				
	1~5年	5~10年	10~15年	1~10年	1~15年	1~5年	5~10年	10~13年	1~10年	1~15年
菏泽市	15.6	30.1	27.3	22.6	24.2	19.1	20.7	21.0	19.9	20.3
牡丹区	52.5	23.1	25.7	37.0	33.1	19.6	23.6	21.0	21.6	21.4
郓城县	22.9	28.2	30.8	25.6	27.3	20.3	18.9	23.3	19.6	20.8
鄄城县	16.2	27.1	23.0	21.5	22.0	22.7	17.4	21.1	20.0	20.4
运城市	14.8	9.3	12.1	12.0	13.2	6.5	11.3	10.3	8.9	10.2
盐湖区	–4.9	21.0	24.2	7.3	13.9	17.4	14.2	11.5	15.8	15.7
新绛县	–4.7	24.9	19.8	9.1	13.8	20.3	18.1	12.3	19.2	18.5
临汾市	29.0	21.1	17.1	25.0	22.3	28.1	10.0	12.4	18.7	16.6
尧都区	4.9	27.3	44.9	15.6	24.6	24.2	11.1	8.8	17.5	14.5
安泽县	28.6	42.5	46.5	35.4	39.0	28.6	34.4	12.5	31.5	24.8
蒲县	22.8	52.9	34.2	37.0	36.0	45.6	–11.9	34.4	13.3	19.9
亳州市	–7.0	31.8	38.9	9.5	19.4	12.7	13.0	16.3	11.4	14.0
谯城区	18.2	30.1	42.3	21.1	29.9	26.9	15.1	14.1	18.3	18.6
涡阳县	–7.6	31.1	51.2	8.9	22.4	15.1	13.2	16.8	12.5	15.0
宣城市	13.0	33.2	32.0	19.9	25.7	10.4	14.5	18.1	11.0	14.3
宣州区	2.8	35.3	47.8	15.8	27.1	7.9	13.7	15.6	9.5	12.3
广德县	20.1	30.9	31.1	22.2	27.2	9.0	20.3	17.6	12.8	15.5
旌德县	6.0	29.1	40.5	15.0	24.3	13.4	12.0	15.8	11.2	13.7
池州市	18.8	36.1	28.2	23.8	27.5	15.1	22.2	17.1	16.3	18.1
贵池区	41.4	34.0	30.4	32.9	35.2	15.3	23.2	17.7	16.9	18.7
东至县	9.1	28.7	28.0	16.3	21.6	10.4	18.8	18.3	12.8	15.8
吉安市	17.0	22.2	32.2	17.2	23.6	14.2	17.8	17.8	14.1	16.6
吉州区和青原区	25.8	13.8	36.8	17.3	25.1	16.5	16.0	17.6	14.3	16.7
遂川县	17.8	24.1	29.2	18.4	23.6	14.3	18.9	17.6	14.6	16.9
周口市	7.1	23.3	25.3	13.2	18.3	11.2	15.7	13.9	11.8	13.5
川汇区	66.0	22.3	16.3	37.0	33.2	18.1	12.7	16.3	13.5	15.7
太康县	–0.2	25.0	39.7	10.3	20.3	9.8	13.3	15.7	10.2	12.9
驻马店市	3.1	23.7	25.2	11.4	16.9	13.2	15.8	14.4	12.8	14.5

续表

名称	财政收入平均增速（%）					GDP平均增速（%）				
	1～5年	5～10年	10～15年	1～10年	1～15年	1～5年	5～10年	10～13年	1～10年	1～15年
驿城区	62.6	22.7	-9.5	35.9	21.8	15.6	16.6	13.8	14.2	15.3
平舆县	-5.3	35.9	22.8	11.9	16.5	14.1	19.0	15.5	14.5	16.2
随州市	5.5	15.7	31.9	9.2	18.9	10.4	15.4	14.6	11.3	14.7
曾都区	24.6	13.0	35.6	16.5	26.5	12.0	2.7	16.9	6.4	11.4
广水市	2.1	15.6	22.3	7.6	14.3	9.2	21.6	12.1	13.4	15.5
丽水市	14.3	16.9	18.5	13.8	16.6	3.7	15.6	15.8	8.4	11.6
莲都区	56.6	20.4	21.1	32.6	31.7	17.6	15.5	14.7	14.6	15.9
松阳县	11.5	18.1	15.5	13.0	15.0	13.5	15.5	17.1	12.8	15.4
保山市	11.4	24.7	28.3	15.7	21.3	12.0	17.2	19.3	12.8	16.1
隆阳区	11.0	23.1	18.7	14.9	17.5	12.9	16.6	16.3	13.0	15.3
腾冲县	9.3	34.6	31.4	18.7	24.6	13.2	17.0	21.2	13.3	17.1
昭通市	12.6	25.0	17.4	16.4	20.0	11.5	17.7	14.7	12.8	16.0
昭阳区	5.7	28.3	24.2	14.5	20.9	0.8	15.9	13.7	7.2	10.9
巧家县	4.1	29.6	19.0	14.2	18.8	13.5	18.6	15.1	14.1	17.3
盐津县	9.0	33.6	45.9	18.2	31.5	21.9	15.9	46.8	16.6	30.4
安顺市	15.8	32.4	13.1	20.9	22.2	13.6	16.6	15.9	13.3	16.8
西秀区	15.2	20.6	35.2	15.7	25.8	12.9	14.5	16.7	12.1	16.1
平坝县	18.5	30.9	19.5	21.5	25.2	13.0	16.3	14.6	12.9	16.0
安康市	-1.8	29.5	27.1	11.3	17.3	14.4	18.8	21.8	14.6	18.3
汉滨区	-5.0	21.9	35.3	6.7	16.1	15.8	16.4	17.6	14.2	16.6
汉阴县	-10.6	36.8	28.5	9.4	16.3	21.2	20.8	25.2	18.5	22.4
石泉县	-10.3	34.9	26.1	8.9	15.1	-8.7	41.8	20.8	12.2	16.1
鄂尔多斯市	44.5	37.8	28.4	35.8	36.7	37.3	38.1	16.3	32.9	30.2
东胜区	40.2	36.9	20.9	33.6	32.4	36.4	38.9	14.8	32.8	29.5
杭锦旗	17.0	28.7	36.4	19.9	27.1	20.2	16.5	16.1	16.2	17.6
武威市	-3.0	17.7	39.5	6.1	16.8	19.1	8.0	18.6	11.8	15.1
凉州区	-3.8	1.2	41.2	-1.2	11.2	19.4	7.7	16.5	11.8	14.4
天祝县	8.9	19.3	40.4	12.3	22.2	24.1	9.9	28.4	14.8	20.5

续表

名称	财政收入平均增速（%）					GDP平均增速（%）				
	1～5年	5～10年	10～15年	1～10年	1～15年	1～5年	5～10年	10～13年	1～10年	1～15年
固原市	2.4	25.9	38.7	14.9	25.6	9.1	18.3	20.1	12.8	17.1
原州区	-16.1	31.3	37.0	11.2	22.1	21.3	15.9	21.7	15.0	19.3
隆德县	-27.0	18.4	42.1	0.7	15.6	-2.1	15.6	18.2	8.0	12.9
贺州市	22.5	10.6	20.6	12.2	16.8	16.3	11.0	14.2	10.8	13.3
八步区	50.0	39.1	9.3	35.6	28.2	13.6	16.0	12.2	12.9	14.0
昭平县	17.9	4.9	16.8	7.7	12.1	16.1	5.8	14.0	7.8	11.0
河池市	8.5	16.1	6.4	11.5	10.6	15.2	16.6	8.4	13.7	13.0
金城江区	0.0	28.2	3.7	15.2	12.0	19.0	16.8	6.2	14.9	12.9
天峨县	25.4	17.3	-11.0	16.9	6.5	28.6	32.6	-4.5	26.3	15.6
张掖市	3.7	18.0	27.6	11.1	18.6	17.7	14.7	15.0	13.3	15.4
甘州区	-1.4	14.8	25.7	7.8	15.5	24.0	14.0	13.5	14.6	15.7
民乐县	-8.8	22.5	29.7	9.4	18.1	7.5	14.2	16.0	10.1	13.5
酒泉市	4.2	22.8	21.7	13.8	20.6	17.1	21.8	15.7	17.1	20.6
肃州区	-5.4	20.5	35.4	9.5	22.8	14.3	25.8	18.6	18.5	23.1
金塔县	-10.2	24.5	20.9	9.9	17.1	15.9	19.5	18.1	15.5	20.4
敦煌市	0.3	44.7	8.5	23.6	22.3	11.7	19.8	16.1	14.4	18.7
宜春市	13.9	27.3	35.2	18.0	25.2	17.2	17.1	18.6	15.1	17.7
袁州区	-8.1	30.3	35.8	8.4	17.6	15.3	13.8	17.5	12.9	15.6
樟树市	18.6	26.0	40.6	19.5	28.1	24.7	24.0	22.6	21.4	23.8
上饶市	19.8	22.0	36.0	18.4	25.7	19.2	17.0	17.8	16.0	18.0
信州区	2.9	19.5	36.6	9.6	18.9	19.1	14.9	14.8	15.0	16.3
玉山县	23.4	24.4	34.4	21.0	27.3	18.6	20.8	19.8	17.3	19.7
抚州市	22.9	23.4	29.6	20.3	25.3	17.5	17.7	16.9	15.5	17.4
临川区	1.3	26.2	33.1	11.5	19.4	17.1	19.3	14.5	16.0	17.0
东乡县	6.7	40.2	32.9	19.6	25.8	13.6	17.4	19.8	13.6	16.9

资料来源：根据财政部1994～2003年《地市县财政统计资料》和国家统计局2006年、2011年和2014年《城市统计年鉴》及2005年、2010年、2013年区县（市）数据计算整理。

（三）地级市设立推动了市辖区经济发展，同时也扩大了市辖区与县的人均财政收入差距

人均财政收入的数据按照常住人口进行计算，1997～2001年设市当年对应的人口数为2000年“五普”常住人口数据，而2013年对应的人口数为2010年“六普”数据，由于均按照同一方法计算，因此我们认为此处误差可以忽略不计。

1. 从与县对比的变化情况来看，市辖区与县的人均财政收入差距不断扩大

进一步比较市辖区人均财政收入与县的人均财政收入的比值可以发现，53个城市中有33个城市市辖区与对比县的人均财政收入差距扩大，占城市总数的62%，且扩大幅度较为明显。以内蒙古通辽市为例，设市当年其市辖区科尔沁区与下辖科左中旗的人均财政收入之比为2.03∶1，到2013年，两者人均财政收入之比已扩大到8.38∶1；又如，从设市当年到2013年，滨州市市辖区滨城区与下辖惠民县的人均财政收入之比由1.24∶1扩大到5.76∶1，差距扩大较为明显。

2. 从自身的增长变化来看，市辖区人均财政收入增长倍数要远高于全市平均水平和下辖县

从区、县、市自身的增长变化来看，市辖区人均财政收入增长倍数，绝大多数都远高于全市平均水平和与之对应的对比县。1997～2001年设地级市的53个城市中，有34个市辖区人均财政收入增长倍数高于全市平均水平，占城市总数的64%，有33个市辖区人均财政收入增长倍数高于对应的对比县，占城市总数的62%。例如，聊城市1997年设市，到2013年，其全市人均财政收入增长13.2倍，其下辖临清市人均财政收入增长11.3倍，而市辖区东昌府区人均增长了约28.7倍，增长幅度远高于全市平均水平和县。

表3-11　　样本城市及对比县（市）人均财政收入增长情况

名称	人均财政收入（元）			市辖区财政收入/对比县财政收入		财政收入增长率（%）	财政支出增长率（%）	人口增长率（%）
	设市当年	2013年	增长倍数	设市当年	2013年			
聊城市	177	2341	13.2			19.3	20.2	0.7
东昌府区	147	4232	28.7	0.89	2.25	27.3	28.8	2.6
临清市	166	1877	11.3			17.8	19.2	0.4
商丘市	102	953	9.3			18.3	25.3	（0.5）
梁园区和睢阳区	95	1762	18.5	1.45	4.79	25.9	31.3	0.7
夏邑县	66	368	5.6			13.1	26.3	（1.2）
龙岩市	325	4579	14.1			18.9	19.1	（0.5）
新罗区	276	10169	36.8	1.18	4.47	28.9	26.9	2.0
武平县	235	2274	9.7			15.0	19.4	（1.7）
宿州市	149	1240	8.3			17.4	25.2	（0.3）
埇桥区	156	929	6.0	1.32	1.30	15.0	23.0	0.3
泗县	118	714	6.1			14.8	26.9	（0.1）
玉林市	213	1376	6.5			14.9	21.1	0.8
福绵区和玉州区	114	1184	10.4	0.85	1.76	19.5	22.8	1.4
博白县	134	673	5.0			12.8	23.7	0.7
曲靖市	256	2076	8.1			15.5	18.3	0.7
麒麟区	236	2746	11.6	1.64	2.43	18.8	19.0	1.3
宣威市	144	1128	7.9			14.8	20.4	0.1
玉溪市	1181	4600	3.9			11.0	16.5	1.1
红塔区	574	3729	6.5	2.35	2.57	15.9	13.7	1.9
元江县	244	1450	5.9			14.3	15.7	0.8
通辽市	172	2841	16.5			26.7	28.8	0.4
科尔沁区	208	3852	18.5	2.03	8.38	28.8	26.3	1.2
科左中旗	103	460	4.5			13.4	30.9	0.1
怀化市	179	1457	8.1			19.3	25.0	0.2
鹤城区	107	4097	38.4	1.02	6.52	40.9	39.8	4.8
麻阳县	105	629	6.0			16.3	25.1	0.2

续表

名称	人均财政收入（元）			市辖区财政收入/对比县财政收入		财政收入增长率（%）	财政支出增长率（%）	人口增长率（%）
	设市当年	2013年	增长倍数	设市当年	2013年			
赣州市	205	1688	8.2			18.7	23.1	1.2
章贡区	162	3819	23.5	1.09	3.17	30.1	28.4	2.7
会昌县	148	1205	8.1			18.7	24.2	1.4
信阳市	133	1112	8.4			15.8	22.8	（0.7）
师河区和平桥区	123	1081	8.8	1.14	1.48	16.7	20.9	（0.2）
罗山县	107	733	6.8			13.7	23.6	（1.3）
咸宁市	219	1861	8.5			17.1	23.1	（0.9）
咸安区	151	3712	24.6	1.09	3.77	26.9	31.9	（1.0）
通山县	139	985	7.1			15.8	24.4	（0.5）
六安市	201	1234	6.1			15.7	24.5	（0.6）
金安区和裕安区	149	1943	13.1	0.80	2.62	24.4	30.0	0.5
金寨县	186	742	4.0			11.1	24.4	（1.2）
吴忠市	224	2549	11.4			16.9	22.2	（4.0）
利通区	178	881	4.9	0.40	0.25	15.0	17.0	2.3
青铜峡市	449	3485	7.8			17.6	23.6	0.6
达州市	115	419	3.7			9.3	24.1	（0.6）
通川区	173	1111	6.4	2.00	1.28	16.0	21.7	2.2
开江县	86	868	10.1			16.5	25.5	（1.7）
大竹县	119	1048	8.8			16.1	25.1	（0.8）
广安市	104	1023	9.8			16.9	25.8	（2.5）
广安区	84	1684	20.1	0.99	2.52	23.7	29.5	（2.4）
岳池县	85	669	7.9			14.5	26.0	（3.1）
宁德市	274	2503	9.1			19.7	20.2	（0.6）
蕉城区	235	5080	21.6	0.98	2.63	29.9	28.4	0.7
柘荣县	239	1930	8.1			18.6	19.1	（0.4）
晋中市	240	3543	14.7			23.7	24.0	0.7
榆次区	301	2400	8.0	1.93	1.01	18.9	22.5	1.8

续表

名称	人均财政收入（元）			市辖区财政收入/对比县财政收入		财政收入增长率（%）	财政支出增长率（%）	人口增长率（%）
	设市当年	2013年	增长倍数	设市当年	2013年			
昔阳县	156	2377	15.2			23.6	24.1	0.3
左权县	184	2739	14.9			23.4	24.6	0.3
绥化市	169	1189	7.0			16.8	20.3	0.7
北林区	172	558	3.2	0.64	0.16	10.3	19.7	0.9
安达市	267	3401	12.7			21.6	24.5	（0.0）
娄底市	200	1649	8.2			17.6	24.1	0.0
娄星区	172	1794	10.4	0.41	0.28	21.8	20.1	2.2
冷水江市	417	6420	15.4			23.0	23.3	（0.4）
忻州市	184	2403	13.1			22.3	24.0	0.4
忻府区	186	798	4.3	0.95	0.20	12.6	20.9	0.9
河曲县	196	4020	20.5			26.6	24.5	0.4
榆林市	196	7780	39.7			33.4	30.7	0.7
榆阳区	168	3308	19.7	0.97	0.57	29.2	29.6	3.5
定边县	172	5817	33.8			32.2	29.2	1.1
眉山市	131	1654	12.6			22.7	25.8	（0.8）
东坡区	155	2623	16.9	1.79	3.04	26.8	29.6	0.3
仁寿县	87	863	9.9			19.8	28.6	（1.3）
雅安市	153	1815	11.8			20.8	29.5	（0.1）
雨城区	99	369	3.7	1.33	0.87	11.1	41.8	0.6
芦山县	75	426	5.7			13.4	40.3	（1.1）
巴中市	81	611	7.6			18.4	29.2	（0.0）
巴州区	72	624	8.7	0.81	0.94	19.2	31.7	（0.5）
南江县	89	660	7.4			18.4	30.1	0.2
资阳市	90	1111	12.3			20.7	25.7	（2.5）
雁江区	114	1704	14.9	1.89	2.47	24.0	28.6	（1.1）
安岳县	61	690	11.4			15.9	21.5	（2.2）
来宾市	245	1732	7.1			20.0	24.1	（1.3）
兴宾区	105	554	5.3	0.41	0.44	17.6	21.8	（0.4）

续表

名称	人均财政收入（元）			市辖区财政收入/对比县财政收入		财政收入增长率（%）	财政支出增长率（%）	人口增长率（%）
	设市当年	2013年	增长倍数	设市当年	2013年			
象州县	258	1267	4.9			16.9	25.6	（0.3）
滨州市	394	4538	11.5			23.1	23.6	0.5
滨城区	247	6802	27.5	1.24	5.76	33.2	26.9	1.3
惠民县	198	1181	5.9			16.0	23.6	（0.0）
菏泽市	146	1922	13.1			24.2	23.9	0.2
牡丹区	115	3386	29.5	1.00	1.65	33.1	31.3	0.5
郓城县	115	2051	17.8			27.3	24.9	0.1
鄄城县	94	1016	10.8			22.0	24.6	0.1
运城市	220	809	3.7			13.2	22.4	0.7
盐湖区	293	1086	3.7	2.08	1.99	13.9	23.1	1.2
新绛县	141	547	3.9			13.8	26.1	0.6
临汾市	268	2737	10.2			22.3	22.7	0.9
尧都区	397	4269	10.8	1.86	0.42	24.6	22.3	2.7
安泽县	213	10280	48.2			39.0	24.4	0.7
蒲县	375	13866	37.0			36.0	25.4	0.8
亳州市	151	1327	8.8			19.4	26.0	（0.5）
谯城区	95	2100	22.1	0.69	1.27	29.9	30.8	0.4
涡阳县	137	1651	12.0			22.4	26.1	（0.6）
宣城市	259	4251	16.4			25.7	26.1	（0.5）
宣州区	211	4018	19.0	1.12	1.19	27.1	24.8	（0.6）
广德县	188	3378	18.0			27.2	26.9	0.0
旌德县	226	3645	16.1			24.3	24.0	（1.7）
池州市	229	4644	20.3			27.5	26.7	（0.9）
贵池区	191	6663	34.8	1.03	3.38	35.2	35.5	0.7
东至县	186	1970	10.6			21.6	24.9	（0.1）
吉安市	218	2525	11.6			23.6	24.5	1.0
吉州区和青原区	182	2347	12.9	1.54	1.65	25.1	22.4	1.3
遂川县	118	1421	12.1			23.6	25.5	0.6

续表

名称	人均财政收入（元）			市辖区财政收入/对比县财政收入		财政收入增长率（%）	财政支出增长率（%）	人口增长率（%）
	设市当年	2013年	增长倍数	设市当年	2013年			
周口市	104	849	8.2			18.3	25.5	（0.8）
川汇区	178	3560	20.0	2.94	5.59	33.2	34.2	4.6
太康县	61	636	10.5			20.3	29.4	（1.3）
驻马店市	149	995	6.7			16.9	23.8	（0.3）
驿城区	244	1214	5.0	2.53	1.80	21.8	27.7	7.9
平舆县	96	676	7.0			16.5	23.3	（1.2）
随州市	138	1063	7.7			18.9	25.0	（1.4）
曾都区	68	2349	34.4	0.41	2.76	26.5	26.9	（9.1）
广水市	167	851	5.1			14.3	21.3	（1.6）
丽水市	542	3481	6.4			16.6	19.2	（0.2）
莲都区	290	6104	21.0	0.79	2.89	31.7	28.2	2.6
松阳县	369	2111	5.7			15.0	21.9	（0.6）
保山市	180	1709	9.5			21.3	22.3	0.6
隆阳区	174	1076	6.2	0.96	0.47	17.5	22.0	1.1
腾冲县	180	2314	12.8			24.6	23.6	0.8
昭通市	107	757	7.1			20.0	23.6	0.5
昭阳区	160	1228	7.7	2.86	3.70	20.9	18.9	0.5
巧家县	56	332	5.9			18.8	24.0	1.1
盐津县	60	1062	17.8			31.5	27.5	1.3
安顺市	178	1632	9.2			22.2	24.8	（0.1）
西秀区	203	2538	12.5	1.52	1.47	25.8	30.9	（0.0）
平坝县	134	1721	12.8			25.2	28.3	（0.8）
安康市	142	964	6.8			17.3	25.8	0.1
汉滨区	120	700	5.8	1.01	0.98	16.1	25.1	0.3
汉阴县	119	712	6.0			16.3	25.3	0.2
石泉县	131	664	5.1			15.1	26.8	0.7
鄂尔多斯市	742	22674	30.6			36.7	29.7	3.4

续表

名称	人均财政收入（元）			市辖区财政收入/对比县财政收入		财政收入增长率（%）	财政支出增长率（%）	人口增长率（%）
	设市当年	2013年	增长倍数	设市当年	2013年			
东胜区	1285	16595	12.9	2.91	1.91	32.4	33.7	8.4
杭锦旗	441	8681	19.7			27.1	27.3	（1.0）
武威市	149	1011	6.8			16.8	24.2	（0.6）
凉州区	201	713	3.5	1.70	0.43	11.2	22.4	0.1
天祝县	118	1653	14.0			22.2	25.8	（2.3）
固原市	71	1063	15.0			25.6	25.6	（4.2）
原州区	52	566	9.2	0.54	0.94	22.1	24.9	（2.1）
隆德县	114	599	5.2			15.6	25.3	（2.0）
贺州市	224	1124	5.0			16.8	23.7	（0.6）
八步区	92	1621	17.6	0.56	3.05	28.2	29.7	（3.8）
昭平县	163	531	3.3			12.1	25.5	（0.4）
河池市	3093	801	0.3			10.6	22.6	26.6
金城江区	215	630	2.9	0.51	0.87	12.0	19.8	0.6
天峨县	423	721	1.7			6.5	22.3	0.9
张掖市	240	1394	5.8			18.6	23.8	（0.5）
甘州区	206	822	4.0	1.49	1.07	15.5	29.7	0.6
民乐县	138	766	5.6			18.1	23.9	（0.5）
酒泉市	399	1932	4.8			20.6	24.1	1.1
肃州区	178	894	5.0	1.01	1.33	13.1	13.4	2.3
金塔县	176	672	3.8			9.9	14.3	0.8
敦煌市	233	1437	6.2			12.8	13.9	（0.1）
宜春市	212	2941	13.9			19.7	20.8	0.6
袁州区	181	1120	6.2	0.79	0.26	13.9	17.4	1.3
樟树市	230	4257	18.5			21.9	22.7	0.5
上饶市	176	2499	14.2			20.1	20.4	1.0
信州区	471	2955	6.3	3.89	1.50	14.8	16.8	2.4
玉山县	121	1971	16.3			21.3	22.1	1.1

续表

名称	人均财政收入（元）			市辖区财政收入/对比县财政收入		财政收入增长率（%）	财政支出增长率（%）	人口增长率（%）
	设市当年	2013年	增长倍数	设市当年	2013年			
抚州市	188	2568	13.6			19.7	20.9	0.9
临川区	198	1539	7.8	0.92	0.52	15.2	18.3	0.8
东乡县	217	2965	13.7			20.1	22.3	1.4

资料来源：根据财政部1994～2003年《地市县财政统计资料》、国家统计局2014年《城市统计年鉴》、2013年区县（市）数据及“五普”“六普”数据计算整理。

（四）在城镇人口增长方面，与参照系城市相比而言，72%的市辖区增长速度慢于对比县

1. 大多数地级市市辖区的城镇人口高速增长，少数市辖区人口增长较慢

对比53个市辖区2000年和2010年城镇人口可以发现，2000～2010年市辖区城镇人口增长率超过50%的有39个，占城市总数的73.6%，其中增长率在100%以上的有23个，占城市总数的43.4%，增长速度最快的是榆林市榆阳区，10年间城镇人口增长125%。而增长率介于0%～50%之间的有8个。10年间城镇人口增长率为负的有6个，占城市总数的11.3%，分别是吴忠市的利通区、周口市的川汇区、随州市的曾都区、安顺市的西秀区、河池市的金城江区和张掖市的甘州区。可见，大多数市辖区的城镇人口维持较快的增长，当然也有少数市辖区增长相对较慢，还有个别市辖区城镇人口甚至是负增长。

表3-12　样本城市2000～2010年城镇人口增长情况

城镇人口10年增速	数量（个）	占城市总数的比重（%）
大于100%	23	43.40
50%～100%	16	30.19
0%～50%	8	15.09
小于零	6	11.32

2. 从与对比县的对比情况来看，大多数市辖区城镇人口增长率慢于对比县

下面进一步将市辖区城镇人口年均增长速度与参照系城市进行比较。从样本与参照系城市的城镇人口增长速度的比较来看，在53个市辖区中，有15个市辖区城镇人口增长率快于对比县，占城市总数的28%，其中有5个市辖区的城镇人口增长率较对比县快20个百分点以上，10个市辖区城镇人口增长率快于对比县0～20个百分点；38个市辖区城镇人口增长率慢于对比县，占城市总数的72%，其中6个市辖区慢于对比县0～20个百分点，13个市辖区慢于对比县20～50个百分点，9个市辖区慢于对比县50～100个百分点，10个市辖区慢于对比县100个百分点以上。

表3-13　样本城市和参照系城镇人口增长差距

市辖区与对比县的城镇人口10年增速差距	数量（个）	占城市总数的比重（%）
大于20	5	9.43
0～20	10	18.87
–20～0	6	11.32
–50～–20	13	24.53
–100～–50	9	16.98
小于–100	10	18.87
合计	53	100

表3-14　样本城市和参照系城镇人口增长情况　单位：人、%

所属地级市	区县名称	“五普”城镇人口	“六普”城镇人口	增长速度	区县速度差
聊城市	东昌府区	475546	606366	27.51	15.17
	临清市	305575	343274	12.34	
商丘市	梁园区和睢阳区	457625	618549	35.17	（124.38）
商丘市	夏邑县	93055	241516	159.54	（124.38）
龙岩市	新罗区	407459	460086	12.92	（6.66）
	武平县	68809	82280	19.58	
宿州市	埇桥区	462165	742685	60.70	（0.27）
	泗县	91747	147684	60.97	

续表

所属地级市	区县名称	“五普”城镇人口	“六普”城镇人口	增长速度	区县速度差
玉林市	福绵区和玉州区	488183	547924	12.24	（25.45）
	博白县	266907	367495	37.69	
曲靖市	麒麟区	311135	468437	50.56	（117.38）
	宣威市	217988	584076	167.94	
玉溪市	红塔区	188580	306879	62.73	（20.95）
	元江县	38203	70170	83.68	
通辽市	科尔沁区	411625	540338	31.27	（46.09）
	科左中旗	83621	148310	77.36	
怀化市	鹤城区	291189	472687	62.33	（72.89）
	麻阳县	39326	92503	135.22	
赣州市	章贡区	328309	605231	84.35	（93.54）
	会昌县	66851	185768	177.88	
信阳市	师河区和平桥区	485996	625302	28.66	（35.36）
	罗山县	91718	150439	64.02	
咸宁市	咸安区	331707	340723	2.72	（27.30）
	通山县	86141	112003	30.02	
六安市	金安区和裕安区	355816	661217	85.83	（33.95）
	金寨县	71803	157811	119.78	
吴忠市	利通区	192615	190826	–0.93	4.55
	青铜峡市	105122	99367	–5.47	
达州市	通川区	262555	379467	44.53	12.55
	开江县	95137	125558	31.98	
广安市	广安区	204377	317502	55.35	19.33
	岳池县	128429	174693	36.02	
宁德市	蕉城区	188808	252497	33.73	（30.42）
宁德市	柘荣县	30440	49969	64.16	（30.42）
晋中市	榆次区	324878	444002	36.67	（48.23）
	昔阳县	32316	59753	84.90	
绥化市	北林区	313253	364225	16.27	17.32
	安达市	225863	223486	–1.05	

续表

所属地级市	区县名称	“五普”城镇人口	“六普”城镇人口	增长速度	区县速度差
娄底市	娄星区	273794	425037	55.24	6.93
	冷水江市	160665	238275	48.31	
忻州市	忻府区	206779	279875	35.35	（14.05）
	河曲县	39232	58614	49.40	
榆林市	榆阳区	190664	429189	125.10	（10.57）
	定边县	51667	121766	135.67	
眉山市	东坡区	242729	347546	43.18	（34.23）
	仁寿县	150377	266795	77.42	
雅安市	雨城区	147474	208940	41.68	（97.25）
	芦山县	16951	40501	138.93	
巴中市	巴州区	221889	477235	115.08	1.08
	南江县	54128	115831	113.99	
资阳市	雁江区	280158	376387	34.35	（46.26）
	安岳县	125492	226648	80.61	
来宾市	兴宾区	148847	315875	112.21	48.37
	象州县	55553	91020	63.84	
滨州市	滨城区	395757	407820	3.05	（169.38）
	惠民县	79380	216254	172.43	
菏泽市	牡丹区	525234	559636	6.55	（163.58）
	郓城县	140988	380847	170.13	
运城市	盐湖区	271820	432554	59.13	（35.44）
	新绛县	56555	110041	94.57	
临汾市	尧都区	368399	571237	55.06	19.72
	安泽县	19318	26145	35.34	
亳州市	谯城区	297269	474318	59.56	21.15
	涡阳县	231164	319949	38.41	
宣城市	宣州区	209133	315058	50.65	（35.87）
	旌德县	23933	44639	86.52	
池州市	贵池区	175824	289122	64.44	（86.02）
	东至县	81715	204663	150.46	

续表

所属地级市	区县名称	"五普"城镇人口	"六普"城镇人口	增长速度	区县速度差
吉安市	吉州区和青原区	245066	328318	33.97	（76.61）
	遂川县	68397	144031	110.58	
周口市	川汇区	323738	308360	-4.75	（195.08）
	太康县	96568	280366	190.33	
驻马店市	驿城区	274023	447559	63.33	（81.86）
	平舆县	84782	207874	145.19	
随州市	曾都区	535769	393173	-26.62	（11.67）
	广水市	320278	272402	-14.95	
丽水市	莲都区	199016	293968	47.71	3.82
	松阳县	45996	66183	43.89	
保山市	隆阳区	128069	263380	105.65	（67.43）
	腾冲县	49552	135318	173.08	
昭通市	昭阳区	191042	255861	33.93	（216.49）
	盐津县	18429	64579	250.42	
安顺市	西秀区	360558	358920	-0.45	（11.09）
	平坝县	86414	95601	10.63	
安康市	汉滨区	221409	379707	71.50	5.74
	石泉县	34172	56642	65.76	
鄂尔多斯市	东胜区	456474	510242	11.78	（29.98）
	杭锦旗	41623	59005	41.76	
武威市	凉州区	273047	331370	21.36	（94.04）
	天祝县	26107	56234	115.40	
固原市	原州区	67013	130155	94.22	40.57
	隆德县	18574	28539	53.65	
贺州市	八步区	225723	243261	7.77	（88.82）
	昭平县	63241	124323	96.59	
河池市	金城江区	198137	197858	-0.14	（180.55）
	天峨县	17157	48110	180.41	

续表

所属地级市	区县名称	“五普”城镇人口	“六普”城镇人口	增长速度	区县速度差
张掖市	甘州区	232830	216760	-6.90	（262.75）
	民乐县	13683	48691	255.85	
酒泉市	肃州区	168129	255739	52.11	69.93
	敦煌市	135722	111535	-17.82	
宜春市	袁州区	224998	461817	105.25	71.47
	樟树市	140962	188586	33.78	
上饶市	信州区	197240	298975	51.58	（138.14）
	玉山县	79903	231491	189.72	
抚州市	临川区	353211	482940	36.73	（108.67）
	东乡县	69032	169404	145.40	

三、小结

综上所述，地级市的设立在较大程度上推动了中心城区的发展，对地级市设立最初所设立的市辖区，绝大多数在所在地级市的优势地位都得到了巩固或促进，使其在发展的过程中，在资源获取、公共服务能力上，与下辖县（市）相比都具有明显的优势。

（一）地级市设立在较大程度上提高了市辖区在地级市的经济地位

一是财政收入和GDP占比较高的市辖区数量明显增加。1997～2001年设立地级市53个城市中，从设市当年到2013年，市辖区财政收入占地级市比重在20%以上的城市从20个增加到32个，净增12个；市辖区GDP占地级市比重在20%以上的城市从37个增加到39个，净增2个。二是大多数市辖区财政收入和GDP占地级市比重均明显提高。1997～2001年设立地级市53个城市中，从设市当年到2013年，38个市辖区财政收入占地级市比重增加，占总数的72%；29个市辖区GDP占地级市比重增加，占总数的55%。

（二）地级市设立对市辖区发展具有正向激励作用

一是市辖区财政收入和GDP增速明显快于全市平均水平和对比县。与目前仍属于同一地级市、设市前发展速度相近（三年平均增速相差不超过3个百分点）的县（市）相比，36个市辖区平均增速高于全市平均水平，占城市总数的68%，该36个市辖区平均比所属地级市全市平均增速均值高2.84个百分点；38个市辖区平均增速高于对比县，占城市总数的72%，该38个市辖区平均比对应对比县平均增速均值高7.64个百分点。26个市辖区平均增速高于全市平均水平，占城市总数的49%，该26个市辖区平均比所属地级市全市平均增速均值高2.4个百分点；30个市辖区平均增速高于对比县，占城市总数的57%，该30个市辖区平均比对应对比县平均增速均值高2.75个百分点。二是分阶段来看，财政收入和GDP位于较快区间的城市数量不断增加，但在地级市设立之后1～5年与对比县相比的增速优势更为明显。一方面，财政收入和GDP增长速度位于较快区间的城市数量不断增加。财政收入在20%以上的城市数量在第一阶段、第二阶段和第三阶段分别为22个、42个和40个，其中30%以上的城市在三个阶段数量分别为16个、16个和19个，增速较高区间的数量越来越多。53个市辖区的GDP增速相对稳定，基本集中在10%～30%，三个阶段增速在此区间之内的城市数量分别为41个、50个和49个，总体来说呈现增长趋势，但是变化幅度相对较小，数量相对稳定。另一方面，地级市设立之后1–5年内的财政收入和GDP增速与对比县相比优势更为明显。市辖区财政收入增速高于县的数量在三个阶段分别为33个、24个和24个，市辖区GDP增速高于县的数量在三个阶段分别为26个、25个和18个。因此，在地级市设立之后的1～5年，市辖区的发展相对较快，在中长期增速与参照系相比相对放缓。

（三）地级市设立推动了市辖区经济发展，也扩大了市辖区与县的收入差距

一是从现状来看，市辖区人均财政收入高于全市平均水平和对比县。从

设市之后到2013年，1997～2001年设立地级市的53个城市中，有31个城市中心城区人均财政收入高于全市平均水平，占城市总数的58%，38个城市中心城区人均财政收入高于设市时发展水平相近的县，占城市总数的72%。说明在发展的过程中，财政收入自下而上集中的体制特点在地级市中心城区的发展中得到了体现，中心城区获得了体制优势。二是从与县对比的变化情况来看，市辖区与县的人均财政收入差距不断扩大。1997～2001年设立地级市的53个城市中，有33个城市市辖区与对比县的人均财政收入差距扩大且扩大幅度较为明显，占城市总数的62%。三是从自身增长变化情况来看，市辖区人均财政收入增长倍数要远高于全市平均水平和下辖县。1997～2001年设立地级市的53个城市中，有34个市辖区人均财政收入增长倍数高于全市平均水平，占城市总数的64%，有33个高于对应的对比县，占城市总数的62%。市辖区人均财政收入高的城市，主要是由于市辖区的财政收入增长率与人口增长率之差，远高于全市和县的财政收入增长率与人口增长率之差。即财政收入增速远快于人口增速，且市辖区财政收入增长快于人口增长的部分，远高于全市平均水平和县。

（四）与参照系城市相比而言，72%的市辖区增长速度慢于对比县

与参照城市相比，大多数市辖区城镇人口增长率慢于对比县。在53个市辖区中，有15个市辖区城镇人口增长率快于对比县，占城市总数的28%，38个市辖区城镇人口增长率慢于对比县，占城市总数的72%。

第四章

县级市设立的效果评估

从1979年国务院撤销宝安县、珠海县和乐山县，分别设立地级深圳市、地级珠海市和县级乐山市开始，到1981年浙江省的“整县改市”试点，使得“整县改市”模式开展得如火如荼。在“整县改市”的模式下，大批城镇和农村在建制上划入“城市”，大片含着农村的国土空间圈入“城市”版图。因此，设市后，城市不单单要管理城市，而且还要管辖广大的农村地域空间。实际上，我国的城市是行政辖区，而不是严格意义上的城市。由于城乡统管，城市管理城市的同时还管理农村，导致城市可以随意地剥夺农村资源，这也是90年代后期“县改市”被冻结的导火索。那么，究竟撤县设市政策有多大的含金量、城市的身份对县域经济社会发展又有多大促进作用，下面通过理论和实证分析进行阐述。

第一节　改革开放以来县级市的设立

从我国改革开放以来县级市设立情况来看，县级市设立大致分为以下几个阶段[①]。

一、启动加速阶段（1978～1982年）

改革开放以来，城乡经济快速崛起，发展所带来的问题和矛盾对我国相

① 1978～2000年数据主要来自于刘君德、汪宇明著《制度与创新：中国城市制度的发展与改革新论》，东南大学出版社2000年版。

对滞后的城市管理体制提出严峻挑战。为增强县域经济发展活力，我国开始推行将县改为县级市，主要采用切块设市和整县设市两种模式。1978～1982年，我国共设立县级市54个，年均新设市接近10个，县级市数量比改革开放以前增长了近一半。在这一阶段，切块设市是主要方式，共有40个，占74%；整县设市为14个，占比26%。此阶段为县级市设立的启动推行阶段，主要以切块设市模式为主，尤其是1979年，全国共设立县级市23个，切块设市的就有20个，占比达到87%。

二、快速推进阶段（1983～1988年）

1983年，民政部公布了“县改市”的相应标准，县级市的设立进入快速发展阶段，设市模式也随之发生转变。1983～1988年5年间共设立县级市192个，其中切块设市的有18个，仅占总设立数的9%；整县设市数为174，占比达到91%。1987年设立县级市30个，整县设市数达到29个。整县设市确实改善了城市面貌，推动了城镇化的发展，有利于县域经济社会稳定发展，因此得以快速推进。

三、平稳发展阶段（1989～1991年）

1989年之后，以整县设市模式为主的县级市设立进入平稳发展阶段。1989～1991年，全国共设立县级市45个，其中切块设市数只有3个，约占7%；整县设市数达到42个，占比高达93%。

四、高速增长阶段（1992～1996年）

从1992年开始，尤其是在1993年国务院调整设市标准之后，县级市设立进入高速增长阶段。1992～1996年间，全国共设立县级市189个；整县设市数为185个，占比接近98%，设立模式仍以整县设市为主。1993年和1994年，设市数量都是53个，两年新设县级市数量占本阶段的56%，并且全部新设县级市都通过整县设市模式设立。

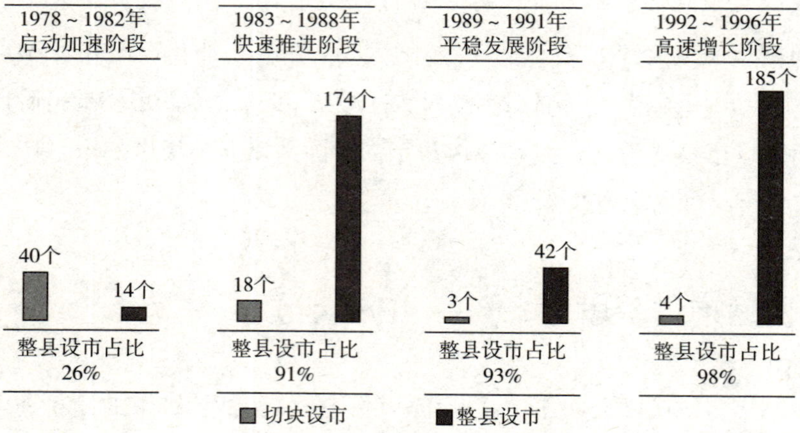

图4-1　1978～1996年设县级市的主要形式

五、收紧冻结阶段（1997～2009年）

县级市大量设立，扩大了城市的范围，但有些地方也出现了大肆侵占农村土地、行政管理复杂等一系列乱象。出于保护耕地的目的，从1997年开始，国家冻结了县改市的审批，县级市的设立工作进入收紧冻结阶段。1997年通过整县设市设立4个县级市，1998年设立1个；此后1999～2009年，全国都没有设立县级市。

六、重新启动阶段（2010年以来）

2010年民政部同意批复了2个县级市的设立，标志着县级市设立工作松动，进入复苏发展阶段。2010～2014年共设立6个县级市，包括2010年县级市设立2个，2013年设立3个，2014年设立1个，停滞多年的县级市设立工作开始复苏发展。2014年《国家新型城镇化规划》和新型城镇化综合试点工作的推进，地方对启动设市工作的呼声不断高涨。

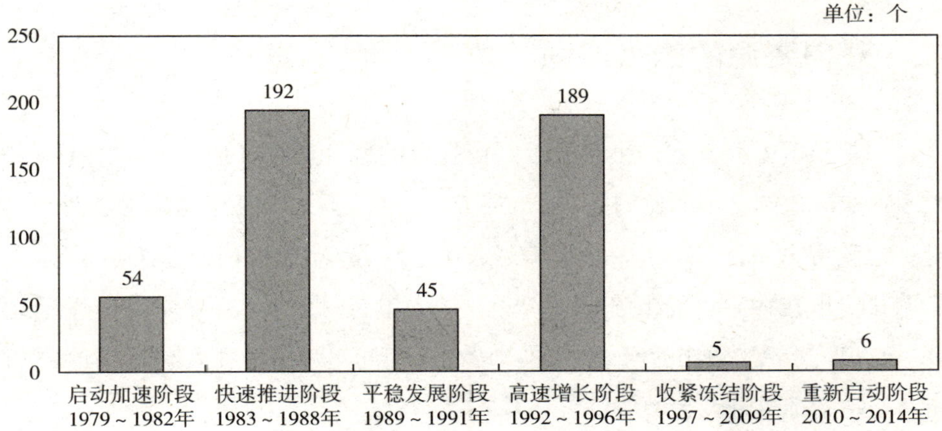

图4-2　各阶段县级市数量增加情况

第二节　撤县设市对发展影响的理论分析

“县改市”通过突破传统管理模式限制的方式，能够释放城市发展活力，会产生一定积极作用。

一、权力配置和职能重点可以更偏向促进城市发展

一是行政管理权力方面，市在对外贸易、治安、交通管理方面有更大的权力，可以设立大型国有银行的分行，可以审批更高金额的项目。例如，云南文山县2010年撤县设市后自主管理权限进一步扩大，在设市前只能审批100万美元以下的建设项目，设立县级市后则达到3000万美元。二是政府规模方面，市可以有更大规模的政府机构和更多的编制，在吸引外资方面有更大的优势。三是政府职能方面，县与县级市同级，但二者功能上各有侧重，县的

工作重心是三农，而市的主要功能是发展工业、建设城市等。

二、获得资源的能力增强

一是税费方面，在城镇建设上，可提取的城镇建设维护费较高，在地方财政提取的比例，市的比例是7%，县为5%；可以收取摩托车登记附加费。二是土地政策方面，市可以获得更多的农用地转非农用地的土地指标。例如，广东普宁市在1993年设市之前，1989～1992年期间，年均审批非农建设用地763亩，而1993年设市之后，1993～1998年期间年均审批非农建设用地1570亩，土地指标数量大大增加。

三、城市地位得到提升

一方面，我国县级市相比县来说数量较少，到2014年，我国共有1425个县，但只有367个县级市，从县到县级市的转变之后，在市里乃至省里的地位相对于县来说有明显提升。另一方面，相比于县来说，县级市政府通常能获得更高的政治权利，例如许多县级市的市委书记可以进入常委会并享受副地级政治待遇，也更容易同上级政府接近和获得晋升。另外，城市在公共服务资源配置方面的权力也有变大，比如可以设立高等级的医院等，有利于促进公共服务资源的优化配置，整体上提高城市公共服务发展水平。

然而，相比普通县而言，尽管县级市有以上几方面优势，但县级市的行政级别并没有改变，也就是说并没有质的突破，各方面优势是有限的。一是随着“简政放权”政策的进一步实施，所存在的行政管理权限等方面的优势会进一步弱化。二是可能会增加社会成本。“县改市”后城市建设费用的增长、招商引资优势的加强、机构和人员编制的增加、公务员福利标准的提高，都必然会增加财政支出和成本，在财政收入没有明显增加的基础上，成本的增加会带来债务的增加。三是“城市身份”带来的附加优势趋于弱化。20世纪八九十年代苏浙鲁等省早期进行的县改市，其经济得到了快速发展，如江苏张家港市、浙江江山市等。但随着设市数量的增加，这种“城市身份”所带来的附加优势并不明显，并且对于本身产业优势并不突出或者经济发展水平并不高的县来说，“撤县设市”对其经济发展并不会有太大的实际作用。

第三节　撤县设市对经济社会发展影响的实证分析

目前对于撤县设市的实证研究仍较为不足。本文实证分析方法的选取参考并结合了相关研究的方法和结论。例如Fanetal（2012）利用全国县级面板数据分析发现，之前“一刀切”的撤县设市政策是不成功的，相比其他县级单位，撤县设市在短期内没有对地方经济增长带来正向效果，其原因主要是撤县设市后地方政府缺乏激励和城市规模太小；黄亮雄等（2013）利用广东省73个县域的数据，检验了“撤县建市”行政体制改革绩效，并认为相比于没有发生“撤县建市”的县域，发生“撤县建市”的县域获得了更高的经济增长，花费更多的财政支出，但财政收入没有明显提高。

一、样本选择

从1992年的高速增长阶段到1997年国家冻结县改市的审批以来，全国行政区划调整设立的县级市共增加了193个。由于数据原因，我们在样本中剔除1992年和1993年的案例，着重分析1994年到1997年期间设立的县级市，并排除2012年以前撤市设区的县级市。最终在全国选取了84个撤县设市的县级市作为样本城市进行分析。

起初我们选择了GDP、财政收入、人均GDP等经济发展指标进行分析，但是由于样本研究时期太早，一些县的历年统计数据较难获取，而且1997年以前地方衡量经济发展的指标是工农业总产值。我们最终以工农业总产值和

GDP增长速度为主要经济发展指标来分析撤县设市的经济效果，同时以城镇人口变动情况来分析区划调整政策的社会效果。

我们对撤县设市的时间进行处理，将发生行政区划的时间作为调整当年，之前一年为调整前1年，之后为调整后1年、调整后2年、调整后3年、调整后5年、调整后10年；不足10年的情况下，最末一年按调整后6～9年分别处理。

针对样本城市，我们为每一个县级市选择一个县作为参照系进行对比。选择参照系的时候，我们遵循以下几个原则：一是选同一地级市下的县，若同一地级市下没有合适作为参照系的县，即在周边地级市下辖的县来选择；二是1994年的样本以调整前的财政收入年均增长速度为选择标准，以参照系县与样本在调整前财政收入年均增速相差5个百分点以内的为适宜的参照系城市；1995～1997年的样本以调整前的工农业总产值的年均增长速度为选择标准，以参照系与样本在调整前工农业总产值年均增速尽量接近为适宜[①]；若以上条件都没有办法满足，即在本地级市和周边地级市选取一个具有最相似的年均增速数值的县作为参照系。

表4-1　　　　1994年撤县设市样本与参照系城市情况

样本城市	地级市	调整前2年财政收入年均增速	参照系城市	地级市	调整前2年财政收入年均增速
鹿泉市	石家庄	–16.41%	井陉县	石家庄	–15.36%
深州市	衡水	8.14%	饶阳县	衡水	6.94%
永济市	运城	2.59%	芮城县	运城	1.04%
河津市	运城	15.20%	稷山县	运城	15.66%
潞城市	长治	23.82%	平顺县	长治	27.03%
根河市	呼伦贝尔	1.14%	新巴尔虎右旗	呼伦贝尔	1.76%
额尔古纳市	呼伦贝尔	–2.19%	鄂伦春自治旗	呼伦贝尔	–3.66%
凤城市	丹东	5.01%	宽甸县	丹东	8.48%
德惠市	长春	–9.50%	永吉县	吉林	–11.11%
海门市	南通	–16.61%	泗洪县	淮阴	–15.83%
扬中市	镇江	–9.14%	邗江县	扬州	–9.09%

① 基本控制在2个百分点，个别发展变动幅度较大的县市，控制在5个百分点以内。

续表

样本城市	地级市	调整前2年财政收入年均增速	参照系城市	地级市	调整前2年财政收入年均增速
富阳市	杭州	–28.17%	临安县	杭州	–27.58%
温岭市	台州	4.52%	仙居县	台州	3.73%
明光市（嘉山县）	滁州	–20.99%	来安县	滁州	–6.58%
长乐市	福州	31.39%	清流县	三明	24.81%
建阳市	南平	8.24%	政和县	南平	6.93%
瑞金市	赣州	20.19%	安远县	赣州	20.99%
安丘市	潍坊	–10.76%	临朐县	潍坊	–9.90%
高密市	潍坊	–11.73%	临朐县	潍坊	–9.90%
昌邑市	潍坊	–2.69%	微山县	济宁	–1.82%
林州市	安阳	5.56%	滑县	安阳	5.14%
新密市	郑州	16.54%	栾川县	洛阳	18.22%
荥阳市	郑州	0.93%	中牟县	郑州	0.78%
新郑市	郑州	12.14%	新安县	洛阳	13.33%
登封市	郑州	11.97%	新安县	洛阳	13.33%
大冶市	黄石	–13.13%	南漳县	襄樊	–14.08%
宜城市	襄樊	0.99%	罗田县	黄冈	0.40%
武冈市	邵阳	24.62%	常宁县	衡阳	23.80%
英德市	清远	–2.51%	大埔县	梅州	–0.94%
恩平市	江门	–5.03%	徐闻县	湛江	–6.06%
从化市	广州	23.21%	澄海县	汕头	26.67%
连州市	清远	17.65%	佛冈县	清远	17.24%
雷州市	湛江	–2.25%	大埔县	梅州	–0.94%
乐昌市	韶关	0.08%	大埔县	梅州	–0.94%
阳春市	阳江	–13.67%	斗门县	深圳	–9.74%
吴川市	湛江	5.40%	广宁县	肇庆	4.86%
兴宁市	梅州	33.75%	海丰县	汕尾	28.41%
化州市	茂名	–7.84%	连山县	清远	–7.96%
北流市	玉林	13.54%	隆林县	百色	14.04%

续表

样本城市	地级市	调整前2年财政收入年均增速	参照系城市	地级市	调整前2年财政收入年均增速
桂平市	玉林	-6.64%	岑溪县	梧州	-6.63%
简阳市	内江	0.32%	资中县	内江	2.97%
邛崃市	成都	-14.23%	叙永县	泸州	-13.39%
崇州市	成都	-0.61%	平武县	绵阳	-0.91%
宣威市	曲靖	-10.81%	禄劝县	昆明	-11.04%

说明：明光市、长乐市、兴宁市未能按照以上参照系选取方式根据调整前2年财政收入年均增速选到合适参照系，所以在周边地级市取财政收入增速最相似的县作为参照系。

表4-2　　1995年撤县设市样本与参照系城市情况

样本城市	地级市	调整前2年工农业总产值年均增速	参照系城市	地级市	调整前2年工农业总产值年均增速
北宁市（北镇市）	锦州	47.95%	宽甸县	丹东	47.10%
磐石市	吉林	11.28%	柳河县	通化	13.00%
穆棱市	牡丹江	8.71%	泰来县	齐齐哈尔	6.88%
句容市	镇江	40.37%	邗江县	扬州	39.23%
嵊州市	绍兴	59.65%	新昌县	绍兴	59.90%
福鼎市	宁德	41.28%	寿宁县	宁德	45.98%
南康市	赣州	7.49%	兴国县	赣州	6.25%
栖霞市	烟台	46.54%	昌乐县	潍坊	46.51%
松滋市	荆州	35.27%	京山县	荆州	32.48%
陆丰市	汕尾	30.69%	阳西县	阳江	30.98%
信宜市	茂名	48.59%	怀集县	肇庆	47.50%
岑溪市	梧州	59.15%	容县	玉林	57.22%
文昌市	三亚	14.50%	屯昌县	三亚	11.66%
什邡市	德阳	39.02%	梓潼县	绵阳	39.52%
仁怀市	遵义	213.43%	遵义县	遵义	210.07%
安宁市	昆明	15.53%	彝良县	邵通	13.06%

说明：穆棱市按调整前1年工农业总产值年均增速选择参照系，其余均按照调整前2年工农业总产值年均增速来选择参照系。

表4-3　　1996年撤县设市样本与参照系城市情况

样本城市	地级市	调整前3年工农业总产值年均增速	参照系城市	地级市	调整前3年工农业总产值年均增速
迁安市	唐山	35.29%	丰润县	唐山	40.21%
汾阳市	吕梁	19.84%	兴县	吕梁	21.59%
灯塔市	辽阳	24.40%	西丰县	铁岭	21.25%
双辽市	四平	41.24%	抚松县	浑江	39.98%
虎林市	鸡西	2.75%	肇州县	大庆	6.68%
大丰市	盐城	38.57%	建湖县	盐城	38.92%
临安市	杭州	17.90%	龙游县	衢州	22.01%
桐城市	安庆	48.60%	枞阳县	安庆	46.45%
贵溪市	鹰潭	35.53%	信丰县	赣州	34.77%
海阳市	烟台	5.05%	嘉祥县	济宁	7.94%
孟州市	焦作	62.54%	宁陵县	商丘	63.35%
永城市	商丘	40.87%	西华县	周口	43.58%
枝江市	宜昌	22.81%	长阳县	宜昌	23.16%
常宁市	衡阳	47.68%	衡东县	衡阳	48.18%
南雄市	韶关	10.61%	新丰县	韶关	6.04%
万宁市	三亚	34.14%	乐东县	三亚	35.79%
绵竹市	德阳	34.79%	富顺县	自贡	39.48%
福泉市	黔南	24.20%	龙里县	黔南	28.91%
潞西市	德宏	7.50%	梁河县	德宏	3.82%
灵武市	银南	30.26%	同心县	银南	29.72%
乌苏市	塔城地区	9.46%	霍城县	伊利	12.38%

说明：灵武市按调整前2年工农业总产值年均增速选择参照系，其余均按照调整前3年工农业总产值年均增速来选择参照系。

表4-4　　1997年撤县设市样本与参照系城市情况

样本城市	地级市	调整前4年工农业总产值年均增速	参照系城市	地级市	调整前4年工农业总产值年均增速
宁国市	宣城	55.01%	凤台县	淮南	59.53%
汉川市	孝感	31.04%	通城县	咸宁	30.54%
东方市	三亚	5.35%	定安县	三亚	9.70%

说明：东方市按调整前3年工农业总产值年均增速选择参照系，其余均按照调整前4年工农业总产值年均增速来选择参照系。

二、撤县设市对经济发展的影响

我们对84个样本及其参照系城市分别计算调整后1～5年和调整后5～10年的经济总量指标的平均年均增速的对比，来分析撤县设市对经济发展速度的影响。

根据全国地市县财政统计资料显示，1997年以前关于经济总量的指标是工农业总产值，1997年以后出现地区国内生产总值指标。基于数据的局限性，我们将采用工农业总产值和GDP双重指标来对1994年行政区划调整的44个样本及其参照系进行分析。分别计算调整后1～5年的工农业总产值年均增长速度和5～10年的GDP年均增长速度，通过对比样本和参照系在调整后1～5年和5～10年的经济指标年均增长速度，来判断区划调整对经济发展的影响。对1995～1997年的40个样本及其参照系，我们采用GDP指标分析。分别计算调整后1～5年和5～10年的GDP年均增长速度，并对比参照系和样本的年均增长速度以及差距变化来判断撤县设市对当地的经济影响。

（一）1994年撤县设市的44个样本分析

我们用1995年和1999年的工农业总产值数据计算出调整后1～5年工农业总产值增长变动情况，用1999年和2004年的GDP数据计算出调整后5～10年GDP增长变动情况。

1. 撤县设市后，中短期（调整后1～5年）政策效果分析

我们首先把所有样本作为一个整体进行分析，数据显示设市五年后44个撤县设市样本工农业总产值是设市之初的4倍，而作为参照系的县，工农业总产值也是基期的4倍。如果作为一个整体，在短期内撤县设市的对经济发展几乎没有影响。如果把每个样本作为个体，与参照系进行对照，大致可以分为以下三类情况。

一是经济发展速度显著快于参照系。当样本城市撤县设市后年均增速比参照系县的年均增速快了3个百分点以上的，我们判定符合这一情况。在44个

样本城市中，只有1个样本的年均增速显著快于参照系城市。桂平市在调整后1～5年的工农业总产值年均增速是33.3%，比参照系岑溪县的增速（27.4%）快了5.9个百分点。

二是经济发展速度对比不明显。当样本城市撤县设市后的年均增速比参照系城市的年均增速相差在正负3个百分点以内的，我们判定符合这一情况。在44个样本城市中，有36个样本符合这一情况，即区划调整后的年均工农业总产值增速与参照系县的年均增速仍十分接近。

在36个样本中，18个是县级市增长速度略快于参照系的县，其中8个在2%～3%之间，4个在1%～2%之间，6个在1%之内。17个县级市的增长速度慢于参照系的县，其中9个在1%以内，4个在2%～3%之间，4个在1%～2%之间。另外还有1个与参照系的增长速度相同。

三是经济发展速度显著慢于参照系。当样本城市撤县设市后的年均增速比参照系城市的年均增速慢了3个百分点以上的，我们判定符合这一情况。有6个样本城市符合此类情况，分别是河津市、潞城市、根河市、建阳市、大冶市、吴川市和高密市，其调整后的年均增速分别是26.2%、24.2%、30.9%、27.5%、28.9%、20.2%和26.1%，而参照系县稷山县、平顺县、新巴尔虎右旗、郑和县、南漳县、广宁县、临朐县调整后的年均增速分别是31.4%、27.4%、36.5%、33.4%、32.3%、32.5%、29.9%，相差–5.3%、–3.2%、–5.6%、–5.9%、–3.5%、–12.4%、–3.8%。

表4-5　　1994年撤县设市样本的中短期影响统计

分类	数量	县级市名称
显著促进	1	桂平市
影响不明显	36	鹿泉市、深州市、永济市、额尔古纳市、凤城市、德惠市、海门市、扬中市、富阳市、温岭市、明光市、长乐市、瑞金市、安丘市、昌邑市、林州市、新密市、荥阳市、新郑市、登封市、宜城市、武冈市、英德市、恩平市、从化市、连州市、雷州市、乐昌市、阳春市、兴宁市、化州市、北流市、简阳市、邛崃市、宣威市、崇州市
显著下滑	7	河津市、潞城市、根河市、建阳市、大冶市、吴川市、高密市

表4-6　样本和参照系在调整后1～5年的工农业总产值年均增速比较

样本	地级市	省份	调整后市和参照系	设市年份	调整后1～5年工农业年均增长速度
鹿泉市	石家庄	河北	鹿泉市	1994	27.9%
	石家庄	河北	井陉县	1994	25.5%
深州市	衡水	河北	深州市	1994	28.7%
	衡水	河北	饶阳县	1994	31.6%
永济市	运城	山西	永济市	1994	31.3%
	运城	山西	芮城县	1994	29.2%
河津市	运城	山西	河津市	1994	26.2%
	运城	山西	稷山县	1994	31.4%
潞城市	长治	山西	潞城市	1994	24.2%
	长治	山西	平顺县	1994	27.4%
根河市	呼伦贝尔	内蒙古	根河市	1994	30.9%
	呼伦贝尔	内蒙古	新巴尔虎右旗	1994	36.5%
额尔古纳市	呼伦贝尔	内蒙古	额尔古纳市	1994	33.6%
	呼伦贝尔	内蒙古	鄂伦春自治旗	1994	34.1%
凤城市	丹东	辽宁	凤城市	1994	28.4%
	丹东	辽宁	宽甸县	1994	28.3%
德惠市	长春	吉林	德惠市	1994	31.3%
	吉林	吉林	永吉县	1994	30.2%
海门市	南通	江苏	海门市	1994	27.0%
	淮阴	江苏	泗洪县	1994	26.5%
扬中市	镇江	江苏	扬中市	1994	28.6%
	扬州	江苏	邗江县	1994	28.1%
富阳市	杭州	浙江	富阳市	1994	28.2%
	杭州	浙江	临安县	1994	27.6%
温岭市	台州	浙江	温岭市	1994	26.8%
	台州	浙江	仙居县	1994	28.1%
明光市	滁州	安徽	明光市	1994	28.4%
	滁州	安徽	来安县	1994	27.8%
长乐市	福州	福建	长乐市	1994	29.6%
	三明	福建	清流县	1994	29.8%

续表

样本	地级市	省份	调整后市和参照系	设市年份	调整后1～5年工农业年均增长速度
建阳市	南平	福建	建阳市	1994	27.5%
	南平	福建	政和县	1994	33.4%
瑞金市	赣州	江西	瑞金市	1994	27.1%
	赣州	江西	安远县	1994	27.1%
安丘市	潍坊	山东	安丘市	1994	28.4%
	潍坊	山东	临朐县	1994	29.9%
高密市	潍坊	山东	高密市	1994	26.1%
	潍坊	山东	临朐县	1994	29.9%
昌邑市	潍坊	山东	昌邑市	1994	29.0%
	济宁	山东	微山县	1994	31.2%
林州市	安阳	河南	林州市	1994	29.0%
	安阳	河南	滑县	1994	26.9%
新密市	郑州	河南	新密市	1994	30.1%
	洛阳	河南	栾川县	1994	29.6%
荥阳市	郑州	河南	荥阳市	1994	28.2%
	郑州	河南	中牟县	1994	26.5%
新郑市	郑州	河南	新郑市	1994	27.6%
	洛阳	河南	新安县	1994	26.1%
登封市	郑州	河南	登封市	1994	25.6%
	洛阳	河南	新安县	1994	26.1%
大冶市	黄石	湖北	大冶市	1994	28.9%
	襄樊	湖北	南漳县	1994	32.3%
宜城市	襄樊	湖北	宜城市	1994	29.3%
	黄冈	湖北	罗田县	1994	29.8%
武冈市	邵阳	湖南	武冈市	1994	28.1%
	衡阳	湖南	常宁县	1994	26.0%
英德市	清远	广东	英德市	1994	30.1%
	梅州	广东	大埔县	1994	28.0%
恩平市	江门	广东	恩平市	1994	28.3%
	湛江	广东	徐闻县	1994	30.9%

续表

样本	地级市	省份	调整后市和参照系	设市年份	调整后1~5年工农业年均增长速度
从化市	广州	广东	从化市	1994	27.1%
	汕头	广东	澄海县	1994	28.4%
连州县	清远	广东	连州市	1994	29.5%
	清远	广东	佛冈县	1994	29.6%
海康县	湛江	广东	雷州市	1994	29.2%
	梅州	广东	大埔县	1994	28.0%
乐昌市	韶关	广东	乐昌市	1994	30.3%
	梅州	广东	大埔县	1994	28.0%
阳春市	阳江	广东	阳春市	1994	29.4%
	深圳	广东	斗门县	1994	30.2%
吴川市	湛江	广东	吴川市	1994	20.2%
	肇庆	广东	广宁县	1994	32.5%
兴宁市	梅州	广东	兴宁市	1994	28.8%
	汕尾	广东	海丰县	1994	29.8%
化州市	茂名	广东	化州市	1994	29.6%
	清远	广东	连山县	1994	29.8%
北流市	玉林	广西	北流市	1994	27.5%
	百色	广西	隆林县	1994	24.7%
桂平市	玉林	广西	桂平市	1994	33.3%
	梧州	广西	岑溪县	1994	27.4%
简阳市	内江	四川	简阳市	1994	29.7%
	内江	四川	资中县	1994	29.9%
邛崃市	成都	四川	邛崃市	1994	31.4%
	泸州	四川	叙永县	1994	29.4%
崇州市	成都	四川	崇州市	1994	26.9%
	绵阳	四川	平武县	1994	27.8%
宣威市	曲靖	云南	宣威市	1994	28.1%
	昆明	云南	禄劝县	1994	30.3%

说明：大埔县分别是乐昌市、雷州市、英德市的参照系，临朐县分别是高密市和安丘市的参照系。其余样本和参照系均为一对一关系。

从1994年撤县设市的44个样本来看，短期内大多数撤县设市对经济发展的影响并不显著。

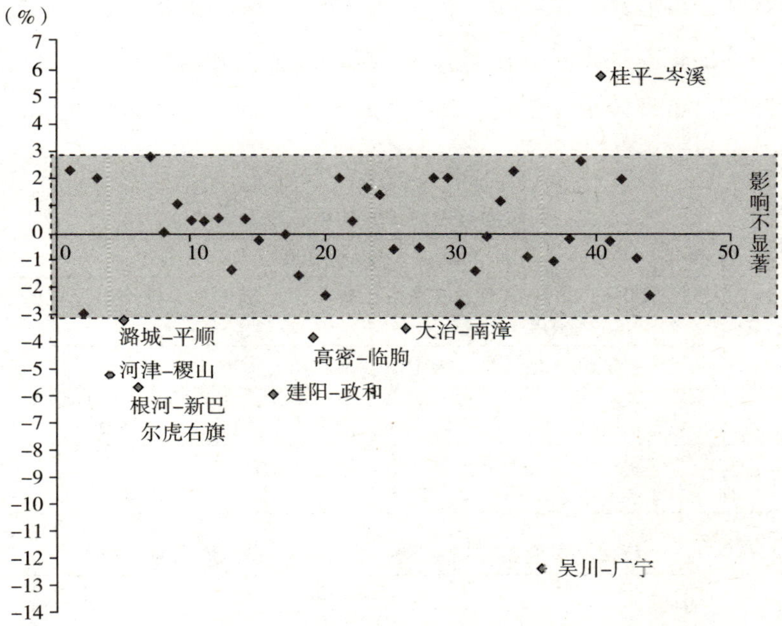

图4-3　样本和参照系在调整后1～5年的工农业总产值年均增速的差值

2. 撤县设市后，中长期（调整后5～10年）政策效果分析

同样，我们首先把所有样本作为一个整体进行分析，数据显示设市十年后44个撤县设市样本GDP是设市五年时的1.71倍，而作为参照系的县，GDP则是基期的1.69倍。显然，如果作为一个整体，在5～10年期间撤县设市的对经济发展的影响不大。如果把每个样本作为个体，与参照系进行对照，大致可以分为以下三类情况。一是发展速度显著快于参照系，即样本县级市的年均GDP增速比参照系县的增速快3个百分点以上，共有10个县级市经济快于参照系，占全部样本量比重略高于23%。二是发展速度对比不明显，即样本县级市的年均GDP增速较参照系县的增速的差距在正负3个百分点以内，此种类型的样本有21个，接近全部样本的一半。三是发展速度显著慢于参照系，即样本县级市的年均GDP增速比参照县增速慢3个百分点以上，此类样本为13个，

占全部样本量的比重略低于30%。

如果将两个时期进行对比，在1～5年和5～10年两个阶段，新设市平均增长速度都快于参照系的仅有10个，占比略高于20%，而在两个阶段参照系发展相对更快的也有14个，占比略高于30%，两者之间差距不大。由此可见，参照系和新设市发展带有较大的随机性，并未表现出显著影响效果，但负面影响效应略高一点。

表4-7　1994年撤县设市样本的中长期影响统计

分类	数量	县级市名称
显著促进	10	河津市、潞城市、德惠市、长乐市、瑞金市、林州市、宜城市、从化市、邛崃市、高密市
影响不明显	21	鹿泉市、海门市、扬中市、富阳市、温岭市、明光市、建阳市、荥阳市、大冶市、武冈市、英德市、恩平市、雷州市、乐昌市、阳春市、吴川市、兴宁市、化州市、桂平市、简阳市、崇州市
相对下滑	13	深州市、永济市、根河市、额尔古纳市、凤城市、安丘市、昌邑市、新密市、新郑市、登封市、连州市、北流市、宣威市

表4-8　样本和参照系在调整后5～10年的GDP年均增速比较

样本	地级市	省份	调整后市和参照系	调整后5～10年GDP年均增长速度	差距
鹿泉市	石家庄	河北	鹿泉市	12.7%	−0.32%
	石家庄	河北	井陉县	13.0%	
深州市	衡水	河北	深州市	11.6%	−3.95%
	衡水	河北	饶阳县	15.5%	
永济市	运城	山西	永济市	5.7%	−4.72%
	运城	山西	芮城县	10.4%	
河津市	运城	山西	河津市	39.7%	23.49%
	运城	山西	稷山县	16.2%	
潞城市	长治	山西	潞城市	20.8%	11.62%
	长治	山西	平顺县	9.2%	
根河市	呼伦贝尔	内蒙古	根河市	8.6%	−21.70%
	呼伦贝尔	内蒙古	新巴尔虎右旗	30.3%	
额尔古纳市	呼伦贝尔	内蒙古	额尔古纳市	2.9%	−3.39%
	呼伦贝尔	内蒙古	鄂伦春自治旗	6.2%	
凤城市	丹东	辽宁	凤城市	−22.3%	−4.93%
	丹东	辽宁	宽甸县	−17.4%	

续表

样本	地级市	省份	调整后市和参照系	调整后5～10年GDP年均增长速度	差距
德惠市	长春	吉林	德惠市	12.1%	12.44%
	吉林	吉林	永吉县	-0.4%	
海门市	南通	江苏	海门市	13.1%	2.69%
	淮阴	江苏	泗洪县	10.4%	
扬中市	镇江	江苏	扬中市	9.6%	-2.28%
	扬州	江苏	邗江县	11.9%	
富阳市	杭州	浙江	富阳市	14.1%	1.58%
	杭州	浙江	临安县	12.5%	
温岭市	台州	浙江	温岭市	12.7%	-1.05%
	台州	浙江	仙居县	13.7%	
明光市	滁州	安徽	明光市	6.5%	-0.04%
	滁州	安徽	来安县	6.5%	
长乐市	福州	福建	长乐市	12.3%	4.41%
	三明	福建	清流县	7.9%	
建阳市	南平	福建	建阳市	7.0%	1.34%
	南平	福建	政和县	5.6%	
瑞金市	赣州	江西	瑞金市	7.9%	3.69%
	赣州	江西	安远县	4.2%	
安丘市	潍坊	山东	安丘市	3.9%	-3.36%
	潍坊	山东	临朐县	7.3%	
高密市	潍坊	山东	高密市	13.6%	6.26%
	潍坊	山东	临朐县	7.3%	
昌邑市	潍坊	山东	昌邑市	13.7%	-5.81%
	济宁	山东	微山县	19.5%	
林州市	安阳	河南	林州市	15.5%	5.30%
	安阳	河南	滑县	10.2%	
新密市	郑州	河南	新密市	13.4%	-5.67%
	洛阳	河南	栾川县	19.0%	
荥阳市	郑州	河南	荥阳市	13.0%	0.00%
	郑州	河南	中牟县	13.0%	
新郑市	郑州	河南	新郑市	11.5%	-12.84%
	洛阳	河南	新安县	24.3%	

续表

样本	地级市	省份	调整后市和参照系	调整后5～10年GDP年均增长速度	差距
登封市	郑州	河南	登封市	13.0%	–11.32%
	洛阳	河南	新安县	24.3%	
大冶市	黄石	湖北	大冶市	11.4%	1.69%
	襄樊	湖北	南漳县	9.7%	
宜城市	襄樊	湖北	宜城市	9.0%	3.55%
	黄冈	湖北	罗田县	5.4%	
武冈市	邵阳	湖南	武冈市	6.2%	–2.93%
	衡阳	湖南	常宁县	9.1%	
英德市	清远	广东	英德市	8.6%	1.62%
	梅州	广东	大埔县	7.0%	
恩平市	江门	广东	恩平市	8.7%	0.39%
	湛江	广东	徐闻县	8.3%	
从化市	广州	广东	从化市	11.3%	3.36%
	汕头	广东	澄海县	8.0%	
连州市	清远	广东	连州市	12.0%	–3.70%
	清远	广东	佛冈县	15.7%	
雷州市	湛江	广东	雷州市	5.0%	–2.01%
	梅州	广东	大埔县	7.0%	
乐昌市	韶关	广东	乐昌市	9.2%	2.22%
	梅州	广东	大埔县	7.0%	
阳春市	阳江	广东	阳春市	11.8%	–2.52%
	深圳	广东	斗门县	14.3%	
吴川市	湛江	广东	吴川市	8.7%	–1.30%
	肇庆	广东	广宁县	10.0%	
兴宁市	梅州	广东	兴宁市	7.7%	–1.02%
	汕尾	广东	海丰县	8.7%	
化州市	茂名	广东	化州市	10.2%	1.09%
	清远	广东	连山县	9.1%	
北流市	玉林	广西	北流市	6.6%	–5.51%
	百色	广西	隆林县	12.1%	
桂平市	玉林	广西	桂平市	10.8%	1.84%
	梧州	广西	岑溪县	8.9%	

续表

样本	地级市	省份	调整后市和参照系	调整后5～10年GDP年均增长速度	差距
简阳市	内江	四川	简阳市	11.3%	–0.06%
	内江	四川	资中县	11.4%	
邛崃市	成都	四川	邛崃市	10.5%	4.31%
	泸州	四川	叙永县	6.2%	
崇州市	成都	四川	崇州市	12.5%	–1.75%
	绵阳	四川	平武县	14.2%	
宣威市	曲靖	云南	宣威市	10.9%	–11.21%
	昆明	云南	禄劝县	22.1%	

说明：大埔县分别是乐昌市、雷州市、英德市的参照系，临朐县分别是高密市和安丘市的参照系。其余样本和参照系均为一对一关系。

从长期来看，我们的结果显示有近一半的县级市在区划调整后5～10年其经济发展速度和参照系的经济发展速度并无明显差距。有2成的样本县级市的经济增速显著快于参照系县，剩下3成的样本县级市经济增长较参照系增速显著下滑。从长期来看，撤县设市对新设市的经济发展影响并不显著。

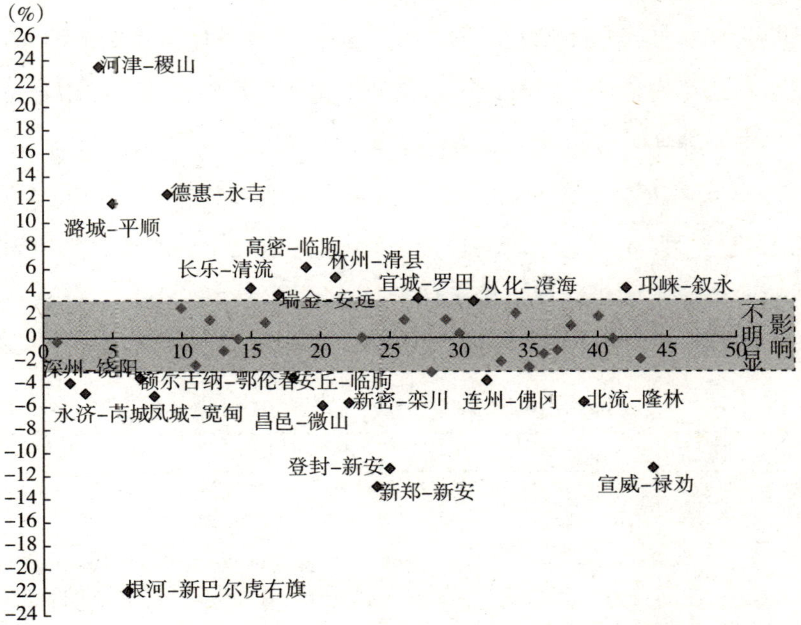

图4-4　样本和参照系在调整后5～10年的GDP年均增速的差值

（二）1995～1997年撤县设市的40个样本分析

对于1995～1997年进行区划调整的40个县级市，我们将用GDP作为经济发展指标。由于GDP数据是从1997年开始，所以对于1995年撤县设市的样本，我们分别计算出样本和参照系的中短期年均GDP增速（调整后2～5年）和中长期年均GDP增速（调整后5～10年）。对于1996年和1997年撤县设市的样本，我们沿用之前的方法，中短期年均GDP增速是调整后1～5年的年均GDP增速，中长期为调整后5～10年年均GDP增速。

1. 撤县设市后，中短期的政策效果分析

我们首先把这一阶段撤县设市的样本作为一个整体，分析他们在1997～2000年期间的GDP增长情况，2000年相比1997年，新设市的经济增长了20.4%，而参照系增长了24.4%，新设市的增长还慢于参照系的速度。

一是发展速度显著快于参照系。在40个县级市样本中，有12个县级市的年均增长速度显著快于参照系县。其中，有6个新设市的增长速度比参照系高10个百分点，另外6个在3～10个百分点之间。

二是发展速度对比不明显。在40个县级市中，有16个县级市的年均增速与参照系县的年均增速在撤县设市后仍处于相似的水平，即相差不超过3个百分点。其中样本县级市和参照系差异值为正的有10个，负的有6个。

三是发展速度显著慢于参照系。在40个县级市样本中，有12个县级市的年均增速与参照系县的年均增速慢了3个百分点以上。其中1个县级市GDP年均增速较参照系的年均增速慢了10个百分点以上，剩下11个县级市的年均GDP增速较参照系年均GDP增速慢了3～10个百分点。

表4-9　1995～1997年撤县设市样本的中短期影响统计

分类	数量	县级市名称
显著促进	12	北宁市、磐石市、穆棱市、福鼎市、栖霞市、松滋市、什邡市、贵溪市、常宁市、福泉市、乌苏市、汉川市
影响不明显	16	嵊州市、陆丰市、信宜市、文昌市、迁安市、汾阳市、灯塔市、双辽市、大丰市、临安市、永城市、南雄市、万宁市、绵竹市、潞西市、东方市

续表

分类	数量	县级市名称
显著下滑	12	句容市、南康市、岑溪市、仁怀市、安宁市、虎林市、海阳市、孟州市、枝江市、灵武市、宁国市、桐城市

表4-10　　县级市和参照系中短期的GDP年均增长速度

样本城市	地级市	调整年份	县级市和参照系	中短期GDP年均增长速度
北宁市	锦州	1995	北宁市	8.67%
	丹东		宽甸县	3.44%
磐石市	吉林	1995	磐石市	15.06%
	通化		柳河县	–8.01%
穆棱市	牡丹江	1995	穆棱市	16.84%
	齐齐哈尔		泰来县	4.89%
句容市	镇江	1995	句容市	5.13%
	扬州		邗江县	12.23%
嵊州市	绍兴	1995	嵊州市	11.99%
	绍兴		新昌县	10.75%
福鼎市	宁德	1995	福鼎市	8.44%
	宁德		寿宁县	–3.96%
南康市	赣州	1995	南康市	0.96%
	赣州		兴国县	5.35%
栖霞市	烟台	1995	栖霞市	3.80%
	潍坊		昌乐县	–4.38%
松滋市	荆州	1995	松滋市	13.79%
	荆门		京山县	9.61%
陆丰市	汕尾	1995	陆丰市	11.17%
	阳江		阳西县	10.47%
信宜市	茂名	1995	信宜市	25.16%
	肇庆		怀集县	24.07%
岑溪市	梧州	1995	岑溪市	–14.38%
	玉林		容县	–4.96%

续表

样本城市	地级市	调整年份	县级市和参照系	中短期GDP年均增长速度
文昌市	三亚	1995	文昌市	9.04%
	三亚		屯昌县	6.86%
什邡市	德阳	1995	什邡市	10.28%
	绵阳		梓潼县	-14.25%
仁怀市	遵义	1995	仁怀市	17.98%
	遵义		遵义县	23.31%
安宁市	昆明	1995	安宁市	-19.40%
	邵通		彝良县	7.65%
迁安市	唐山	1996	迁安市	11.41%
	唐山		丰润县	8.43%
汾阳市	吕梁	1996	汾阳市	1.46%
	吕梁		兴县	0.53%
灯塔市	辽阳	1996	灯塔市	7.65%
	铁岭		西丰县	5.73%
双辽市	四平	1996	双辽市	7.78%
	浑江		抚松县	9.61%
虎林市	鸡西	1996	虎林市	7.49%
	大庆		肇州县	12.01%
大丰市	盐城	1996	大丰市	9.10%
	盐城		建湖县	11.56%
临安市	杭州	1996	临安市	7.75%
	衢州		龙游县	5.86%
桐城市	安庆	1996	桐城市	-1.90%
	安庆		枞阳县	1.1%
贵溪市	鹰潭	1996	贵溪市	8.58%
	赣州		信丰县	4.56%
海阳市	烟台	1996	海阳市	6.18%
	济宁		嘉祥县	10.35%

续表

样本城市	地级市	调整年份	县级市和参照系	中短期GDP年均增长速度
孟州市	焦作	1996	孟州市	-8.29%
	商丘		宁陵县	0.58%
永城市	商丘	1996	永城市	7.14%
	周口		西华县	7.71%
枝江市	宜昌	1996	枝江市	0.14%
	宜昌		长阳县	3.8%
常宁市	衡阳	1996	常宁市	6.45%
	衡阳		衡东县	3.39%
南雄市	韶关	1996	南雄市	4.86%
	韶关		新丰县	6.27%
万宁市	三亚	1996	万宁市	2.64%
	三亚		乐东县	4.40%
绵竹市	德阳	1996	绵竹市	10.29%
	自贡市		富顺县	7.73%
福泉市	黔南	1996	福泉市	20.49%
	黔南		龙里县	-12.23%
潞西市	德宏	1996	潞西市	0.78%
	德宏		梁河县	1.02%
灵武市	银南	1996	灵武市	8.62%
	银南		同心县	16.69%
乌苏市	塔城地区	1996	乌苏市	5.79%
	伊利		霍城县	2.29%
宁国市	宣城	1997	宁国市	-6.34%
	淮南		凤台县	-0.93%
汉川市	孝感	1997	汉川市	16.76%
	咸宁		通城县	0.65%
东方市	三亚	1997	东方市	11.12%
	三亚		定安县	11.05%

从1995～1997年新设市的40个样本中我们可以看出，在中短期内，设市并未促进经济增长显著加快，总体看对经济发展影响并不显著。

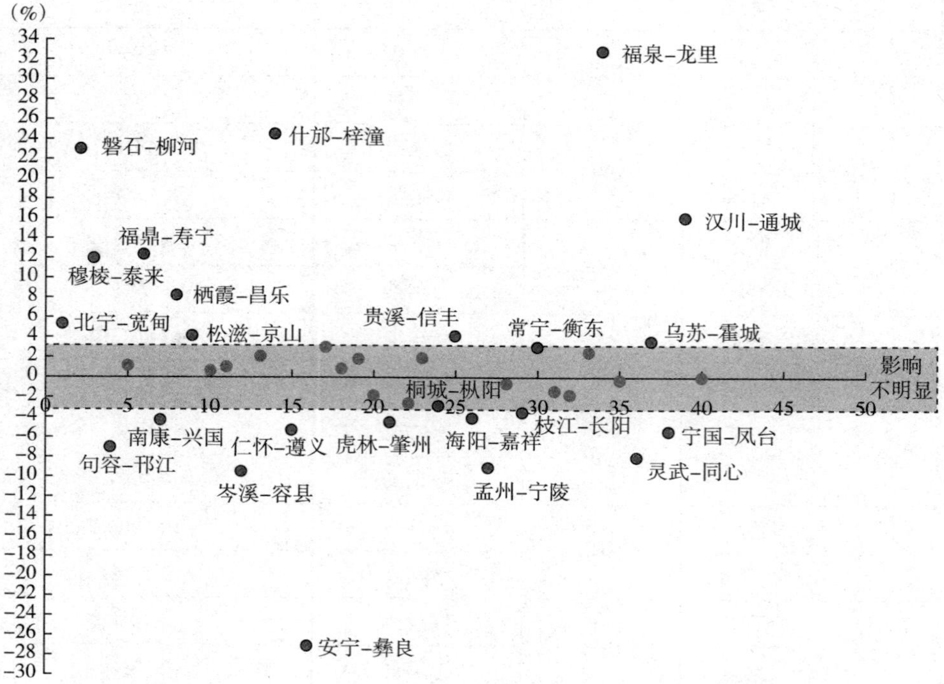

图4-5　样本和参照系在调整后中短期的GDP年均增速的差值

2. 中长期的政策效果分析

如果我们首先把所有样本作为一个整体进行分析，数据显示设市十年后40个撤县设市样本GDP是设市五年时的2.03倍，而作为参照系的县，GDP则是基期的2.11倍。如果按照年均增长速度计算，新设市的年均增长速度为12.5%，而参照系的年均增长速度为13.2%，两者相差0.7个百分点。显然，如果作为一个整体，在5～10年期间撤县设市的对经济发展影响并不明显，最起码正向激励效果并不突出，甚至可能会出现负面影响。如果把每个样本作为个体，与参照系进行对照，大致可以分为以下三类情况。一是显著快于参照系，即样本县级市的年均GDP增速比参照系县的增速快3个百分点以上，共有13个县级市经济快于参照系，占全部样本量比重为30%。二是没有明显的差异，即样本县级市的年均GDP增速较参照系县的增速的差距在正负3个百分点以内，此种类型的样本有15个，正好占全部样本40%。三是显著慢于参照系，即样本县级市的年均GDP增速比参照县增速慢3个百分点以上，此类样本为12个，占全部样板量的比重略高于30%。

如果将两个时期进行对比，在1～5年和5～10年两个阶段，新设市平均增长速度都快于参照系的仅有7个，而在两个阶段参照系发展相对更快的有8个。由此可见，参照系和新设市发展带有较大的随机性，并未表现出显著的影响效果。

表4-11　　县级市和参照系GDP年均增长速度比较

样本城市	地级市	调整年份	县级市和参照系	调整后分阶段GDP年均增长速度和差距			
				中短期GDP年均增长速度	差距	中长期GDP年均增长速度	差距
北宁市	锦州	1995	北宁市	8.67%	5.23%	19.77%	1.59%
	丹东		宽甸县	3.44%		18.18%	
磐石市	吉林	1995	磐石市	15.06%	23.08%	23.10%	7.55%
	通化		柳河县	–8.01%		15.55%	
穆棱市	牡丹江	1995	穆棱市	16.84%	11.95%	8.92%	–6.09%
	齐齐哈尔		泰来县	4.89%		15.01%	
句容市	镇江	1995	句容市	5.13%	–7.10%	12.60%	–2.03%
	扬州		邗江县	12.23%		14.62%	
嵊州市	绍兴	1995	嵊州市	11.99%	1.23%	9.40%	–2.49%
	绍兴		新昌县	10.75%		11.89%	
福鼎市	宁德	1995	福鼎市	8.44%	12.40%	9.69%	–0.54%
	宁德		寿宁县	–3.96%		10.23%	
南康市	赣州	1995	南康市	0.96%	–4.39%	12.72%	–1.28%
	赣州		兴国县	5.35%		13.99%	
栖霞市	烟台	1995	栖霞市	3.80%	8.18%	13.70%	–3.64%
	潍坊		昌乐县	–4.38%		17.33%	
松滋市	荆州	1995	松滋市	13.79%	4.18%	2.78%	–5.20%
	荆门		京山县	9.61%		7.98%	

续表

样本城市	地级市	调整年份	县级市和参照系	调整后分阶段GDP年均增长速度和差距			
				中短期GDP年均增长速度	差距	中长期GDP年均增长速度	差距
陆丰市	汕尾	1995	陆丰市	11.17%	0.70%	10.34%	–0.78%
	阳江		阳西县	10.47%		11.13%	
信宜市	茂名	1995	信宜市	25.16%	1.09%	9.94%	6.09%
	肇庆		怀集县	24.07%		3.85%	
岑溪市	梧州	1995	岑溪市	–14.38%	–9.42%	16.60%	9.29%
	玉林		容县	–4.96%		7.32%	
文昌市	三亚	1995	文昌市	9.04%	2.18%	9.98%	0.65%
	三亚		屯昌县	6.86%		9.33%	
什邡市	德阳	1995	什邡市	10.28%	1.45%	13.20%	4.54%
	绵阳		梓潼县	8.83%		8.66%	
仁怀市	遵义	1995	仁怀市	17.98%	–5.33%	23.02%	17.41%
	遵义		遵义县	23.31%		5.61%	
安宁市	昆明	1995	安宁市	–19.40%	–27.06%	15.56%	0.64%
	邵通		彝良县	7.65%		14.93%	
迁安市	唐山	1996	迁安市	11.41%	2.97%	24.54%	–10.68%
	唐山		丰润县	8.43%		35.22%	
汾阳市	吕梁	1996	汾阳市	1.46%	0.92%	22.41%	4.17%
	吕梁		兴县	0.53%		18.24%	
灯塔市	辽阳	1996	灯塔市	7.65%	1.92%	9.05%	–12.97%
	铁岭		西丰县	5.73%		22.02%	
双辽市	四平	1996	双辽市	7.78%	–1.83%	16.95%	3.34%
	浑江市		抚松县	9.61%		13.62%	
虎林市	鸡西市	1996	虎林市	7.49%	–4.52%	11.12%	0.65%
	大庆		肇州县	12.01%		10.47%	
大丰市	盐城	1996	大丰市	9.10%	–2.46%	11.95%	–1.38%
	盐城		建湖县	11.56%		13.33%	
临安市	杭州	1996	临安市	7.75%	1.89%	13.48%	–4.01%
	衢州		龙游县	5.86%		17.49%	

续表

样本城市	地级市	调整年份	县级市和参照系	调整后分阶段GDP年均增长速度和差距			
				中短期GDP年均增长速度	差距	中长期GDP年均增长速度	差距
桐城市	安庆	1996	桐城市	-1.90%	-3%	10.93%	-6.13%
	安庆		枞阳县	1.1%		17.06%	
贵溪市	鹰潭	1996	贵溪市	8.58%	4.02%	18.75%	5.00%
	赣州		信丰县	4.56%		13.75%	
海阳市	烟台	1996	海阳市	6.18%	-4.17%	18.93%	-5.90%
	济宁		嘉祥县	10.35%		24.84%	
孟州市	焦作	1996	孟州市	-8.29%	-8.86%	26.2%	17.5%
	商丘		宁陵县	0.58%		8.70%	
永城市	商丘	1996	永城市	7.14%	-0.57%	22.87%	14.02%
	周口		西华县	7.71%		8.84%	
枝江市	宜昌	1996	枝江市	0.14%	-3.66%	12.03%	4.67%
	宜昌		长阳县	3.8%		7.36%	
常宁市	衡阳	1996	常宁市	6.45%	3.06%	9.87%	-0.22%
	衡阳		衡东县	3.39%		10.09%	
南雄市	韶关	1996	南雄市	4.86%	-1.41%	4.41%	-2.65%
	韶关		新丰县	6.27%		7.06%	
万宁市	三亚	1996	万宁市	2.64%	-1.76%	9.71%	0.55%
	三亚		乐东县	4.40%		9.17%	
绵竹市	德阳	1996	绵竹市	10.29%	2.56%	15.60%	4.73%
	自贡市		富顺县	7.73%		10.87%	
福泉市	黔南	1996	福泉市	20.49%	32.72%	11.17%	-16.12%
	黔南		龙里县	-12.23%		27.28%	
潞西市	德宏	1996	潞西市	0.78%	-0.24%	11.90%	-0.39%
	德宏		梁河县	1.02%		12.29%	
灵武市	银南	1996	灵武市	8.62%	-8.07%	23.45%	6.76%
	银南		同心县	16.69%		17.61%	
乌苏市	塔城地区	1996	乌苏市	5.79%	3.50%	5.86%	-7.52%
	伊利		霍城县	2.29%		13.38%	
宁国市	宜城	1997	宁国市	-6.34%	-5.41%	14.41%	-5.30%
	淮南		凤台县	-0.93%		19.70%	

续表

样本城市	地级市	调整年份	县级市和参照系	调整后分阶段GDP年均增长速度和差距			
				中短期GDP年均增长速度	差距	中长期GDP年均增长速度	差距
汉川市	孝感	1997	汉川市	16.76%	16.11%	4.26%	-9.35%
	咸宁		通城县	0.65%		13.60%	
东方市	三亚	1997	东方市	11.12%	0.07%	16.07%	-0.21%
	三亚		定安县	11.05%		16.29%	

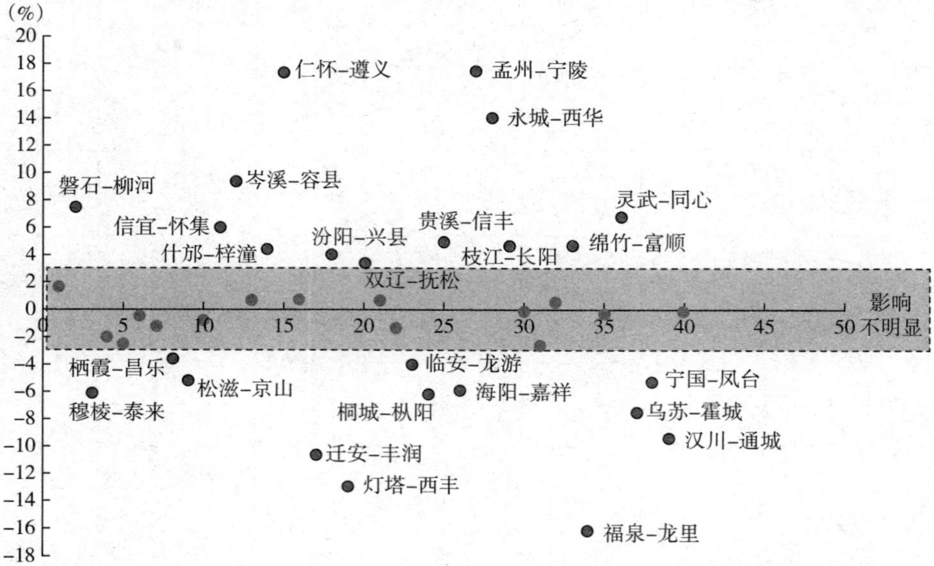

图4-6 样本和参照系在调整后中长期的GDP年均增速的差值

（三）小结

综上所述，从工农业总产值和GDP两个指标作为经济发展指标来分析的1994年撤县设市的44个样本的分析来看，中短期没有表现出显著的政策影响效果。从长期来看，撤县设市对县级市当地经济发展的影响也不显著，参照系和样本市之间发展速度的高低是随机的，未有显著的影响效应。在1995～1997年撤县设市的40个样本中，我们用GDP作为经济发展的衡量指标，从数据结果来看，与1994年的样本表现基本一致，新设市和参照系之间发展速度的高低是随机的，区划调整的影响效果有限，且是撤县设市略带有负面影响效果。

三、撤县设市对人口进城影响

对于县一级城镇人口数据只在人口普查年份才进行公布，因此我们只能使用第五次和第六次全国人口普查数据，分析撤县设市对城镇人口增长的影响。

根据人口普查数据，“五普”和“六普”期间，我国城镇人口总量增长了45.98%，我们选取1994～1997年的84个新设市样本城镇人口共增长了31.58%，而选择参照系县城的城镇人口共增长了59.2%。样本县级市城镇人口增长速度比全国城镇人口平均增长速度慢了14.4个百分点，比参照系慢了27.62个百分点。撤县设市调整对吸纳城镇人口具有显著负面影响。

我们分析了84个样本县级市城镇人口10年增速与参照系县增速的差距，较参照系县的城镇人口增速而言，撤县设市对人口聚集的影响可以分为三种情况：

一是显著快于参照系县。在84个样本中，只有7个样本县级市的城镇人口增长率较参照系县快了20个百分点以上。

二是显著慢于参照系县。与参照系县的城镇人口增速差距在–20%以上的样本县级市，我们将其总结为区划调整对城镇人口增长有抑制作用。符合这个标准的样本有48个之多，超过了样本总量的一半。

三是影响不显著。我们决定将样本县级市与参照系城镇人口增速差距在正负20个百分点以内的归类为影响不显著。其中差距在0%～20%区间的县级市有16个，–20%～0%区间的有13个。

表4-12　　2000年和2010年县级市与参照系的城镇人口

样本县级市	地级市	调整后市和参照系	设市年份	城镇人口		城镇人口增长速度	样本与参照系增速差距
				“五普”（人）	“六普”（人）		
鹿泉市	石家庄	鹿泉市	1994	138645	175602	26.66%	–45.34%
	石家庄	井陉县	1994	53377	91804	71.99%	

续表

样本县级市	地级市	调整后市和参照系	设市年份	城镇人口		城镇人口增长速度	样本与参照系增速差距
				"五普"（人）	"六普"（人）		
深州市	衡水	深州市	1994	133806	207945	55.41%	-120.83%
	衡水	饶阳县	1994	29832	82407	176.24%	
永济市	运城	永济市	1994	115574	179028	54.90%	-106.19%
	运城	芮城县	1994	58051	151565	161.09%	
河津市	运城	河津市	1994	104924	175824	67.57%	-11.22%
	运城	稷山县	1994	56066	100240	78.79%	
潞城市	长治	潞城市	1994	68681	106077	54.45%	-11.66%
	长治	平顺县	1994	18783	31200	66.11%	
根河市	呼伦贝尔	根河市	1994	156839	55076	-64.88%	-198.84%
	呼伦贝尔	新巴尔虎右旗	1994	16325	38194	133.96%	
额尔古纳市	呼伦贝尔	额尔古纳市	1994	73191	89194	21.86%	40.58%
	呼伦贝尔	鄂伦春自治旗	1994	185950	151156	-18.71%	
凤城市	丹东	凤城市	1994	265130	247219	-6.76%	-25.64%
	丹东	宽甸县	1994	135561	161155	18.88%	
德惠市	长春	德惠市	1994	194453	187956	-3.34%	-21.16%
	吉林	永吉县	1994	117334	138241	17.82%	
海门市	南通	海门市	1994	303543	453781	49.49%	-12.30%
	淮阴	泗洪县	1994	232836	376726	61.80%	
扬中市	镇江	扬中市	1994	131431	179771	36.78%	-64.38%
	扬州	邗江县	1994	153124	308030	101.16%	
富阳市	杭州	富阳市	1994	267427	416195	55.63%	-20.87%
	杭州	临安县	1994	153680	271249	76.50%	
温岭市	台州	温岭市	1994	533810	749013	40.31%	-27.24%
	台州	仙居县	1994	105989	177590	67.56%	
明光市	滁州	明光市	1994	155007	204323	31.82%	-62.85%
	滁州	来安县	1994	74319	144675	94.67%	

续表

样本县级市	地级市	调整后市和参照系	设市年份	城镇人口		城镇人口增长速度	样本与参照系增速差距
				"五普"（人）	"六普"（人）		
长乐市	福州	长乐市	1994	279122	278007	-0.40%	-43.54%
	三明	清流县	1994	38180	54650	43.14%	
建阳市	南平	建阳市	1994	156420	150756	-3.62%	-34.32%
	南平	政和县	1994	51339	67099	30.70%	
瑞金市	赣州	瑞金市	1994	110874	216229	95.02%	-200.01%
	赣州	安远县	1994	27351	108044	295.03%	
安丘市	潍坊	安丘市	1994	333849	300160	-10.09%	-41.32%
	潍坊	临朐县	1994	188190	245962	31.23%	
高密市	潍坊	高密市	1994	298610	466786	56.32%	25.09%
	潍坊	临朐县	1994	188190	246962	31.23%	
昌邑市	潍坊	昌邑市	1994	164802	287720	74.59%	-31.93%
	济宁	微山县	1994	118145	243993	106.52%	
林州市	安阳	林州市	1994	251367	321755	28.00%	-91.20%
	安阳	滑县	1994	87034	190777	119.20%	
新密市	郑州	新密市	1994	219437	359148	63.67%	-100.85%
	洛阳	栾川县	1994	47971	126891	164.52%	
荥阳市	郑州	荥阳市	1994	180195	269655	49.65%	-26.95%
	郑州	中牟县	1994	99104	175011	76.59%	
新郑市	郑州	新郑市	1994	251630	337356	34.07%	-75.44%
	洛阳	新安县	1994	76802	160908	109.51%	
登封市	郑州	登封市	1994	154373	293028	89.82%	-19.69%
	洛阳	新安县	1994	76802	160908	109.51%	
大冶市	黄石	大冶市	1994	346853	449998	29.74%	-7.13%
	襄樊	南漳县	1994	131546	180047	36.87%	
宜城市	襄樊	宜城市	1994	210098	201945	-3.88%	-141.73%
	黄冈	罗田县	1994	71214	169380	137.85%	

续表

样本县级市	地级市	调整后市和参照系	设市年份	城镇人口		城镇人口增长速度	样本与参照系增速差距
				“五普”（人）	“六普”（人）		
武冈市	邵阳	武冈市	1994	121698	187436	54.02%	–2.11%
	衡阳	常宁县	1994	213236	332927	56.13%	
英德市	清远	英德市	1994	277261	346927	25.13%	9.32%
	梅州	大埔县	1994	139040	161014	15.80%	
恩平市	江门	恩平市	1994	151626	244257	61.09%	–2.26%
	湛江	徐闻县	1994	145844	238246	63.36%	
从化市	广州	从化市	1994	184062	229118	24.48%	8.40%
	汕头	澄海县	1994	492076	571172	16.07%	
连州市	清远	连州市	1994	159936	161667	1.08%	–101.91%
	清远	佛冈县	1994	58343	118429	102.99%	
雷州市	湛江	雷州市	1994	463820	344043	–25.82%	–41.63%
	梅州	大埔县	1994	139040	161014	15.80%	
乐昌市	韶关	乐昌市	1994	210108	191457	–8.88%	–24.68%
	梅州	大埔县	1994	139040	161014	15.80%	
阳春市	阳江	阳春市	1994	270309	287391	6.32%	1.45%
	深圳	斗门县	1994	222261	233093	4.87%	
吴川市	湛江	吴川市	1994	317602	332672	4.74%	–152.58%
	肇庆	广宁县	1994	60743	156304	157.32%	
兴宁市	梅州	兴宁市	1994	381745	392000	2.69%	–47.47%
	汕尾	海丰县	1994	325859	489304	50.16%	
化州市	茂名	化州市	1994	319850	320418	0.18%	12.71%
	清远	连山县	1994	36813	32200	–12.53%	
北流市	玉林	北流市	1994	258076	652853	152.97%	109.20%
	百色	隆林县	1994	31717	45598	43.77%	
桂平市	玉林	桂平市	1994	277012	508212	83.46%	11.68%
	梧州	岑溪县	1994	196208	337052	71.78%	
简阳市	内江	简阳市	1994	270997	365386	34.83%	–44.23%
	内江	资中县	1994	148030	265058	79.06%	

续表

样本县级市	地级市	调整后市和参照系	设市年份	城镇人口		城镇人口增长速度	样本与参照系增速差距
				“五普”（人）	“六普”（人）		
邛崃市	成都	邛崃市	1994	239331	190099	−20.57%	−91.08%
	泸州	叙永县	1994	81598	139129	70.51%	
崇州市	成都	崇州市	1994	147466	206448	40.00%	19.33%
	绵阳	平武县	1994	34502	41632	20.67%	
宣威市	曲靖	宣威市	1994	217988	584076	167.94%	−63.01%
	昆明	禄劝县	1994	25146	83220	230.95%	
北宁市	锦州	北宁市	1995	156399	127101	−18.73%	−37.61%
	丹东	宽甸县	1995	135561	161155	18.88%	
磐石市	吉林	磐石市	1995	212513	228004	7.29%	0.61%
	通化	柳河县	1995	106974	114123	6.68%	
穆棱市	牡丹江	穆棱市	1995	121029	112882	−6.73%	−22.46%
	齐齐哈尔	泰来县	1995	82311	95257	15.73%	
句容市	镇江	句容市	1995	199807	299033	49.66%	−51.50%
	扬州	邗江县	1995	153124	308030	101.16%	
嵊州市	绍兴	嵊州市	1995	296761	345674	16.48%	3.20%
	绍兴	新昌县	1995	176142	199541	13.28%	
福鼎市	宁德	福鼎市	1995	235806	266779	13.13%	−60.70%
	宁德	寿宁县	1995	41558	72244	73.84%	
南康市	赣州	南康市	1995	132462	273969	106.83%	−63.22%
	赣州	兴国县	1995	62650	169184	170.05%	
栖霞市	烟台	栖霞市	1995	178088	204633	14.91%	−90.81%
	潍坊	昌乐县	1995	124445	256002	105.71%	
松滋市	荆州	松滋市	1995	220548	271514	23.11%	−9.92%
	荆门	京山县	1995	200206	266341	33.03%	
陆丰市	汕尾	陆丰市	1995	569299	579527	1.80%	−44.65%
	阳江	阳西县	1995	105001	153771	46.45%	
信宜市	茂名	信宜市	1995	276419	333965	20.82%	−52.08%
	肇庆	怀集县	1995	93434	161544	72.90%	

续表

样本县级市	地级市	调整后市和参照系	设市年份	城镇人口		城镇人口增长速度	样本与参照系增速差距
				"五普"（人）	"六普"（人）		
岑溪市	梧州	岑溪市	1995	196208	337052	71.78%	33.09%
	玉林	容县	1995	133389	185002	38.69%	
文昌市	三亚	文昌市	1995	175524	251795	43.45%	12.78%
	三亚	屯昌县	1995	77053	100684	30.67%	
什邡市	德阳	什邡市	1995	163125	187473	14.93%	19.16%
	绵阳	梓潼县	1995	64689	61950	-4.23%	
仁怀市	遵义	仁怀市	1995	114304	171005	49.61%	16.79%
	遵义	遵义县	1995	210941	280163	32.82%	
安宁市	昆明	安宁市	1995	183021	242151	32.31%	17.10%
	邵通	彝良县	1995	30945	35652	15.21%	
迁安市	唐山	迁安市	1996	171575	308849	80.01%	-126.58%
	唐山	丰润县	1996	106496	326502	206.59%	
汾阳市	吕梁	汾阳市	1996	118677	149222	25.74%	-146.84%
	吕梁	兴县	1996	44420	121080	172.58%	
灯塔市	辽阳	灯塔市	1996	181104	163064	-9.96%	-20.45%
	铁岭	西丰县	1996	64214	70947	10.49%	
双辽市	四平	双辽市	1996	152180	180700	18.74%	12.37%
	浑江	抚松县	1996	205577	218680	6.37%	
虎林市	鸡西	虎林市	1996	149222	193028	29.36%	1.03%
	大庆	肇州县	1996	91020	116806	28.33%	
大丰市	盐城	大丰市	1996	260613	347389	33.30%	1.36%
	盐城	建湖县	1996	269089	355021	31.93%	
临安市	杭州	临安市	1996	153680	271249	76.50%	23.34%
	衢州	龙游县	1996	84672	129689	53.17%	
桐城市	安庆	桐城市	1996	170088	269346	58.36%	-0.19%
	安庆	枞阳县	1996	119824	189973	58.54%	
贵溪市	鹰潭	贵溪市	1996	162123	210319	29.73%	-140.77%

续表

样本县级市	地级市	调整后市和参照系	设市年份	城镇人口		城镇人口增长速度	样本与参照系增速差距
				"五普"（人）	"六普"（人）		
贵溪市	赣州	信丰县	1996	85761	231982	170.50%	-140.77%
海阳市	烟台	海阳市	1996	180227	244600	35.72%	-17.24%
	济宁	嘉祥县	1996	114931	175793	52.96%	
孟州市	焦作	孟州市	1996	76046	138393	81.99%	-60.19%
	商丘	宁陵县	1996	48396	117205	142.18%	
永城市	商丘	永城市	1996	163587	414312	153.27%	35.02%
	周口	西华县	1996	97449	212680	118.25%	
枝江市	宜昌	枝江市	1996	165240	218396	32.17%	-13.19%
	宜昌	长阳县	1996	64673	94009	45.36%	
常宁市	衡阳	常宁市	1996	213236	332927	56.13%	-74.20%
	衡阳	衡东县	1996	77548	178617	130.33%	
南雄市	韶关	南雄市	1996	143912	140017	-2.71%	-105.10%
	韶关	新丰县	1996	49358	99897	102.39%	
万宁市	三亚	万宁市	1996	131964	221263	67.67%	36.22%
	三亚	乐东县	1996	100891	132625	31.45%	
绵竹市	德阳	绵竹市	1996	168713	192001	13.80%	-63.63%
	自贡	富顺县	1996	142276	252451	77.44%	
福泉市	黔南	福泉市	1996	115166	125389	8.88%	-8.73%
	黔南	龙里县	1996	41590	48914	17.61%	
潞西市	德宏	潞西市	1996	233095	131425	-43.62%	-208.83%
	德宏	梁河县	1996	12529	33229	165.22%	
灵武市	银南	灵武市	1996	65276	125976	92.99%	-58.68%
	银南	同心县	1996	41428	104261	151.67%	
乌苏市	塔城地区	乌苏市	1996	73609	131661	78.87%	-38.02%
	伊利	霍城县	1996	41073	89083	116.89%	
宁国市	宣城	宁国市	1997	117775	231090	96.21%	-23.61%
	淮南	凤台县	1997	92633	203629	119.82%	

续表

样本县级市	地级市	调整后市和参照系	设市年份	城镇人口		城镇人口增长速度	样本与参照系增速差距
				“五普”（人）	“六普”（人）		
汉川市	孝感	汉川市	1997	301811	468868	55.35%	10.41%
汉川市	咸宁	通城县	1997	85636	124125	44.94%	10.41%
东方市	三亚	东方市	1997	130352	153726	17.93%	-8.68%
	三亚	定安县	1997	82898	104960	26.61%	

总体来说，撤县设市区划调整对人口聚集有抑制影响，通过与全国城镇人口增长以及参照系县比较来看，我们明显地看到样本城市的城镇人口增速表现得更慢。超过一半的样本与参照系县的城镇人口增速的差距在20%以上，高达72.6%的样本城镇人口增长慢于参照系，因此我们认为，撤县设市区划调整对城镇人口的增长起到了抑制作用。对抑制作用的出现，我们认为部分在于撤县设市增加市区投资，反而抬高了农民进城的成本，从而抑制了城镇人口的增长。

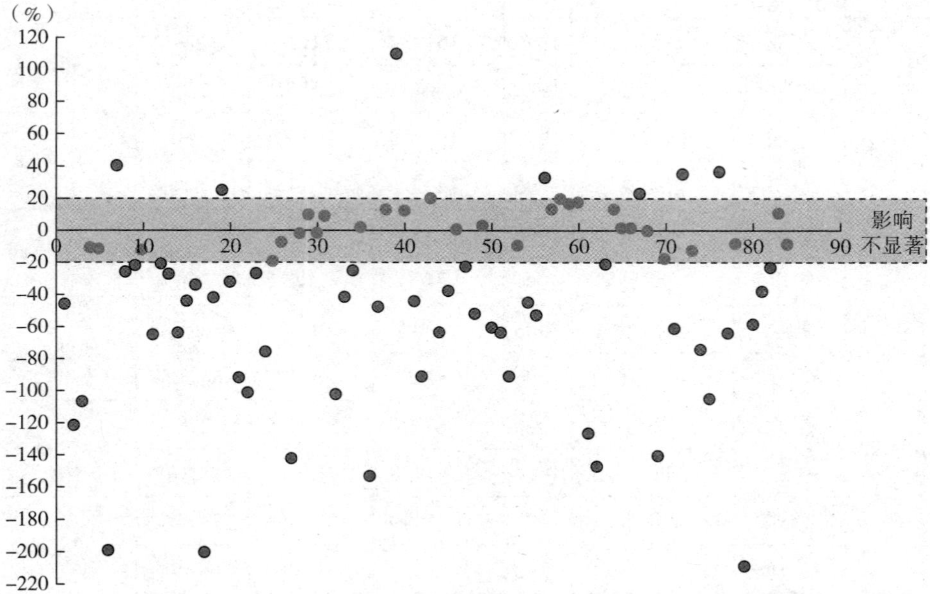

图4-7　样本与参照系在调整后2000年和2010年城镇人口增速的差值

四、撤县设市的社会效应

Fanetal（2012）曾使用第四次和第五次人口普查数据，与其他未设市的县对比，从短期的角度对撤县设市的社会效应进行分析，并得出县级市没有提供比县更好的地方公共服务和更多的工作岗位的结论。此处，通过对第五次和第六次人口普查数据进一步分析撤县设市更长一期的效果。

考虑到行政区划的变动和部分地区的特殊性[①]，最终选取了在1994～1997年设市的84个县级市和1593个县（旗）作为研究对象。

（一）与县相比，县级市城镇化进程并没有明显较快

与县相比，2010年，县级市非农业户口人口比重、常住人口城镇化率以及迁入人口占常住人口比重分别为19.4%、41.5%和11.6%，分别比县高4.6、10.2和3.1个百分点。从增长的角度看，与2000年相比，县级市三项指标分别增长2.6个、9.5个和3.9个百分点，在非农业户口人口比重和迁入人口比重方面与县相比有更高的增速，但优势并不明显，并且常住人口城镇化率的增速还慢于县。从城镇人口的变动情况来看，10年间，县的城镇人口增长了82.3%，而县级市只增长了31.9%。

表4-13　县级市和县城镇化进程情况对比　单位：万人、%

指标	县			县级市		
	2000年	2010年	增长	2000年	2010年	增长
非农业户口人口比重	12.4%	14.8%	2.4%	16.7%	19.4%	2.6%
常住人口城镇化率	17.0%	31.3%	14.3%	32.0%	41.5%	9.5%
迁入人口比重	4.6%	8.5%	3.9%	6.7%	11.6%	4.9%
城镇人口	10273.8	18724.3	82.3%	1755.8	2315.4	31.9%

进一步与之前所选取的64个对比县相比，2010年，县级市非农业户口人口比重、常住人口城镇化率以及迁入人口占常住人口比重分别比对比县高1.4个、5.9个和1.6个百分点，可见与对比县相比优势变得更小。从增长的角度

① 考虑到地区的特殊性，此处排除了四个直辖市和西藏地区县和县级市的数据。

看，与2000年相比，对比县三项指标分别增长3.2、12.7和4.6个百分点，非农人口比重和城镇化率的增长均高于县级市。从城镇人口的变动情况来看，对比县城镇人口增长了55.1%，同样高于县级市。

表4-14　县级市和对比县城镇化进程情况对比　单位：万人、%

指标	县			县级市		
	2000年	2010年	增长	2000年	2010年	增长
非农业户口人口比重	14.8%	18.0%	3.2%	16.7%	19.4%	2.6%
常住人口城镇化率	22.9%	35.6%	12.7%	32.0%	41.5%	9.5%
迁入人口比重	5.5%	10.0%	4.6%	6.7%	11.6%	4.9%
城镇人口	792.1	1228.5	55.1%	1755.8	2315.4	31.9%

（二）与县相比，县级市提供了较好的教育服务，但优势并不明显

与县相比，2010年县级市6岁及以上人口中初中及以上学历人口的比重为63.4%，高于县的58.1%；15岁以上人口的文盲率3.9%，低于县的5.4%。从增长的角度看，县级市初中及以上学历人口比重比2000年增长14.2个百分点，与县的13.6相比增速更快，但优势并不明显；15岁以上人口的文盲率下降2.3个百分点，比县的3.1个百分点还少。

表4-15　县级市和县教育情况对比

指标	县			县级市		
	2000年	2010年	增长	2000年	2010年	增长
初中及以上学历人口比重	44.5%	58.1%	13.6%	49.3%	63.4%	14.2%
15岁以上人口文盲率	8.5%	5.4%	–3.1%	6.2%	3.9%	–2.3%

（三）与县相比，县级市的就业服务并没有明显优势

2010年县级市就业率为70.7%，低于县的73.7%，非农就业比重为60.7%，高于县的50.1%，尽管县级市的非农就业比重比县高近10个百分点，但失业率相对较高。从增长来看，对比两次人口普查的数据可以发现，2000～2010年县级市就业率下降5.4个百分点，非农就业比例提高14.5个百分点，与县的增

速基本相当，说明县级市在就业公共服务的改善方面并没有优势。

表4-16　　县级市和县就业情况对比

指标	县			县级市		
	2000年	2010年	增长	2000年	2010年	增长
就业率	79.4%	73.7%	–5.7%	76.0%	70.7%	–5.4%
非农就业比例	35.6%	50.1%	14.5%	46.2%	60.7%	14.5%

通过对人口普查数据的分析可以看出，撤县设市十余年后，县级市的城镇化水平、教育水平、就业状况等方面的现状虽然大部分略高于县，但从增长来看，县级市这些指标的增长变化并没有较大优势，甚至在一些方面不如县，可见县级城市身份对县域社会发展和公共服务水平改善的影响十分有限。

第五章
撤县（市）设区效果评估

市辖区是我国一级行政区域单位。截至2014年底，我国4个直辖市和288个地级市设有897个市辖区（其中有5个地级市未设市辖区，分别是广东省中山市和东莞市、海南省三亚市和三沙市、甘肃省嘉峪关市）。

众所周知，当城市集聚发展到一定程度后，会出现规模不经济，而过度集聚会对中心城区乃至对中心城市造成很大压力。随着城市规模地不断扩大，城市若要更好地维持运行、要保持较高的管理效率，就需要以适宜的行政区划作为保障。因此，当地级市中心城区的发展空间受到限制，为了扩大中心城市的发展空间、拓宽中心城市的规模，增强中心城市整体经济实力，解决市管县体制中的市县矛盾等，在城市设立市辖区就成为非常必要、而且也是符合城市发展规律的重要举措。这也是报告中在区分地级市中心城区发展空间是否受限的基础上分析撤县（市）设区的影响的出发点。

第一节　市辖区的职能

从我国早期城市设区的本意来看，“区”是为了协助市政府分担城市管理功能，即主要是城市公共服务的提供与管理机构。但实际情况发生了很大变化。

新中国成立初期，全市范围的经济管理以及街区的经济事务处理基本上由市级单位统揽，而市辖区仅作为办事机构而存在，职能也以组织协调为主，所从事的工作主要是为了分担大城市的部分工作，增强大城市办事的便利，便于人民参政议政，提高大城市的管理效率。

改革开放后，南京、广州、西安、兰州、太原、哈尔滨等城市率先向城区放权，开始了城区改革的探索。放权的范围：一是下放财权，建立区级财政；二是下放商业、服务业的开发建设权，市旦一般管批发和大型零售商店、大型仓储单位，而区管零售商店和服务网点；三是下放城市某些开发建设权，实行市、区两级负责制，比如市级集中管骨干工程，把一般的服务工程及市政设施的日常维护和管理权下放给区；四是下放城市部分管理权，实行条块结合，以块为主的负责制，比如把治安、市场、环卫、市政、绿化、民用公房等方面的职权配套下放城区；五是下放其他方面的管理权，如下放中学的管理权、城区人事干部管理权、机构设置权等。

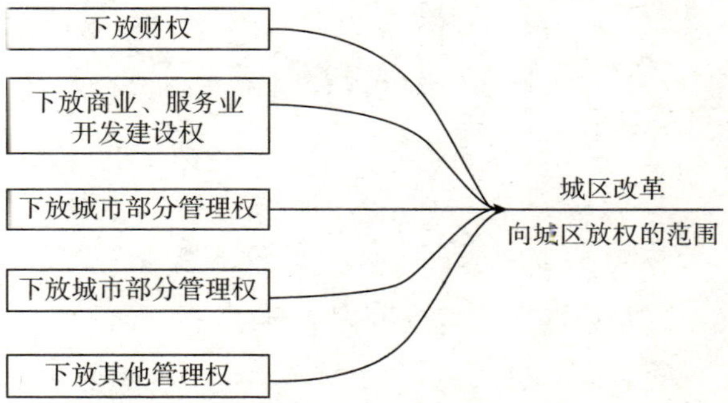

图5-1　改革开放后城区放权改革示意图

随着市政府大量权力的下放，区的独立性、综合性大大加强，虽然这种变化缺少严格的法律依据，但是在许多地方“区”的职能随着社会经济发展而扩张，和“市”的差别已很小。综合起来，区的职能主要有以下内容：在经济方面，有鼓励、引导区域经济发展的职能；建立和维护市场秩序的职能；提供公共服务和基础设施的职能；管理国有资产的职能。在社会服务方面，维护社会治安和社会秩序；管理政治、经济事务之外的社会事务；制定和实施社会保障的制度和措施，提供社会福利、保险、救济和慈善服务。此外，市辖区作为城市整体的一部分，协助地级市政府分担部分管理和服务职责。

县与区之间的显著差别体现在多个方面：第一，市、区和镇是城市型建制，乡属于农村型建制，省和县属于区域型建制；第二，县是宪法规定的三级行政区划的一级政区，较市辖区具有更大的自主权，拥有完整的行政和经济社会管理权限，对经济社会发展事务拥有较大的自主权和独立性，而市辖区隶属于由市直接领导的行政区划单位，只承担城市政府的有限职能，不具有独立性，比如，原有的公安局、规划局要改为市局派出的分局，也不享有《土地管理法》赋予市、县人民政府的土地收储和出让职能，因此无法通过土地出让获得预算外收入。第三，县为一级财政，有完整独立的预算体系，而市辖区只有半级财政，由市级财政预算。第四，县重点发展农业，而市辖区重点发展二、三产业，工作重点是为市政府分担部分城市管理和公共服务职责。

第二节　市辖区设立模式

我国市辖区体制自新中国成立形成、沿袭并发展至现在大中城市普遍设立市辖区的局面。通常市辖区的设立有以下模式。

一、撤县或县级市，改设市辖区

最常见的有关市辖区设置的行政区划调整手段是撤销中心城市周边的县或县级市。一些甚至是距离中心城市较远的县或县级市，也被设立为地级市直接管辖的市辖区。例如，1987年安徽黄山市撤销县级屯溪市和黄山市，设立屯溪区和黄山区；1999年上海市撤销青浦县，设立青浦区；2000年广州市撤销番禺市和花都市分别设立了番禺区和花都区。2011年江苏苏州市撤销县级吴江市，设立吴江区。2013年撤销广西桂林的临桂县，设立临桂区。

二、直接增设新的市辖区

一是将市中心紧邻的部分地域设立新区。例如，2000年苏州增设了相城区、无锡增设了惠山区、贵阳市新设小河区；2001年湖北荆门市设立掇刀区。二是将地级市自身规模较大的市辖区一分为二。比如2013年四川广安区，分设广安区和前锋区。三是将市辖区同周边县、县级市、市辖区联合，成立一个区。比较典型的是无锡市采取“拆分”“切块设区”的办法，于2000年12月经国务院批准，撤销锡山市并与无锡有关城区组合，分别设立了锡山区、惠山区和湖滨区。2002年广东佛山市撤销城区和石湾区，设立禅城区；南京市撤销浦口区和江浦县，设立新的南京市浦口区；2004年韶关市撤销北江区、曲江县，设立韶关市曲江区。2011年撤销上海市黄浦区、卢湾区，设立新的上海市黄浦区。此外，还有一种是将一部分县乡的土地建立相对独立或作为新增长点的城市开发区。

三、将部分县或县级市的行政区域划入市辖区的范围

市辖区本身数量并不增加，只是将临近的县或县级市的部分行政区域划入市辖区，范围扩大。比如：2001年浙江省将绍兴县的斗门镇（不含新马山村、新合作村、新黄甫村、新孙端村、新豆姜村和新斗门村）、东浦镇、鉴湖镇、皋埠镇和马山镇划归绍兴市越城区管辖。2002年，乌鲁木齐市将乌鲁木齐县的达坂城镇、东沟乡、西沟乡、阿克苏乡、柴窝堡乡等5个乡镇以及天山区的乌拉泊街道划归乌鲁木齐市南泉区管辖。2005年，安徽省设立芜湖市三山区，将马塘区的三山、保定2个街道和繁昌县的峨桥镇划归三山区管辖。

四、“地改市”的同时，县或县级市改区

这种模式下，地区改为地级市，同时将地区行政公署所在的县（县级市）改为市辖区，相当于县直接改为地级市、县级市升格为地级市后，与地区合并。2000年山西撤销忻州地区和县级忻州市，设立地级忻州市，忻州市设立忻府区；同年四川撤销眉山地区和县级眉山县，设立地级眉山市，眉山县改设东坡区。2001年宁夏撤销固原地区和固原县，设立地级固原市，同时固原市设立原州区，以原县级固原县的行政区域为原州区的行政区域。

第三节　市辖区设立影响的理论分析

一、积极作用

行政区经济是一种具有中国特色的区域经济现象，在我国由计划经济向市场经济转轨的特定的历史条件下，行政区对经济的影响并未消除，通过行政区划调整是政府宏观调控区域经济发展的一种手段。“市辖区”的设立和发展，特别是“县（市）改区”对于城市的发展产生了一些积极的作用。

（一）直接扩大了城市的发展空间、人口规模和经济总量

2000～2011年，我国地级及以上城市建成区面积从1.62万平方公里扩大到3.72万平方公里，市区人口（户籍口径）从2.86亿增长到3.98亿，而市区国内生产总值由4.74万亿元增长到29.3万亿元。空间的拓展、人口规模的扩大和经济总量的增长，有助于提高中心城市在区域、城市体系中的地位，增强其国家资源分配中的谈判筹码。撤县设区是地级市做大城区人口和经济总量，扩张主城区的重要途径。

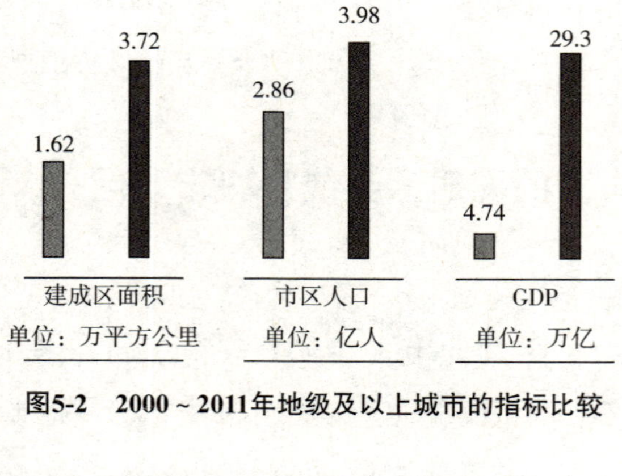

图5-2　2000～2011年地级及以上城市的指标比较

（二）有助于上级城市集中调配资源

区是由市管辖的二级政府，本来属于县（县级市）的审批权、决策权、

财政权等收归到市一级政府，特别是一些拥有重要资源（土地资源、旅游资源等）的县改为区后，更利于地级市对区域内资源的整合、开发和配置。此外，撤县（市）设区虽然能加强地级行政区域内部的经济整合，减少产业同构的恶性竞争，并且缓解市场分割等问题，但是撤县（市）设区更多程度上照顾了地级市的利益。

（三）减少行政区之间的分割，加强市场融合

县（市）和区的最大区别在于是否具有独立决策权，撤县（市）设区后，扩大了现有城市的规模，打破了原来的行政体系，在一定程度上减少了两个行政区之间的壁垒。撤县（市）设区是把具有一定独立性的县级市改为地级市的派出机构，是削弱县级市权限的体现，使行政区数量减少，体现地级市政府实现地区经济一体化的意图。通过地级市政府进行统一进行规划和配置，减少原有行政区之间政府机构的摩擦，促进市场融合和资源配置。

二、存在问题

（一）县改区后降低了经济发展自主权

从世界城市的发展规律来看，城市的壮大需要具备足够的发展自主权，当失去发展自主权以后，城市发展也将受到限制。我国宪法规定，市辖区并非一级独立政府，而是作为城市政府的派出机构，并不具备县的各种管理职权。县改区后很多决策权和管理职能要上收到市，比如城市规划权，县或者县级市对城市区域的规划和布局具有完全决定权，而一旦成为市辖区以后，独立的规划权将会丧失，相关规划机构也将会成为市里的派出机构。当然撤县设区后的自主权问题，有很多案例研究都有详细论述，比如镇江丹徒、南京市江宁等的案例研究中，指出了撤县设区后出现的城市规划、公共交通、土地管理等方面权力冲突的问题。

另外，作为县（市）所具备的独立的经济社会发展自主权就大打折扣，

也丧失了城市发展的主体地位，发展速度也受到一定程度的影响。比如，顺德、南海设区以后，发展速度远落后于长三角的昆山、江阴、张家港等城市，引起了社会各界的关注。以顺德为例，设区前后的顺德与邻近的东莞相比，2002年顺德GDP与东莞GDP之比为0.69：1下降到2006年的0.4：1。2013年浙江长兴县改区甫一提出，就引起了长兴县各界的广泛反对，最终也不得不暂停。单凯、占张明（2015）认为湖州市和长兴县就属于弱市强县的典型，如果没有合理的财政分配体制和适度的权力下放，容易受到强县抵制。

（二）县改区容易造成土地等资源浪费和城市“摊大饼”现象

用地指标分配集中在地级以上城市，过于宽松的指标和用地空间，使城市政府并不珍惜宝贵的土地资源，造成大量的浪费。另一方面，为了获得较高的土地收益，城市政府也会将土地指标集中在中心城区周边使用，带来中心城市无序蔓延扩张，使中心城市之外的中小城市不能获得均等的发展机会。2000～2011年，我国地级城市建成区面积从1.62万平方公里扩大到3.72万平方公里，增长了1.29倍，而同期我国县以下城镇（含县级市）建成区面积仅增长了55.1%。地级城市建成区面积扩张的速度是县以下城镇的1倍多，地级城市建设用地扩张过快，是我国土地城镇化快于人口城镇化的根本所在。而一些经济强县在被掠夺的同时也造成了假性城市化的弊病。

（三）增加了城市运营成本，抬高了产业发展成本

县改区后土地、财政、城市规划和建设等权限集中到市，土地指标、财政分配等都需要通过地级市（含省会城市），方便城市政府在更大的范围内集中财力和资源。大多地方政府却是为了在短时间内改变城市面貌，大搞形象工程、景观工程，这样下去城市景观形象确实改变了，但也增加了城市的运营成本，直接转嫁为居民的生活、创业成本。比如，2000～2011年，我国人均公园绿地面积从3.8平方米提高到11.8平方米，而仅2007～2011年，地级市市辖区公园绿地面积就从28.6万公顷扩大到40万公顷，5年时间公园绿地面积就扩大了39.9%。大量生态景观工程使农民进城失去了低成本的居住、就

业、创业空间，抬高了产业发展门槛。

（四）存在盲目不顾城市发展规律盲目改区的现象

城市规模大小往往与政府的政绩挂钩，一些地级市政府为了扩大城市规模，盲目对推进撤县（市）设区工作。而且，近年来随着“省直管县”政策的实施，财政、土地指标等对发展起到关键作用的行政资源的分配，开始由省直接对县（市），不再通过地级市政府对这些资源要素进行配置。在这种背景下，地级市政府为了获取更多的上级政府行政资源配置数量，必须继续掌控较多的行政资源，必须不断通过行政区划调整来增加自身的面积和人口。一些地级市为了城市扩张，频频将辖区内的县（市）改为区，甚至一些远离地级市中心城区的县（市）也被设为市辖区，像安徽黄山市黄山区，中间隔着休宁、歙县，距离市政府驻地屯溪达110公里。1984～2012年，我国市改区、县改区共计206个[①]。其中，距离中心城区50公里以上的有12个，占5.4%；30～50公里的18个，占8.1%。

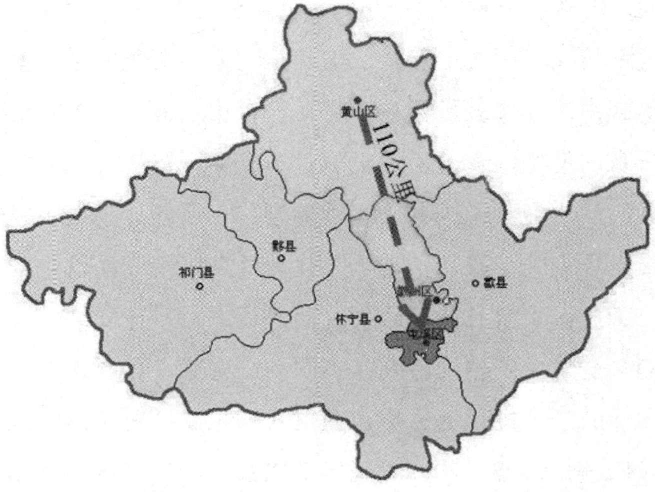

图5-3　黄山市政府驻地与黄山区的距离示意图

① 说明：我们从1978～2012年行政区划调整的全部记录中挑选出撤销县级市、县，设立区的记录，统计共有212条，剔除6个市、县改区后又改回市、县的记录后，余下206个。以新设立的区人民政府与上级市人民政府为点，测量距离。

第四节　市辖区设立效果评估

撤县（市）设区一直是备受关注的话题，近年来一些地方刚刚提出撤县（市）设区工作，就遭到社会广泛反对，这也使得撤县（市）设区引起了更多激烈的讨论。事实上，关于撤县（市）设区的研究有很多具有参考价值的研究成果，比如李郇、徐现祥（2015）认为"撤县（市）设区对城市经济增长具有约5年的短期促进作用，而长期的激励会逐渐消失"；而高琳（2011）指出，如果中心城区发展受到限制，应该顺应行政区划调整，反之如果中心城区发展不受限制的情况下撤县（市）设区，必定会破坏城市发展规律。同时，还有另外一些研究认为，撤县设区后对增长的激励是显著的，比如唐为、王媛（2015）认为，撤县设区后促进了区域市场的融合，推动了城市集聚经济的实现，提高了企业的生产率，推动了就业。

这些研究都给我们很大的启发，但是，我们发现很多研究都是针对行政区划调整对地级市总体发展的影响，是在地级市层面进行分析的，很少针对被撤并县市自身的发展问题。最关键的是，在实证分析中，并未对设区类型进行区分，我们认为撤县设区分为三种类型，一是新设地级市所设的区；第二是因为城市发展空间受限，不得不寻找新的发展空间而设立的区；第三是地级以上城市为了扩大自身行政区划，而进行的行政区划调整。对于这几种类型，对他们自身发展产生的影响是不同的，对第一种类型行政区划调整的分析，我们在前面已经进行了分析，在这我们主要针对后面两种类型进行分析。在此，我们选择1998～2009年地级市撤县（市）设区的样本，同时为了能够更加清晰地描述行政区划调整政策效果，我们选择未进行行政区划调整的县市作为参照系，对比分析政策调整效果。

一、样本选择说明

1998～2009年，行政区划调整设立的市辖区增加了128个。其中，在地区改地级市的同时撤县（市）而设立的市辖区共62个，上级城市为直辖市的共19个；撤销1区和1县（或县级市）设立1个市辖区的共5个；撤销2区设立1个市辖区的共1个；撤销1县（或县级市）设2区的共8个；划出部分镇或部分区域成立新市辖区的共2个；地级市降级同时设市辖区的有1个（1998年摊销地级东川市，设立昆明东川区）；而撤1个县（或县级市）设立1个市辖区的共37个。但是由于少数市辖区在设立市辖区前后的统计指标有不一致、个别市辖区有乡镇行政区划调整频繁的影响等原因，我们对上述37个市辖区又剔除了广东佛山的南海区和浙江金华的金东区，最终得到了35个样本市辖区。

第一，考虑到1998年后撤县（市）设区现象比较普遍，并且为了便于分析在撤县（市）设区后，将市辖区与参照系城市在5年内、10年内的发展速度进行比较，因此我们选择了1998～2009年撤县（市）设区的区划调整记录为样本。

第二，在对市辖区设立类型进行分类的基础上，报告主要考虑了撤销1个县或1个县级市设立1个市辖区的情况，而剔除了设立市辖区的其他类型。此外，在样本中我们只考虑了地级市设立市辖区的情况，而没有考虑直辖市设立的市辖区。

第三，起初我们选择了GDP、一般预算收入、人均GDP、城镇居民可支配收入、农村居民人均纯收入等经济发展指标进行分析，但是由于一些市辖区历年统计数据较难获取，有的市辖区存在统计指标前后不一致等问题，我们最终以GDP增长速度为主要经济发展指标分析区划调整政策的经济效果，同时以城镇人口变动情况来分析区划调整政策的社会效果。

第四，我们对行政区划调整的时间进行处理，将发生行政区划调整的时间作为调整当年，之前分别是调整前1年、调整前2年、调整前3年，之后分别是调整后1年、调整后2年、调整后3年、调整后5年、调整后10年；另外，从调整至今不足10年的情况下，最末一年按调整后6～9年分别处理。

表5-1　市辖区样本情况

省、自治区	数量	市辖区
江苏	9	丹徒区、邗江区、通州区、江宁区、武进区、宿豫区、盐都区、楚州区（2012年更名为淮安区）、淮阴区
浙江	4	鄞州区、萧山区、余杭区、衢江区、
广东	8	澄海区、新会区、番禺区、花都区、顺德区、惠阳区、三水区、高明区
河北	1	丰南区
湖北	3	襄阳区（2010年更名为襄州区）、夷陵区、黄陂区
陕西	3	长安区、耀州区、陈仓区
广西	1	邕宁区
山东	1	长清区
吉林	1	江源区
四川	2	新都区、温江区
黑龙江	2	呼兰区、阿城区

二、参照系的选择

针对我们所选择的样本市辖区，我们为每一个市辖区选择一个参照系城市，以此作为对比。为了抵消地理区位、发展环境等因素对样本经济发展的影响，我们首选同一个地级市下并且在研究的时段内没有经历过区划调整的区、县、市为参照系城市，其次我们要求调整前的县市与参照系城市发展水平速度相近。具体说，参照系的选择有以下几个原则：一是同一地级市下的县、市、区，若同一地级市下没有合适作为参照系的县、市、区，即在周边地级市下辖的县、市、区来选择；二是以调整前三年财政收入的年均增长速度为选择标准，以参照系城市与市辖区在调整前三年财政收入年均增长速度相差3个百分点以内的为适宜的参照系城市；三是若同一地级市和周边地级市均没有财政收入年均增长速度相近的城市可以选择，即以GDP年均增长速度为替换财政收入年均增长速度，直到选出参照系城市为止。

第一，按财政收入年均增长速度3个百分点来选择，参照系与市辖区不在同一地级市的有佛山的三水区、白山的江源区、汕头的澄海区、唐山的丰南区、济南的长清区、惠州的惠阳区、武汉的黄陂区、襄樊的襄阳区，参照系分别是惠州的博罗县、通化市的梅河口市、汕尾的陆河县、石家庄市的新华区、潍坊的坊子区、河源市的连平县、荆门的钟祥市、宜昌市的当阳市。

第二，以调整前三年GDP年均增长速度为标准选择的主要有南宁的邕宁区、宿迁的宿豫区、佛山的顺德区和佛山的高明区，所选参照系在同一地级市的是南宁的武鸣县、宿迁的泗洪县；而顺德和高明在同一地级市没有GDP年均增长速度3个百分点以内的市、县、区，于是选择了符合标准的广州的从化市和广州的阳东县。

第三，其他所选参照系城市均与市辖区都在同一地级市，且调整前三年的财政收入年均增长速度相差在3个百分点以内。

表5-2　　调整前3年市辖区与参照系城市情况

市辖区	地级市	调整前3年财政收入（GDP）年均增速（%）	参照城市	地级市	调整前3年财政收入（GDP）年均增速（%）
丹徒区	镇江	28.29	句容市	镇江	29.12
邗江区	扬州	17.69	宝应县	扬州	16.28
襄阳区	襄阳	3.22	当阳市	宜昌	3.35
澄海区	汕头	16.91	陆河县	汕尾	15.85
鄞州区	宁波	39.73	象山县	宁波	38.03
通州区	南通	25.25	海门市	南通	31.00
江宁区	南京	24.61	高淳县	南京	20.34
新会区	江门	16.53	鹤山市	江门	16.07
萧山区	杭州	28.52	嘉善县	嘉兴	27.62
余杭区	杭州	25.80	桐庐县	杭州	24.92
番禺区	广州	25.82	从化市	广州	23.24
花都区	广州	12.96	增城市	广州	16.78
顺德区	佛山	17.05	从化市	广州	13.94
武进区	常州	37.15	溧阳市	常州	36.33
宿豫区	宿迁	10.90	泗洪县	宿迁	11.30
夷陵区	宜昌	10.37	枝江市	宜昌	10.74
盐都区	盐城	17.17	建湖县	盐城	15.15
长安区	西安	26.51	高陵县	西安	21.01

续表

市辖区	地级市	调整前3年财政收入（GDP）年均增速（%）	参照城市	地级市	调整前3年财政收入（GDP）年均增速（%）
黄陂区	武汉	17.40	钟祥市	荆门	15.61
耀州区	铜川	8.23	宜君县	铜川	11.10
丰南区	唐山	34.82	新华区	石家庄	31.37
衢江区	衢州	27.36	常山县	衢州	28.89
邕宁区	南宁	10.07	武鸣县	南宁	8.77
长清区	济南	2.77	坊子区	潍坊	2.74
惠阳区	惠州	23.10	连平县	河源	22.17
楚州区	淮安	32.51	金湖县	淮安	32.41
淮阴区	淮安	43.80	盱眙市	淮安	49.42
呼兰区	哈尔滨	22.67	依兰县	哈尔滨	22.74
阿城区	哈尔滨	6.48	尚志市	哈尔滨	4.04
三水区	佛山	24.71	博罗县	惠州	23.79
高明区	佛山	12.72	阳东县	广州	11.51
新都区	成都	3.65	青羊区	成都	4.21
温江区	成都	6.58	邛崃市	成都	8.07
陈仓区	宝鸡	3.27	凤翔县	宝鸡	3.06
江源区	白山	8.02	梅河口市	通化	9.02

说明：宿豫区、邕宁区、顺德区、高明区按调整前三年GDP年均增长速度选择对应参照系，其余均按调整前三年财政收入年均增长速度来选择对应参照系。

三、撤县（市）设区的分类

市辖区设立的初衷是为了城市的发展，却由于等级化的城镇管理体制赋予了地级市更高的权限，使得地级市可以便利地通过各种渠道攫取低等级城市的资源，使得一些地级市背离了城市发展规律而热衷于撤县（市）设区。因此，我们按照中心城区发展空间是否受限，将撤县设区和撤县级市设区细分为两类：一是因中心城区空间受限而设立的市辖区；二是中心城区空间并未明显受限，而纯粹是上级城市为了更便利地攫取县和县级市的资源而设立的市辖区。

判断中心城区空间是否受限主要有以下依据：①市辖区设立前，所属地级市的建成区面积与市辖区面积的比，比值15%以上的，我们认定为发展受限[①]；②撤县（市）设立的市辖区与地级市核心区的距离（百度地图测量区政府与市政府间的距离）；③在撤县（市）设区之前，地级市已有市辖区的数量。

综合以上，我们发现在撤县（市）设区的最终样本中，中心城区空间发展明显受限的如表5-3所示。

表5-3　市辖区所在地级市中心城区空间发展情况

调整时间	调整前县（市）	新设市辖区	所属地级市	调整前市辖区数	距离（公里）	设区前地级市建成区面积/市区面积	空间是否受限
2001	丹徒县	丹徒区	镇江	2	6.39	20.88	是
2000	邗江县	邗江区	扬州	2	2.38	32.43	是
2001	襄阳县	襄阳区	襄樊	2	12.2	17.75	是
2003	澄海市	澄海区	汕头	5	14.7	33.67	是
2001	鄞县	鄞州区	宁波	5	8.8	6.68	是
2009	通州市	通州区	南通	2	19.4	19.44	是
2000	江宁县	江宁区	南京	9	12.5	18.91	是
2001	新会市	新会区	江门	2	14.2	19.44	是
2000	萧山市	萧山区	杭州	6	14.3	25.04	是
2000	余杭市	余杭区	杭州	6	21.3	25.04	是
2000	番禺市	番禺区	广州	8	24.6	19.67	是
2000	花都市	花都区	广州	8	30.8	19.67	是
2002	顺德市	顺德区	佛山	1	29.9	49.35	是
2002	三水市	三水区	佛山	1	27.5	49.35	是
2002	武进市	武进区	常州	4	12.6	25.36	是
2004	宿豫县	宿豫区	宿迁	1	5.3	22.06	是
2001	宜昌县	夷陵区	宜昌	4	9.5	10.27	否
2003	盐都县	盐都区	盐城	1	1.41	11.11	否
2002	长安县	长安区	西安	8	25.4	9.52	否

① 宁波市的鄞州区的情况特殊，虽然设区前地级市建成区面积与市区面积的比较仅有6.68，但是宁波市北仑区、镇海区地处沿海地带，陆域面积分别是585平方公里、246平方公里，拉低了计算结果。故而宁波鄞州区事实上应归入中心城区空间发展受限的一类。

续表

调整时间	调整前县（市）	新设市辖区	所属地级市	调整前市辖区数	距离（公里）	设区前地级市建成区面积/市区面积	空间是否受限
1998	黄陂县	黄陂区	武汉	11	33	4.27	否
2002	耀县	耀州区	铜川	2	3.5	2.53	否
2002	丰南市	丰南区	唐山	4	10.2	11.19	否
2001	衢县	衢江区	衢州	1	9.9	10.42	否
2004	邕宁县	邕宁区	南宁	5	14	6.82	否
2001	长清县	长清区	济南	5	34.6	5.66	否
2003	惠阳市	惠阳区	惠州	1	36	7.88	否
2000	淮安市	楚州区	淮安	2	5.9	10.95	否
2000	淮阴县	淮阴区	淮安	2	11.9	10.95	否
2004	呼兰县	呼兰区	哈尔滨	7	10.2	13.55	否
2006	阿城市	阿城区	哈尔滨	8	43.4	7.06	否
2002	高明市	高明区	佛山	1	27.1	49.35	是
2001	新都县	新都区	成都	8	29.3	16.29	否
2001	温江县	温江区	成都	8	23.4	16.29	否
2003	宝鸡县	陈仓区	宝鸡	2	13.7	6.49	否
2006	江源县	江源区	白山	1	19.5	1.87	否

四、撤县、市设区对经济社会发展的影响

撤县、市设区对城市经济社会发展的影响并不能一概而论。事实上，有一些地级市中心城区没有足够发展空间的时候，需要通过设立市辖区来扩大中心城区的空间，这也是符合城市发展规律的，比如宁波的鄞州区。但是如果发展空间并未受限，只是为了攫取资源而设立市辖区，甚至将距离50公里外的市县强行设为市辖区，这必将破坏城市发展规律。前面的研究也总结了撤县（市）设区的积极作用和存在的问题，那么，在不同情况下，撤县（市）设区后的最终影响结果会是什么？有人认为设立市辖区的总体绩效水平可能无太大提高，还有人认为短期内会有激励作用，但长期这种激励作用会逐渐

消失，还有人通过宁波鄞州的案例研究说明撤县（市）设区有利于城市加快发展。

为了剖析地级市撤县（市）设区的影响，我们基于地级市中心城区发展空间是否受限的分类，对样本市辖区与参照系城市的发展速度进行对比分析。

（一）撤县、市设区对经济发展的影响

我们对35个市辖区及其参照系城市，基于地级市中心城区空间发展是否受限的划分，分别计算调整后1～5年和5～10年的GDP年均增长速度，通过两者在调整后1～5年、5～10年的GDP年均增长速度以及差距变化，并判断撤县、市设区对经济发展速度的影响。

1. 地级市中心城区空间发展受限情况下

在35个市辖区样本中，有2个属于地级市中心城区空间发展受限的市辖区，我们分中期和长期来讨论撤县、市设区对市辖区的影响。

第一，撤县（市）设区后，中期（调整后1～5年）政策效果分析。我们的市辖区样本和所选参照系是基于发展速度相近的原则，在调整前发展水平接近，但是在撤县市设市后的1～5年，样本和参照系的GDP年均增速却发生了变化，主要有以下几种情况。

一是经济发展显著快于参照系。在20个市辖区中，有10个市辖区的年均增长速度显著快于参照系城市。澄海区、番禺区、顺德区、高明、三水在调整后1～5年的GDP年均增速分别为15.5%、15.72%、25.88%、34.59%和30.2%，市辖区分别较参照系县市快了11.65个、11.71个、19.92个、16.54个和13.26个百分点；而江源区、鄞州区、萧山区、余杭区和新会区的年均增速分别为28.13%、22.37%、20.22%、18.88%和18.56%，分别较各自参照系梅河口市（21.95%）、象山县（15.92%）、嘉善县（15.35%）、桐庐县（13.83%）、鹤山县（9.92%）快了6.18个、6.45个、4.87个、5.04个和8.63个百分点。对这10个市辖区而言，其年均增长速度与参照系在调整前处于相近的发展速度，但撤县（市）设区后1～5年的年均增长速度明显较参照系更快。

二是经济发展速度对比差异不大。在20个市辖区中，有8个市辖区的年均增速与参照系城市的增速在撤县（市）设区后仍处于十分接近的水平。武进区、盐都区、衢江区在调整后1～5年的GDP年均增速分别是22.27%、19.15%和17.44%，而其参照系城市溧阳市、建湖县、常山县的年均增速分别是21.79%、18.16%、16.86%，相差0.49个、0.99个和0.58个百分点；江宁区、邗江区、花都区、通州区在调整后1～5年的GDP年均增速分别为19.22%、16.72%、14.72%和14.09%，与参照系城市高淳县（21.2%）、宝应县（14.51%）、增城市（12.72%）和海门市（13.72%）分别只相差了1.99个、2.21个、2.0个、0.37个百分点；另外，襄州区调整后1～5年的GDP年均增速为7.99%，与参照系当阳市（8.91%）相比，仅慢了0.92个百分点。

三是经济发展速度显著慢于参照系。在20个市辖区中，仅有2个市辖区在撤县（市）设区后年均增速显著慢于比参照系城市的年均增速。丹徒区、耀州区调整后1～5年的GDP年均增速分别为10.79%、22.89%，但是较参照系句容市、宜君县的年均增速分别慢了7.02个和7.58个百分点。

表5-4　　地级市空间发展受限下撤县（市）设区的中期影响统计

分类	数量	市辖区名称
显著促进	10	澄海区、鄞州区、新会区、萧山区、余杭区、番禺区、江源区、顺德区、高明区、三水区
影响不显著	8	邗江区、盐都区、通州区、花都区、武进区、衢江区、江宁区、襄州区
出现下滑	2	丹徒区、耀州区

表5-5　　市辖区和参照系在调整后1～5年的GDP年均增速

调整前县市	地级市	是否受限	市辖区和参照系	调整后1～5年GDP年均增长速度（%）
丹徒县	镇江	是	丹徒区	10.79
	镇江		句容市	17.81
邗江县	扬州	是	邗江区	16.72
	扬州		宝应县	14.51
盐都县	盐城	是	盐都区	19.15
	盐城		建湖县	18.16
澄海市	汕头	是	澄海区	15.50
	汕尾		陆河县	3.85

续表

调整前县市	地级市	是否受限	市辖区和参照系	调整后1～5年GDP年均增长速度（%）
鄞县	宁波	是	鄞州区	22.37
	宁波		象山县	15.92
通州市	南通	是	通州区	14.09
	南通		海门市	13.72
新会市	江门	是	新会区	18.56
	江门		鹤山市	9.92
萧山市	杭州	是	萧山区	20.22
	嘉兴		嘉善县	15.35
余杭市	杭州	是	余杭区	18.88
	杭州		桐庐县	13.83
花都市	广州	是	花都区	14.72
	广州		增城市	12.72
番禺市	广州	是	番禺区	15.72
	广州		从化市	4.01
武进市	常州	是	武进区	22.27
	常州		溧阳市	21.79
江源县	白山	是	江源区	28.13
	通化		梅河口市	21.95
襄阳县	襄阳	是	襄州区	7.99
	宜昌		当阳市	8.91
耀县	铜川	是	耀州区	22.89
	铜川		宜君县	30.47
衢县	衢州	是	衢江区	17.44
	衢州		常山县	16.86
江宁县	南京	是	江宁区	19.22
	南京		高淳县	21.20
顺德市	佛山	是	顺德区	25.88
	广州		从化市	5.96
三水市	佛山	是	三水区	30.20
	惠州		博罗县	16.94
高明市	佛山	是	高明区	34.59
	阳江		阳东县	18.05

说明：当阳市以1～4年的速度替代1～5年。

总之，在地级市中心城区发展空间受限的情况下，在调整后1～5年内，撤县（市）设区后对市辖区的经济集聚有三种不同的影响，只有个别市辖区在撤县、市设区后经济发展出现下滑，而有一半市辖区的经济集聚受到显著促进，另外还有一半市辖区没有显著的影响，因此行政区划调整的政策效果是显著的正向激励。

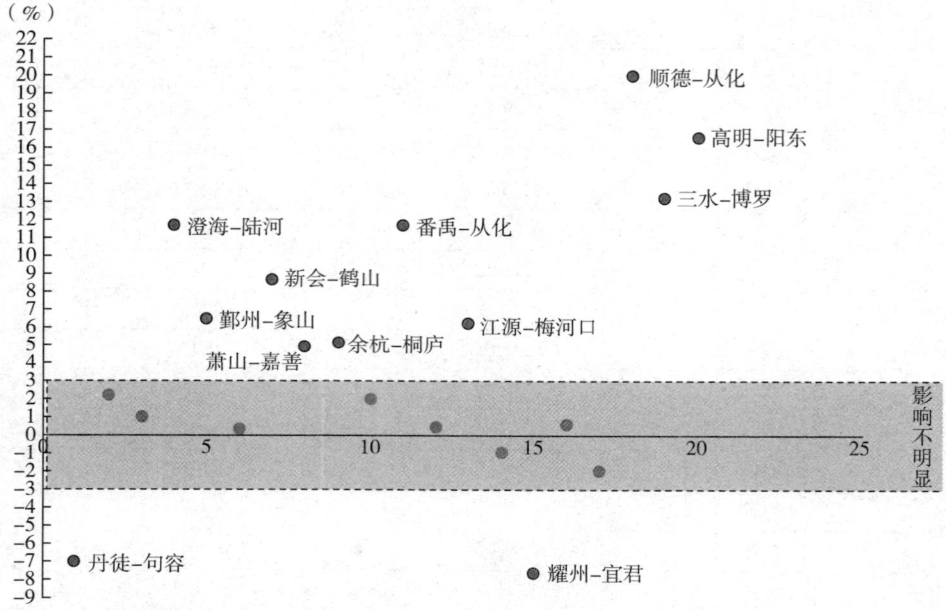

图5-4　样本和参照系在调整后1～5年的GDP年均增速差值

第二，撤县（市）设区后，长期（调整后1～5年、5～10年）影响效果分析

为了更好地分析撤县、市设区后市辖区的长期发展变化，我们将19个地级市中心城区发展受限的市辖区和参照系在调整后1～5年、调整后1～10年的GDP年均增长速度进行比较。因通州区2009年设区，2014年为调整后第5年，没有5～10年的增速，所以在长期影响的分析中剔除通州区。和参照系相比，市辖区的长期发展速度与短期相比，呈现了不同趋势。

一是增长加速。在19个市辖区中，有3个市辖区的年均增速在调整后5～10年和调整后1～5年相比，长期促进作用较明显。丹徒区、邗江区、耀州区调整后5～10年的年均增速分别达到19.5%、23.86%和35.6%，较调整后1～5年的增速分别提高了8.71个、7.14个和12.89个百分点。分阶段来看变化趋势，丹徒区在调整后1～5年的年均增速较参照系慢了7.02个百分点，而调整后5～10年则较参照系快了2.4个百分点；耀州区在调整后1～5年的年均增速较参照系慢了7.58个百分点，但调整后5～10年则较参照系快了6.92个百分点；邗江区在调整后1～5年的年均增速较参照系快了2.21个百分点，但调整后5～10年则较参照系快了4.1个百分点。从这3个市辖区与参照系增速差距的变化来看，撤县（市）设区的长期激励作用明显。

二是政策效应持续不明显。武进区、衢江区和江宁区在调整后5～10年的GDP年均增速分别为16.82%、17.89%、21.89%，与调整后1～5年的增速相比，武进区增速低了5.45个百分点，而衢江区和江宁区的增速则只分别高了0.45个和2.67个百分点。但是，相对于参照系的增速而言，这3个市辖区在调整后5～10年的增速并没有显著变化。武进区的GDP年均增速在调整后1～5年较参照系高了0.49个百分点，而调整后5～10年只高了0.4个百分点；衢江区的GDP年均增速在调整后1～5年较参照系高了0.58个百分点，而调整后5～10年则慢了0.03个百分点；江宁区调整后1～5年较参照系慢了1.99个百分点，而调整后5～10年则高了0.7个百分点。这3个市辖区在调整后1～5年均没有受到显著的影响，而调整后5～10年影响仍然不显著。

三是政策效应影响趋缓。有13个市辖区在长期中呈现明显的发展速度放慢、经济集聚能力减弱的趋势。有10个市辖区在调整后5～10年的GDP年均增长速度较调整后1～5年的增速降低，盐都区、澄海区、鄞州区、新会区、萧山区、余杭区、番禺区、江源区、顺德区、三水区分别低了5.43个、3.83个、7.58个、5.78个、4.59个、2.78个、3.72个、23.03个、13.05个、12.7个百分点，而花都区、襄州区则较调整后1～5年的年均增速高了2.12个、15.64个百分点，但是却低于参照县市发展速度。分阶段来看，这11个市辖区和参照系相比，在调整后5～10年较调整后1～5年发展明显减缓：其一，有10个市辖区在调整后1～5年是发展明显加快的，而调整后5～10年与参照系的差距缩小，比如，澄海区由快11.65个百分点到慢0.22个百分点，鄞州区由快6.45个百分点到快3.12个百分点，新会区由快8.63个百分点到快2.44个百分点，萧山区由快4.87个百分点到快0.06个百分点，余杭区由快5.04个百分点到1.91个百分点，番禺区由快11.71个百分点到慢3个百分点，江源区由快6.18个百分点到慢0.98个百分点，顺德区由快19.92个百分点到快5.08个百分点，三水区由快13.26个百分点到快2.40个百分点，高明区由快16.54个百分点到慢7.35个百分点。其二，还有3个市辖区（盐都区、花都区、襄州区）是调整后1～5年影响并不明显的，但调整后5～10年较参照系更慢，比如，盐都区在调整后1～5年较参照系快0.99个百分点，但在调整后5～10年则慢了2.71个百分点；花都区由快2个百分点到慢4.65个百分点；襄州区由慢0.92个百分点到慢4.28个百分点。

表5-6　地级市空间发展受限下撤县（市）设区的长期影响统计

分类	数量	市辖区名称
发展加快	3	丹徒区、邗江区、耀州区
无明显影响	3	武进区、衢江区、江宁区
影响趋缓	13	盐都区、花都区、襄州区；澄海区、鄞州区、新会区、萧山区、余杭区、番禺区、江源区、顺德区、三水区、高明区

表5-7　市辖区和参照系GDP年均增长速度比较（空间受限）

调整前县市	地级市	是否受限	市辖区和参照系	调整后分阶段GDP年均增长速度和差距（%）			
				1～5年	差距	5～10年	差距
丹徒县	镇江	是	丹徒区	10.79	−7.02	19.50	2.41
	镇江		句容市	17.81		17.09	
邗江县	扬州	是	邗江区	16.72	2.21	23.86	4.10
	扬州		宝应县	14.51		19.76	
盐都县	盐城	是	盐都区	19.15	0.99	13.72	−2.71
	盐城		建湖县	18.16		16.43	
澄海市	汕头	是	澄海区	15.50	11.65	11.67	−0.22
	汕尾		陆河县	3.85		11.88	
鄞县	宁波	是	鄞州区	22.37	6.45	14.79	3.12
	宁波		象山县	15.92		11.67	
新会市	江门	是	新会区	18.56	8.63	12.78	2.44
	江门		鹤山市	9.92		10.33	

续表

调整前县市	地级市	是否受限	市辖区和参照系	调整后分阶段GDP年均增长速度和差距（%）			
				1～5年	差距	5～10年	差距
萧山市	杭州	是	萧山区	20.22	4.87	15.63	0.06
	嘉兴		嘉善县	15.35		15.57	
余杭市	杭州	是	余杭区	18.88	5.04	16.10	1.91
	杭州		桐庐县	13.83		14.19	
花都市	广州	是	花都区	14.72	2.00	16.84	–4.65
	广州		增城市	12.72		21.50	
番禺市	广州	是	番禺区	15.72	11.71	12.00	–3.00
	广州		从化市	4.01		15.00	
武进市	常州	是	武进区	22.27	0.49	16.82	0.40
	常州		溧阳市	21.79		16.42	
江源县	白山	是	江源区	28.13	6.18	5.10	–0.98
	通化		梅河口市	21.95		6.08	
襄阳县	襄阳	是	襄州区	7.99	–0.92	23.63	–4.28
	宜昌		当阳市	8.91		27.91	
耀县	铜川	是	耀州区	22.89	–7.58	35.60	6.92
	铜川		宜君县	30.47		28.68	
衢县	衢州	是	衢江区	17.44	0.58	17.89	–0.03
	衢州		常山县	16.86		17.92	
江宁县	南京	是	江宁区	19.22	–1.99	21.89	0.70
	南京		高淳县	21.20		21.19	
顺德市	佛山	是	顺德区	25.88	19.92	12.83	5.08
	广州		从化市	5.96		7.74	
三水市	佛山	否	三水区	30.20	13.26	17.50	2.40
	惠州		博罗县	16.94		15.10	
高明市	佛山	否	高明区	34.59	16.54	13.00	–7.35
	阳江		阳东县	18.05		20.35	

说明：我们剔除了南通的通州区，因为通州于2009年区划调整，只能分析到调整后第5年。另外，江源区2006年区划调整，因此江源区和梅河口市为调整后5～8年的年均增长速度。当阳市以1～4年增长速度替代1～5年增长速度。

从长期来看，在地级市中心城区空间发展受限的情况下，更多的县市在设立市辖区后对经济发展影响趋于减弱，与参照系相比在5～10年期间，平均增速差距超过3个百分点的有7个，其中比参照系发展速度低的有3个，高的有4个，而绝大多数差距恢复到3个百分点以内。因此，从长期来看，行政区划调整的政策效应已趋于弱化。但有少数市辖区的经济集聚能力增强，而少数市辖区设立后在长期并没有显著影响。

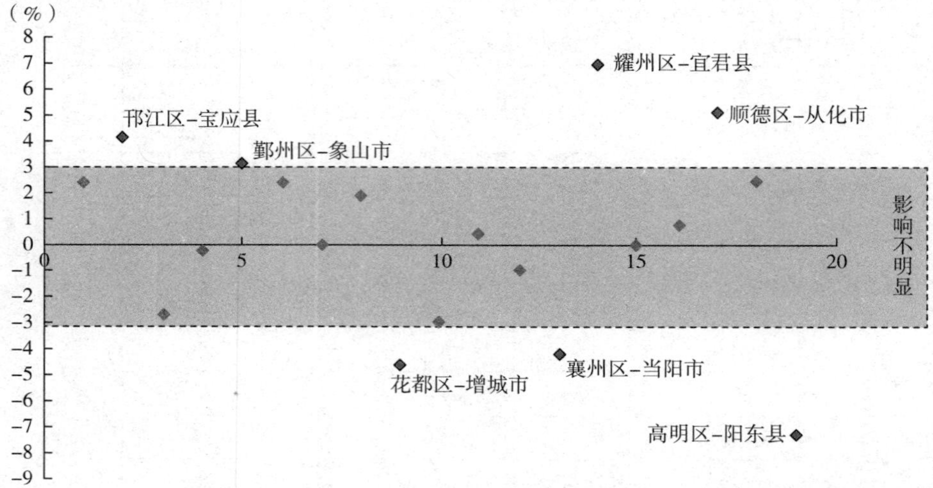

图5-5　样本和参照系在调整后5～10年的GDP年均增速差值

2. 地级市中心城区空间发展不受限情况下

在35个市辖区样本中，有15个市辖区为地级市发展空间并不受限的情况，这也意味着撤县（市）设区更多是满足了地级市的扩张目标，那么，对被设立为市辖区的县或县级市有什么影响呢？

第一，撤县（市）设区后，中期（调整后1～5年）的政策效果分析。鉴于市辖区和参照系在调整前发展水平相近，我们可以看到市辖区和参照系在调整后1～5年的GDP年均增速发生了变化，GDP年均增长速度的变化大致有以下几类情况：

一是经济发展速度显著快于参照系。在15个市辖区中，有6个市辖区在撤县（市）设区后的GDP年均增长速度明显快于参照系。陈仓区、长清区在调整后1～5年的GDP年均增速分别是25.22%和21.95%，分别较参照系凤翔县（19.62%）、坊子区（17.21%）快了5.6个和4.74个百分点；而温江区、淮阴区、黄陂区、楚州区在调整后1～5年的GDP年均增速分别是19.02%、13.78%、11.88%和10%，分别较参照系快了15.28个、5.43个、7.03个和4.97个百分点。

二是经济发展显著慢于参照系。在15个市辖区中，有6个市辖区在撤县（市）设区后的GDP年均增长速度明显慢于参照系。长安区、丰南区、惠阳区、邕宁区调整后1～5年的GDP年均增速分别为29.41%、20.88%、17.42%和10.03%，分别较参照系高陵县（48.49%）、新华区（35.94%）、连平县（23.03%）、武鸣县（23.25%）慢了19.08个、15.05个、5.61个和13.22个百分点。夷陵区调整后1～5年的GDP年均增速为2.63个百分点，较参照系枝江市（12.57%）慢了近10个百分点。

三是经济发展速度对比差异不大。宿豫区、阿城区、新都区调整后1～5年的GDP年均增速分别是22.28%、15.72%和13.65%，其中宿豫区、新都区分别较参照系低了0.59个、1.28个百分点，而阿城区较参照系高了0.67个百分点。

表5-8　　地级市空间发展不受限下撤县（市）设区的中期影响

分类	数量	市辖区名称
显著促进	6	淮阴区、温江区、黄陂区、长清区、楚州区、陈仓区
影响不显著	3	宿豫区、阿城区、新都区
显著抑制	6	夷陵区、呼兰区、长安区、丰南区、邕宁区、惠阳区

表5-9　　市辖区和参照系GDP年均增长速度比较（空间不受限）

调整前县市	地级市	是否受限	市辖区和参照系	调整后1～5年GDP年均增长速度（%）
宜昌县	宜昌	否	夷陵区	2.63
	宜昌		枝江市	12.57
宿豫县	宿迁	否	宿豫区	22.28
	宿迁		泗洪县	22.86
淮阴县	淮安	否	淮阴区	13.78
	淮安		盱眙市	8.35

续表

调整前县市	地级市	是否受限	市辖区和参照系	调整后1~5年GDP年均增长速度（%）
呼兰县	哈尔滨	否	呼兰区	14.91
	哈尔滨		依兰县	21.71
阿城市	哈尔滨	否	阿城区	15.72
	哈尔滨		尚志市	15.05
新都县	成都	否	新都区	13.65
	成都		蒲江县	14.93
温江县	成都	否	温江区	19.02
	成都		邛崃市	3.74
长安县	西安	否	长安区	29.41
	西安		高陵县	48.49
黄陂县	武汉	否	黄陂区	11.88
	荆门		钟祥市	4.85
丰南市	唐山	否	丰南区	20.88
	石家庄		新华区	35.94
邕宁县	南宁	否	邕宁区	10.03
	南宁		武鸣县	23.25
长清县	济南	否	长清区	21.95
	潍坊		坊子区	17.21
惠阳市	惠州	否	惠阳区	17.42
	河源		连平县	23.03
淮安市	淮安	否	楚州区	10.00
	淮安		金湖县	5.03
宝鸡县	宝鸡	否	陈仓区	25.22
	宝鸡市		凤翔县	19.62

说明：阿城区是2006年区划调整，因此阿城和尚志市只能分析到调整后5~8年。宜昌的夷陵区以调整后1~4年替换1~5年的GDP年均增长速度；邛崃以调整后1~6年替换1~5年的GDP年均增长速度。

总之，在地级市中心城区发展空间不受限的情况下，在调整后1~5年内，撤县（市）设区后对市辖区的经济集聚有三种不同的影响，显著加快和显著减慢的市辖区基本相当，有少数的市辖区在撤县、市设区后经济集聚能力没有明显受影响。总体来看，在中期并不能说存在明显的影响。

第二，撤县（市）设区后，长期（调整后5~10年）的影响情况分析。为了更好地分析撤县（市）设区后对市辖区长期发展的影响，我们将17个地级市中心城区发展不受限的市辖区和参照系在调整后1~5年、调整后5~10年的GDP年均增长速度进行比较。

撤县、市设区后，市辖区的长期发展趋势呈现三类情况。

一是长期发展出现明显减缓。在15个市辖区中，有8个市辖区在调整后1~5年、5~10年的GDP年均增速与参照系增速的差距缩小或者仍然远慢于参照系发展速度。与参照系相比，宿豫区由慢0.59个百分点到慢4.2个百分点；淮阴区由快5.43个百分点到快0.97个百分点；黄陂区由快7.03个百分点到慢2.92个百分点；楚州区由快4.97个百分点到慢2.4个百分点；陈仓区由快5.6个百分点到慢2.53个百分点；长安区与高陵县的增速差距由慢19.08个百分点到慢3.85个百分点；邕宁区与武鸣县的增速差距由慢13.22个百分点到慢5.21个百分点；呼兰区由慢6.8个百分点到慢7.89个百分点。

二是增速出现加快。在15个市辖区中，有3个市辖区在调整后1~5年、5~10年的GDP年均增速与参照系增速的差距拉大了。比如温江区与参照系发展速度对比持续保持较快发展速度，在5~10年期间，仍然比参照系快9.36个百分点，丰南区与新华区的增速差距由慢15.05个百分点到快7.85个百分点；惠阳区与连平县的增速差距由慢5.61个百分点到快10.69个百分点。但这3个市辖区中有2个在调整后1~5年是明显慢于参照系的发展速度，但在调整后5~10年出现发展速度加快。

三是影响并不显著。在15个市辖区中，有3个市辖区在调整后1~5年、5~10年的GDP年均增速与参照系增速的差距仍在很小的范围内。夷陵区与枝江市的增速差距由慢9.94个百分点到快1.99个百分点；阿城区由高0.67个百分点到高0.39个百分点；长清区由高4.74个百分点到高1.97个百分点；而新都区则由慢1.28个百分点到快2.49个百分点。这3个市辖区中，阿城区、新都区在调整后1~5年内所受的影响并不明显，在调整后5~10年影响仍然不明显；长清区在中期的发展受到明显促进，但调整后5~10年内也并没有明显的促进作用。

表5-10　　市辖区和参照系GDP年均增长速度比较（空间不受限）

调整前县市	地级市	是否受限	市辖区和参照系	调整后GDP年均增速及差距（%）			
				1~5年增速	差距	5~10年增速	差距
宜昌县	宜昌	否	夷陵区	2.63	−9.94	28.75	1.99
	宜昌		枝江市	12.57		26.77	
宿豫县	宿迁	否	宿豫区	22.28	−0.59	12.21	−4.20
	宿迁		泗洪县	22.86		16.41	
淮阴县	淮安	否	淮阴区	13.78	5.43	20.48	0.97
	淮安		盱眙市	8.35		19.51	
呼兰县	哈尔滨	否	呼兰区	14.91	−6.80	11.91	−7.89
	哈尔滨		依兰县	21.71		19.80	
阿城市	哈尔滨	否	阿城区	15.72	0.67	5.24	0.39
	哈尔滨		尚志市	15.05		4.85	
新都县	成都	否	新都区	13.65	−1.28	21.28	2.49
	成都		蒲江县	14.93		18.80	
温江县	成都	否	温江区	19.02	15.28	20.22	9.36
	成都		邛崃市	3.74		10.86	
长安县	西安	否	长安区	29.41	−19.08	26.28	−3.85
	西安		高陵县	48.49		30.14	
黄陂县	武汉	否	黄陂区	11.88	7.03	8.11	−2.92
	荆门		钟祥市	4.85		11.02	
丰南市	唐山	否	丰南区	20.88	−15.05	17.46	7.85
	石家庄		新华区	35.94		9.61	
邕宁县	南宁	否	邕宁区	10.03	−13.22	10.35	−5.21
	南宁		武鸣县	23.25		15.57	
长清县	济南	否	长清区	21.95	4.74	10.90	1.97
长清县	潍坊	否	坊子区	17.21	4.74	8.93	1.97
惠阳市	惠州	否	惠阳区	17.42	−5.61	18.55	10.69
	河源		连平县	23.03		7.86	
淮安市	淮安	否	楚州区	10.00	4.97	18.01	−2.40
	淮安		金湖县	5.03		20.41	
宝鸡县	宝鸡	否	陈仓区	25.22	5.60	13.12	−2.53
	宝鸡		凤翔县	19.62		15.65	

从长期发展来看，就发展空间并不受限的市辖区来说，超过一半的市辖区在撤县（市）设区后经济发展速度出现明显的减缓，有接近一半的市辖区发展速度慢于参照系发展速度。当然还有少数市辖区发展是要显著快于参照系的发展速度，少数市辖区的发展受到的影响并不显著。

（3）小结。从以上分析来看，如果中心城区发展空间受限，那么撤县设区工作在中短期内对经济发展可能存在明显的正向激励作用，但是随着时间的延迟，激励作用将会逐渐弱化。而如果中心城区发展空间并不受限，数据结果显示在中短期内并未显著影响，随着时间的延长，影响效果也没有显著变化。

（二）撤县（市）设区对城镇人口集聚的影响

多数研究都认为市辖区的设立能产生人口的集聚效应，比如唐为、王媛（2015）年对2000～2004年撤县设区的区划调整作了实证检验，认为撤县设区带来了人口的集聚；而史育龙（2014）则将撤县（市）设区对人口的影响归纳为“做大”效应，主要表现是“按照统计规则把原来的乡村人口可以统计为城镇人口”，通过“搬家”的形式“做大”人口规模。虽然这方面的研究有很多，但是大多研究并未城镇人口集聚的角度进行分析，并未从城镇发展对人口吸纳的角度出发分析行政区划调整的效果。

1. 在地级市中心城区发展空间受限的情况

在35个市辖区样本中，有20个样本是地级市发展空间受限的，我们通过“五普”和“六普”城镇人口的数据，分析了样本与参照系城市2000～2010年城镇人口年均增长速度以及两者增速的差距。

表5-11　　2000年、2010年市辖区与参照系的城镇人口（空间受限）

调整前县市	市辖区和参照系	地级市	是否受限	城镇人口		城镇人口增长速度（%）	样本与参照系增速差距
				“五普”（人）	“六普”（人）		
顺德市	顺德区	佛山	是	1175386	2409121	104.96	80.49
	从化市	广州		184062	229118	24.48	

续表

调整前县市	市辖区和参照系	地级市	是否受限	城镇人口“五普”（人）	城镇人口“六普”（人）	城镇人口增长速度（%）	样本与参照系增速差距
丹徒县	丹徒区	镇江	是	68442	146492	114.04	64.38
	句容市	镇江		199807	299033	49.66	
邗江县	邗江区	扬州	是	153124	308030	101.16	56.16
	宝应县	扬州		230087	333643	45.01	
盐都县	盐都区	盐城	是	250169	381804	52.62	20.68
	建湖县	盐城		269089	355021	31.93	
澄海市	澄海区	汕头	是	492076	571172	16.07	–81.63
	陆河县	汕尾		76327	150902	97.70	
鄞县	鄞州区	宁波	是	362418	921443	154.25	104.89
	象山县	宁波		184868	276125	49.36	
通州市	通州区	南通	是	420678	568396	35.11	–14.38
	海门市	南通		303543	453781	49.49	
新会市	新会区	江门	是	340214	518322	52.35	11.79
	鹤山市	江门		201043	282580	40.56	
萧山市	萧山区	杭州	是	496516	1002153	101.84	–8.64
	嘉善县	嘉兴		137112	288588	110.48	
余杭市	余杭区	杭州	是	293112	712754	143.17	75.18
	桐庐县	杭州		136267	228918	67.99	
花都市	花都区	广州	是	390159	609942	56.33	–41.23
	增城市	广州		359447	710146	97.57	
番禺市	番禺区	广州	是	1194019	1413002	18.34	–6.14
	从化市	广州		184062	229118	24.48	
武进市	武进区	常州	是	431307	816182	89.23	64.11
	溧阳市	常州		294429	368409	25.13	
江源县	江源区	白山	是	213722	179279	–16.12	1.88
	梅河口市	通化		327125	268259	–17.99	
襄阳县	襄州区	襄阳	是	344522	397259	15.31	11.21
	当阳市	宜昌		176580	183823	4.10	
耀县	耀州区	铜川	是	84729	153793	81.51	24.70
	宜君县	铜川		12239	19192	56.81	

续表

调整前县市	市辖区和参照系	地级市	是否受限	城镇人口		城镇人口增长速度（%）	样本与参照系增速差距
				"五普"（人）	"六普"（人）		
衢县	衢江区	衢州	是	53739	100642	87.28	29.42
	常山县	衢州		57692	91070	57.86	
江宁县	江宁区	南京	是	273020	734677	169.09	122.56
	高淳县	南京		139139	203879	46.53	
三水市	三水区	佛山	否	330746	441902	33.61	–62.57
	博罗县	惠州		240550	471902	96.18	
高明市	高明区	佛山	否	198752	363592	82.94	19.07
	阳东县	阳江		118078	193487	63.86	

在地级市中心城区空间发展受限情况下，大多数市辖区的城镇人口增长速度较快，但是少数市辖区人口增长并不明显。我们发现，2000～2010年城镇人口增长率为负的有1个，是江源区，其余城镇人口增长率均为正。10年间城镇人口增长超过50%的有14个，其中增长率在100%以上的有7个，分别是顺德区、丹徒区、邗江区、鄞州区、萧山区、余杭区和江宁区，其中增长速度最快的是江宁区，10年间城镇人口增长169%。而增长率介于0%～50%之间的有5个，分别是澄海区、通州区、番禺区、襄州区、三水区。可见，大多数市辖区的城镇人口维持较快的增长，当然也有少数市辖区增长相对较慢，还有个别市辖区城镇人口甚至是负增长。然而，这只是自身的纵向比较，并不能说明在地级市中心城区空间受限的情况下，县市设区对城镇人口增长的作用，因此我们进一步将市辖区城镇人口年均增长速度与参照系城市进行比较。

表5-12　　撤县（市）设区样本2000～2010年城镇人口增长情况

城镇人口10年增速	数量	市辖区名称
大于100%	7	顺德区、丹徒区、邗江区、鄞州区、萧山区、余杭区、江宁区
50%～100%	6	盐都区、新会区、花都区、武进区、耀州区、衢江区、高明区
0%～50%	4	澄海区、通州区、番禺区、襄州区、三水区
小于零	1	江源区

虽然多数市辖区的增长速度较快，但是和参照系城市相比，人口集聚效应在设立市辖区后又受到怎样的影响呢？从样本与参照系城市的城镇人口增长速度的比较来看，撤县（市）设区对人口的影响主要可分为三类。

一是显著快于参照城市。在20个地级市中心城区空间发展受限的市辖区中，有10个市辖区的城镇人口增长率较参照系城市快20个百分点以上，其中市辖区增长率快于参照系城市100个百分点以上的有3个，分别是江宁区、余杭区和鄞州区，分别比参照系城市快119.43个、111.23个和109.24个百分点；快于参照系城市50～100个百分点的有4个，分别是邗江区、萧山区、通州区和顺德区，分别比参照系城市快51.67个、52.47个、53.11个和80.49个百分点；快于参照系城市30～50个百分点的有3个，分别是武进区、盐都区、新会区，分别比参照系城市快48.68个、28.14个和27.23个百分点。

二是显著慢于参照城市。在20个市辖区中，有6个市辖区10年城镇人口增长率慢于参照系城市的增速，分别是衢江区、澄海区、花都区、襄州区、三水区和江源区，分别比参照系城市慢23.2个、40.74个、41.23个、42.55个、62.57和62.64个百分点。可见，这些市辖区城镇人口集聚是显著慢于参照城市的。

三是显著不影响。有4个市辖区10年是城镇人口增长率与参照系城市的增速相差在20个百分点以内，分别是耀州区、番禺区、丹徒区和高明区，分别比参照系城市快13.52个、14.24个、16.33个和19.07个百分点，我们都认为这些市辖区的城镇人口集聚与参照城市对比并不显著。

表5-13　　　　样本与参照系城市10年间城镇人口增长差距

<table>
<tr><th colspan="2">样本与参照系城市的城镇人口10年增速差距（百分点）</th><th>数量</th><th>市辖区名称</th></tr>
<tr><td rowspan="3">激励</td><td>大于100</td><td>3</td><td>江宁区、鄞州区、余杭区</td></tr>
<tr><td>50～100</td><td>4</td><td>萧山区、邗江区、通州区、顺德区</td></tr>
<tr><td>20～50</td><td>3</td><td>武进区、盐都区、新会区</td></tr>
<tr><td rowspan="2">影响不显著</td><td>0～20</td><td>4</td><td>丹徒区、耀州区、番禺区、高明区</td></tr>
<tr><td>–20～0</td><td>0</td><td></td></tr>
<tr><td>抑制</td><td>小于～20</td><td>6</td><td>衢江区、花都区、澄海区、襄州区、三水区、江源区</td></tr>
</table>

总体而言，在地级市中心城区空间发展受限的情况下，市辖区设立后，大多数市辖区的城镇人口增长较显著，但与参照系城市相比而言，多于一半的市辖区设立后的人口集聚速度显著快于参照城市，而有30%的市辖区的人口集聚速度要显著慢于参照城市。

2. 地级市中心城区空间发展不受限的情况

在35个市辖区样本中，有15个样本是地级市发展空间没有受限的，我们通过"五普"和"六普"常住总人口的数据，分析了样本与参照系城市2000～2010年城镇人口增长速度以及增长速度的差距。

表5-14　　2000年、2010年市辖区与参照系人口比较（空间不受限）

调整前县市	市辖区和参照系	地级市	是否受限	城镇人口		城镇人口增长速度（%）	样本与参照系年均增速差距
				"五普"（人）	"六普"（人）		
宜昌县	夷陵区	宜昌	否	169599	212704	25.42	-6.75
	枝江市	宜昌		165240	218396	32.17	
宿豫县	宿豫区	宿迁	否	169757	335928	97.89	36.09
	泗洪县	宿迁		232836	376726	61.80	
淮阴县	淮阴区	淮安	否	190519	332861	74.71	40.57
	盱眙市	淮安		215196	288664	34.14	
呼兰县	呼兰区	哈尔滨	否	167070	454462	172.02	146.64
	依兰县	哈尔滨		116184	145666	25.38	
阿城市	阿城区	哈尔滨	否	323973	336741	3.94	3.29
	尚志市	哈尔滨		267942	269699	0.66	
新都县	新都区	成都	否	202896	427867	110.88	113.43
	蒲江县	成都		74980	73069	-2.55	
温江县	温江区	成都	否	113645	278906	145.42	165.99
	邛崃市	成都		239331	190099	-20.57	
长安县	长安区	西安	否	113002	559203	394.86	369.94
	高陵县	西安		188170	193031	25.8	
黄陂县	黄陂区	武汉	否	574808	307036	-46.58	-58.84
	钟祥市	荆门		391102	439019	12.25	

续表

调整前县市	市辖区和参照系	地级市	是否受限	城镇人口		城镇人口增长速度（%）	样本与参照系年均增速差距
				“五普”（人）	“六普”（人）		
丰南市	丰南区	唐山	否	148192	351479	137.18	73.80
	新华区	石家庄		362110	591611	63.38	
邕宁县	邕宁区	南宁	否	202599	72025	–64.45	–121.33
	武鸣县	南宁		118590	186049	56.88	
长清县	长清区	济南	否	162399	271308	67.06	95.96
	坊子区	潍坊		205810	146329	–28.90	
惠阳市	惠阳区	惠州	否	488626	580627	18.83	–47.72
	连平县	河源		66559	110851	66.55	
淮安市	楚州区	淮安	否	250702	419542	67.35	20.16
	金湖县	淮安		97390	143346	47.19	
宝鸡县	陈仓区	宝鸡	否	128508	216455	68.44	–27.48
	凤翔县	宝鸡		78379	153560	95.92	

在地级市中心城区空间发展并不受限的情况下，大多数市辖区设立后城镇人口以较快的速度增长，而少数市辖区的城镇人口受到的影响并不显著。我们发现，在15个地级市中心城区空间发展受限的样本中，有2个市辖区的城镇人口增长为负，分别是黄陂区（–58.84%）和邕宁区（–121.83%）；其余市辖区城镇人口增长率均为正。10年间城镇人口增长率超过50%的有11个市辖区，其中增长率在100%以上的有5个，分别是呼兰区、新都区、温江区、长安区和丰南区，其中增长速度最快的是长安区，10年间城镇人口增长394.86%。而增长率介于0%～50%之间的有3个，分别是夷陵区、阿城区和惠阳区。可见，大多数市辖区的城镇人口维持较快的增长，少数市辖区增长相对较慢，极少数市辖区城镇人口甚至是负增长。

表5-15　　撤县（市）设区样本2000～2010年10年间城镇人口增长情况

城镇人口10年增速	数量	市辖区名称
大于100%	5	呼兰区、新都区、温江区、长安区、丰南区
50%～100%	5	宿豫区、淮阴区、长清区、楚州区、陈仓区
0%～50%	3	夷陵区、阿城区、惠阳区
小于0	2	黄陂区、邕宁区

虽然在地级市中心城区空间发展不受限的情况下，多数市辖区设立后城镇人口以较快的速度增长，但是和参照系城市的城镇人口增长速度相比，市辖区设立后，城镇人口的集聚到底是快了还是慢了呢？

我们分析了15个样本市辖区城镇人口10年增速与参照系城市增速的差距，相对于参照系城市的城镇人口增速而言，撤县（市）设区的影响大致可以归纳为三种情况。

一是显著快于参照城市。在15个地级市中心城区空间发展受限的市辖区中，有9个市辖区的城镇人口增长率较参照系城市快20个百分点以上，其中市辖区增长率快于参照系城市100个百分点以上的有4个，分别是长安区、温江区、呼兰区和新都区，分别比参照系城市快369.94个、165.99个、146.64个和113.43个百分点；快于参照系城市50～100个百分点的有2个，分别是长清区和丰南区，分别比参照系城市快95.96个和73.8个百分点；快于参照系城市30～50个百分点的有3个，分别是楚州区、宿豫区和淮阴区，分别比参照系城市快20.16个、36.09个和40.57个百分点。

二是显著慢于参照城市。在15个市辖区中，有4个市辖区10年城镇人口增长率慢于参照系城市的增速，分别是邕宁区、黄陂区、惠阳区和陈仓区，分别比参照系城市慢121.33个、58.84个、47.72个和27.48个百分点。

三是影响不显著。有2个市辖区10年是城镇人口增长率与参照系城市的增速相差在20个百分点以内，分别是阿城区和夷陵区，其中阿城区城镇人口增长比参照系城市快3.29个百分点，夷陵区城镇人口增长慢于参照系城市，比参照系城市慢6.75个百分点。我们都认为撤县设区对这些市辖区的城镇人口集聚的影响并不显著。

表5-16　样本与参照系城市10年间城镇人口增长差距

样本与参照系城市的城镇人口10年增速差距		数量	市辖区名称
激励	大于100%	4	长安区、呼兰区、新都区、温江区
	50%～100%	2	长清区、丰南区
	20%～50%	3	宿豫区、淮阴区、楚州区

续表

样本与参照系城市的城镇人口10年增速差距		数量	市辖区名称
影响不显著	0%～20%	1	阿城区
	-20%～0%	1	夷陵区
抑制	小于～20%	4	黄陂区、邕宁区、惠阳区、陈仓区

总体而言，在地级市中心城区空间发展不受限的情况下，市辖区设立后，大多数市辖区的城镇人口增长较显著，但与参照系城市相比而言，三分之二的市辖区设立后的人口集聚速度显著快于参照城市，而约有三分之一的市辖区的人口集聚速度显著慢于参照城市或者与参照城市发展速度基本相当。

第六章

特大镇管理体制改革现状与分析

改革开放以来，东部沿海地区的一些小城镇发展迅速，在人口规模、经济实力、财政收入、基础设施等方面已经具备了城市的基本条件，但是在我国现行城市管理体制下，仍然以乡镇模式进行管理，这部分小城镇称之为特大镇。在经济发展方面，特大镇充满活力，但是在现行行政管理体制下，特大镇的发展受到了诸多限制。撤镇设市是解决特大镇发展中面临问题的根本之道。《国家新型城镇化规划》中把设市作为推进城镇化工作的一项重要措施，长期冻结的设市问题进入政策层面，但设市后又极可能带来机构增多和人员膨胀等问题，曾经“小政府，大社会”改革最终体制复归的教训也是深刻的，这也是当前重新启动设市工作必须要面对的一道坎。

特大镇区划改革一直没有实施，然而多年来一直对特大镇进行“放权让利”的行政管理体制改革，这项改革虽然不是行政区划改革，但是对于未来行政区划改革具有重要的借鉴意义。以下在调研的基础上，我们对特大镇行政管理体制改革进行评价。

一、特大镇的发展现状

我们把在经济规模、财政收入、吸纳人口等方面能力较强，达到甚至超过一些城市的水平，但仍然实行镇级管理体制的建制镇，称之为特大镇。特大镇主要不是靠政府规划和行政力量打造出来的，而是在激烈的市场竞争中脱颖而出的。相比于一般城市和建制镇，特大镇发展更具竞争力，是改革开放以来我国农村工业化、城镇化发展的重要成果。

（一）特大镇建成区人口已达城市规模

据国家统计局统计数据，2013年按照建成区人口排序千强镇的建成区总人口达8630.5万人，平均每个镇建成区人口8.6万人，全国建成区人口规模超过20万人的镇共有37个，10万～20万人的共有200个，其中建成区人口最多的镇为东莞市长安镇和东莞市虎门镇，建成区人口均超过60万。特大镇具有较强的人口集聚能力，已经基本具备一个城市所应有的人口规模水平。

（二）特大镇成为吸纳农民非农就业的重要渠道

2013年我国在乡镇就业农民工总量为16205万人，其中财政收入千强镇只占全国小城镇总量的5.03%，吸纳的非农就业总量却达到4970万人，约占全国在乡镇就业农民工总量的30.7%。在吸纳外来人口方面，财政收入千强镇共吸纳外来人口2959万人，占全国小城镇吸纳外来人口总量的60%。经济集聚和人口吸纳能力强的特大镇是吸纳外出农民工的重要渠道，全国共有240个镇已经出现了外来人口超过本地户籍人口，外来人口占本地户籍人口比重超过50%的镇共有503个。

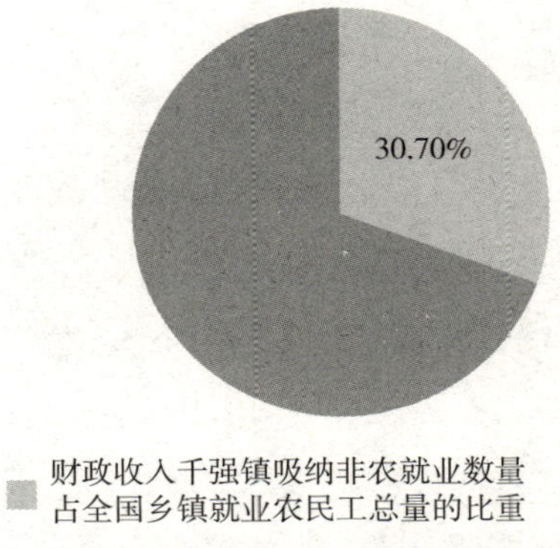

图6-1　2013年财政收入千强镇吸纳非农就业数占全国乡镇就业农民工总量的比重

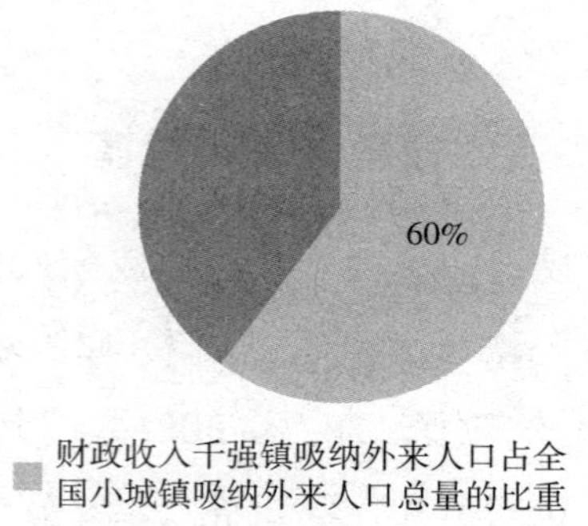

图6-2　2013年财政收入千强镇吸纳外来人口数占全国小城镇吸纳外来人口总量的比重

（三）特大镇的经济集聚能力强

从就业来看，2013年我国财政收入千强镇平均吸纳4.97万非农产业就业人员，非农就业占全部就业人员的比重达85.3%，而县级市非农就业比重为63.7%。就业集聚主要得益于特大镇经济发展，发达的产业使得特大镇具有强大的财政收入能力。2013年财政收入超过20亿元的镇有27个，超过10亿元的镇有115个。对财政收入千强镇来说，人口仅占全国小城镇总人口13%，却创造了全国小城镇总财政收入的54%。在人均财力方面，财政收入千强镇人均财政收入为5553元/人，而县级市仅为3318元/人，特大镇的人均财力要超过县级市的平均水平。

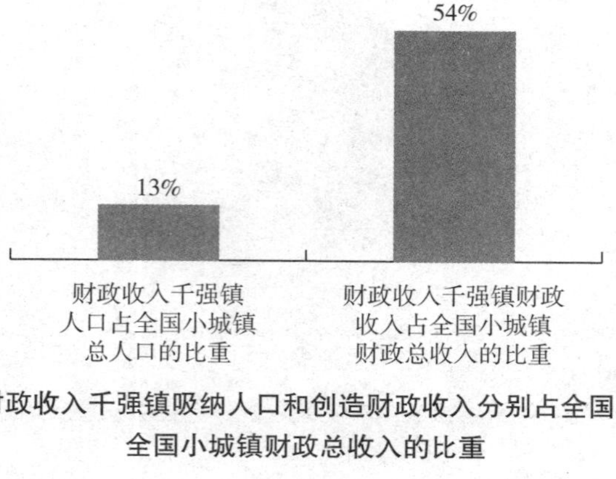

图6-3　2013年财政收入千强镇吸纳人口和创造财政收入分别占全国小城镇总人口和全国小城镇财政总收入的比重

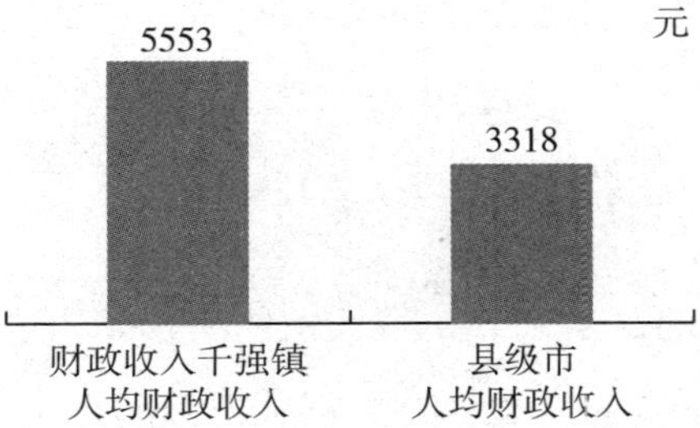

图6-4　2013年财政收入千强镇与县级市人均财政收入的比较

（四）特大镇已经具备城市基本框架和功能

2013年千强镇平均建成区面积已经达到14.3平方公里，建成区道路、集中供水、垃圾处理、污水处理等基础设施初具规模，商业、金融、学校、医院、文化等方面也具备了城市公共服务的基本功能。以浙江温州市龙港镇为例，龙港镇建成区污水集中处理率、垃圾集中无害化处理率分别为85%和100%，同时还有城市公交线路14条。城市社会事业发达，全镇共有中小学54所，各类医院5所，还建有广播电视台，自办节目日播出超过10小时。而浙江诸暨市店口镇建有镇级城市综合体，并有全省四星级农贸市场。

二、镇级管理体制束缚了特大镇活力的充分释放

特大镇虽然有了城市之实，却仍然以“镇级”管理体制的形式存在，始终无法获得城市之名。尽管一些地方也以“扩权强镇”等形式进行了探索，但并未转变“镇级”机构对特大镇发展的根本束缚，也未能实现特大镇发展质的飞跃。

（一）特大镇机构设置、权限难以适应城镇化发展基本需求

各地为了适应人口集聚和经济快速发展的实际需要，特大镇在机构设置和管理权限等方面也进行了一些探索，比如浙江、广东、安徽等省份推行了“强镇扩权”改革，在“强镇扩权”的基础上，温州市又推出了“镇级市”

改革等。这些改革探索是各地在推进城镇化进程中的有益探索，对全国也具有重要的借鉴意义。

1. 特大镇政府机构设置的基本情况

从各地机构改革的探索来看，特大镇的机构基本按照“精简”的原则进行设置，不同地区的机构设置也不尽相同，概括起来主要包括三个方面。

一是按照有关规定设置政府机构。主要将政府有关行政职能集中到几个综合性办公室，比如义乌市佛堂镇将镇机关原内设机构“六办四中心三所”整合为“七办两中心”（党政办、城建办、经济发展改革办、综合行政执法办、社会事业办、财政办、农业与新农村办、综治工作中心、365便民中心）；宁波市溪口镇设置了八个行政机构和四个事业单位。广东省有关文件规定特大镇综合性办事机构按8～12个进行设置。

二是增设内部机构。经济总量扩大和人口增长是特大镇管理中面临的最主要问题，特别是外来人口的增多增加了社会管理的难度，然而体制内政府机构设置一般是依据户籍人口进行设置，难以满足对外来人口管理和服务的需求。为了缓解外来人口增多带来的系列问题，许多特大镇专门设置有关机构加强对外来人口的管理。如佛山市南海区里水镇为加强治安管理，维护流动人口权益，专门成立了“综治信访维稳中心”。佛山市顺德区北滘镇内设机构达15个，其中涉及外来人口管理和服务的机构有流动人口和出租屋综合管理服务中心、劳动管理所、环卫队等。

三是设置协管机构。仅靠政府序列内的机构已经难以满足实际工作的需求，为方便工作的开展，一些特大镇又设置了协管机构。比如苏州市盛泽镇的经济发展办公室分化出了安全生产监督办公室、农村工作办公室，之后又演化出经济服务中心；随着企业的发展和经济服务范围的扩大，在这个经济服务中心之下，又演化出来招商中心、统计站和安全生产管理所三个机构。协管机构和内设机构的不同在于，协管机构一般是部门为了方便工作开展而设置，虽然有政府财政供养，但并不在政府正式行政事业单位序列中。

2. 权责不对等限制了特大镇对外来人口的公共服务能力

总体上来看，特大镇政府机构权限不能满足发展的基本需求，然而根据属地管理的原则，政府还要承担大量的责任。

一是权限不足。调研中了解到，对特大镇来说，当前机构设置中存在的最主要问题就是权限不足。比如随着人口的增多，食品药品安全管理已经成为政府的职责，但是由于缺乏执法权，在查处假冒伪劣商品时，镇级政府连没收凭证都无权开具，管理难度很大。由于执法权的不足，也经常会遇到一些障碍，调研中有同志把此类工作形象地比喻为“替天行道”。也有同志抱怨说，政府庞大的各类协管机构实际上只有信息采集登记这一项合法职能，如果遇到相对人不配合的情况也没有办法。由于镇一级政府缺乏相应执法权和审批权，一定程度上也影响了政府公共服务的供给。如北滘镇为了完成一个社区卫生服务站的审批，共花费2年零10个月，主要原因在于镇级机构没有相应的审批权。

二是责任太多。随着我国乡镇机构改革的深入，镇级政府的执法权逐渐被弱化，特别是近年来，垂直部门日益增多，进一步削弱了地方政府的权力。对特大镇政府来说，一部分部门是中央政府的垂直部门，另外还有一部分是县（市）政府为了加强对特大镇政府的控制而在特大镇设置的派出机构，比如说温州乐清市柳市镇现有上级部门派出的环保、安监等机构20多个，镇里对这些机构无权管理，但镇长是环保、安监等事故的第一责任人，导致“有责任的没法管，有权管的没责任”的现象。据对浙江省的调查，特大镇政府承担的各类问责多达30项。

（二）编制和人员：“体制内不足，体制外来补”

随着特大镇人口增长和经济总量的膨胀，普遍存在人手严重不足、工作量大幅增加的情况。在这种背景下，一方面按照体制要求严格控制了公务员数量；另一方面政府通过体制外政府雇员和协管员方式来缓解人口增加带来工作量增长的压力。

1. 特大镇编制已不能适应城镇发展实际需要

从政府行政事业单位人员编制设置来看，特大镇与一般乡镇区别不大。比如，按照有关规定，一般镇级行政编制不超过65人，义乌市佛堂镇仅有75名行政编制，江苏苏州市盛泽镇也仅有96人，而在2009年佛堂镇、盛泽镇人口分别达到21万和30万，财政收入分别达4.3亿和24.87亿。然而，即使将事业单位人员编制计算在内，佛堂镇和盛泽镇的政府机构人员编制也仅为143人和223人。广东省规定特大镇的行政编制在85～150人，最多也不能超过150人。

在政府人员中还要将一部分从事机关行政工作人员除外，真正从事一线执法和服务的人员就非常有限了，社会管理和服务力量严重不足。比如温州市柳市镇交警中队共有正式交警19人，具体要管辖周边5个乡镇，共计50万人口的交通问题，基本上是人均要负责超过2.5万人的交通问题；除掉后勤人员和在其他乡镇的交警，在柳市镇实际路面管理的交警只有5名，所要管理的人口是28万人；义乌市佛堂镇仅有5名交警，还要管理临近乡镇共计178平方公里的区域。再比如苏州市盛泽镇工商分局，作为吴江市财政局的派出机构，人员仅20多人，全镇目前共有各类企业2300多家，人均要负责100家企业的工商登记、变更等具体事宜。

从人口公共服务需求来看，特大镇编制数是远远不够的。以社会治安为例，发达国家警民比平均为万分之三十，我国警民配置的标准是每500人配备1名民警，特大镇的警民比例不但远远低于发达国家的警民比，也达不到我国警察配置标准的要求，比如上述盛泽镇警民比不足万分之七。从我们调研情况来看，广东、浙江等省份特大镇的警民比一般不超过万分之十。当前，编制内的政府公务人员已经很难适应迅速增长的人口总量对政府公共服务的基本需求。

2. 政府雇员和协管人员成为政府公务人员的有效补充

面对日益增加的工作量和固化的行政事业编制数量，特大镇政府主要是通过体制外的方式来缓解矛盾：一是聘用政府雇员，比如东莞市长安镇事业单位实有工作人员623人，而编制只有343名，有近300人的编外人员。二是设立各类协管队伍，比如治安协管、交通协管、劳动协管、出租屋管理人员等。苏州市盛泽镇仅公安协警就超过980名，东莞市长安镇政府财政共计供养各类协管约4000人。政府雇员和协管人员已经远远超过编制内公务人员数量。

政府雇员在职级晋升、工资待遇、社会保障等方面的制度建设趋于健全，形成“地方粮票”性质的政府公务人员队伍。但是由于这些人员执法权的缺失、职业未来的非稳定性以及同工不同酬等因素，政府雇员制度还有许多值得研究的问题。

3. 大量使用体制外人员参与管理带来的问题

选择体制外人员参与城镇管理本也是政府的无奈之举，这也带来一些问题，主要表现在以下两个方面。

一是体制外雇员的素质限制了执法水平的提高。显然，自聘的或临时聘用的人员执法，无论是素质、责任心、专业水平，还是自身的法律意识、执法观念都难以保证，致使城市管理与治安管理中执法能力不高、执法水平低。不仅削弱了镇政府维护城市秩序的能力，也是引发诸多社会矛盾的重要原因之一。保安、联防队员在执行公务中伤人事件也不鲜见，这些都与执法者素质低，政策解释能力差、疏于沟通、不懂说服和教育，简单执法、粗暴执法甚至野蛮执法不无关系。在法制教育日益普及、百姓法律观念不断增强、维权意识高涨的今天，如果没有执法权的机构人员参与执法的现象继续下去，可能会造成行政复议、行政诉讼案件的增多。

二是执法效率不高。社会事务也存在缺乏相应执法权的问题，效果相对要差一些，效率不高，这也是社会治安等公共服务水平不高的重要原因。事实上，相应协管人员的配置比例并不低。比如，佛山市里水镇治安人员的配备比例是1：200，而东莞市长安镇乌沙社区的治安人员配备比例高达1：140，这个比例要超过了我国警民配置标准，也超过了发达国家的平均水平。但社会治安方面仍然存在较多问题，比如里水镇1～4月份治安报警数仍达1805宗，一些特大镇公安机构处理的案件数量要超过一般地区县城公安局处理的数量。对外来人口来说，社会治安状况要更为严重。长安镇乌沙社区

2008年共发生3起凶杀案，所涉及8人全部为外来人口。

另外，由于体制外雇员的整体收入水平不高，造成了队伍的不稳定，阻碍了执法水平的提高，降低了执法效率，使得特大镇整体管理比较混乱，降低了城镇产业升级的能力，特大镇的产业也只能维持在一个较低的发展水平之上，降低了城镇发展的活力，阻碍了特大镇的发展。

（三）经费来源："基层埋单"

体制内公务员的经费上级政府会有拨款，但体制外的大量政府雇员和协管人员则需要基层政府来解决。比如：里水镇治安人员各项费用合计要2.5万/人·年，镇政府要负担各类协管人员的全部社会保障开支，以及人员工资的一半，政府在协管人员经费方面每年支出超过2000万元。顺德区协管人员经费由区和镇财政各负担40%，北滘镇2008年仅治安联防大队经费支出达1591万元。长安镇政府雇用的各类协管人员的全部经费由镇财政来负担。

随着吸纳人口的增多，政府还要负担人口增多所带来的各类隐性支出，包括教育、卫生、环境保护等各方面。比如，长安镇每天仅各类生活垃圾达880吨，北滘镇2008年的环卫队经费达1279万元。另外在教育方面，外来人口子女义务教育也成为特大镇的责任。据里水镇政府测算，每个学位镇政府要投入2000多元，据此测算，每年政府为外来人口教育投入要达2000万元。

从政府人员和事业经费来源看，特大镇政府承担了公共服务的主要经费。特大镇政府财政收入能力是非常强的，但是留存本级的财政比例太低。2013年财政收入千强镇财政支出占其财政总收入的比重为65.2%，与特大镇本级财政支出低于财政收入相反的是，在地级城市市辖区的财政支出要远超过财政收入的总额。2013年我国地级市市辖区财政支出是其收入的1.25倍。财政留成比例低，使得特大镇政府的财政呈现出典型"吃饭财政"的特征，能够用于城市建设发展的财政资金非常有限，用于公共服务方面的投入也严重不足，制约了特大镇的发展。预算内收入已经不能够满足特大镇政府各项支出需求，不得不依靠预算外收入，如土地出让收入、镇级集体资产收益等。总体上来说，特大镇人口增多所带来的各项支出主要在镇以下消化掉。

三、放权让利式改革：反复与倒退

随着特大镇的发展，传统的乡镇管理体制已远远不能适应经济社会发展的需要，中央有关部门也着力对特大镇进行改革，比如1995年开始由国家体改委牵头11部委共同实施了小城镇综合配套改革试点；进入到新世纪以来，国家发改委、中编办等部门分别牵头了发展改革试点、经济发达镇扩权试点等改革探索。以往的改革试点主要集中在对特大镇进行扩权让利，希望能够在不突破小城镇行政等级的前提下，赋予特大镇相应经济社会管理权限，以解决发展权力不足等问题。2014年颁布的《国家新型城镇化发展规划》延续了这种思路，提出“对吸纳人口多、经济实力强的镇，可赋予同人口和经济规模相适应的管理权”。

客观来讲，放权让利的改革对特大镇发展有一定的推动作用，但是下一步改革的难度越来越大。在改革难度加大的背景下，一些地方也进行了一些积极探索，比如浙江省提出了小城市培育试点，明确提出了特大镇发展向城市的转化，通过小城市培育，理顺上下级关系，探索低成本推进中小城市发展的新路。龙港镇是特大镇放权改革的一个标本，既经历了中央部委的改革，也有浙江省各级政府推动的改革探索实验，龙港的经验对全国具有一定借鉴意义。自1984年建镇以来，龙港前后共经历了5次大的改革，分别是：1984年农民自费造城的改革探索、1992年温州城乡一体化试验、1995年全国小城镇综合改革试点、2009年温州市“强镇扩权”改革试点和2011年浙江省“小城市培育”试点，“强镇扩权”和“小城市培育”时间相隔较近，内容也基本相似。看上去，龙港的改革一直在持续，但每一轮改革都是原来下放权限回收以后，通过新一轮谈判和博弈对原有权限的重新争取，结果是改革在反复中不断倒退。检索5次放权改革，主要有以下几个特点。

（一）从全面放权到部分放权，放权力度逐渐减弱

建镇之初，龙港镇向县政府提出的条件是获得与县里同等的审批权限。最终企业局、工商局、公安局、计经委等八个部门的章归并为县计经委的一

个章，也就是所谓的“八颗大印”捆在一起盖章，龙港也获得了极大的发展自主权，但是到1990年前后，这些权力基本被收回。这次放权改革的效果还是显著的，龙港工业产值占全县的比重从1984年的1.4%到1990年已经提高到28%，通过改革推动了龙港的快速发展。到1992年第二次改革时，龙港所享受的县级政府管理权限已减少到县计委、经委和土地规划局等三个部门。

1995年的小城镇综合改革，龙港镇在财政、户籍管理等七个方面获得了部分县级管理权限。放权部门在增多，但已不再是全面放权，仅获得部分县级管理权限。而且随着试点到期，2000年前后大多权力被收回。2009年进行“强镇扩权”改革时，是按照权力分项申请下放，镇政府原本申请了88项权力，但最终仅下放49项。对比镇政府申请权力和实际下放权力清单，可以发现一些关系收益、关系自主发展的权力下放较少，比如镇政府向财政、住建、交通等三个部门申请下放的权力有20项，但仅下放2项。

放权的反复对龙港发展的影响也是显著的，1995年，龙港人口占全县人口的12%，但是工业总产值占比已达34.1%，经过一轮小城镇综合配套改革，到2000年龙港工业产值占全县比重已提高到47.76%，提高了接近14个百分点。但是2000年权力被县里部门重新收回以后，龙港发展速度明显下降，在全县中的比重也有所下降，2003年龙港工业产值占苍南县的比重已降到44.24%，下降了3个多百分点。

（二）从直接放权到间接放权，条块间协调难度依旧

建镇之初，苍南县将县级管理权限直接下放给镇政府，县里只需备案。1992年权力下放出现了新的形式，县计委和经委的审批权交由镇政府行使，而土地规划部门则在龙港建立了分局，由分局行使县局权力，县政府和县职能部门“见章盖章”，不再重复审核。权力下放给分局的方式确实是一个创新，但是分局的人事权不在镇政府，镇政府和分局是兄弟关系，不是上下级关系，也存在着协调问题。事实上把权力下放给部门，只不过是县级部门在龙港镇的延伸而已，难以从根本上理顺条块关系。然而目前的权力下放的趋势，是将权力放给分局，而不是下放给镇政府，这也导致县级部门在龙港设

分局数量不断增多。2009年扩权改革时，县部门在龙港设立分局总量已达12个，在下放的49项权力中，下放给镇政府的仅7项。

分局设立之初，给予龙港镇政府更大的发展自主权，是为了让龙港镇居民办事更方便。在分局放权充分时，确实能够达到这个效果。但是当管理权限上收以后，分局就成了办事的一道新关卡，各种事必须先到分局审核一道，然后再跑到县去办理，而以前直接到县里办理即可。曙光印业董事长朱诗力抱怨说，之前跑一趟县里可以直接办理的事情，现在先要在镇里跑一趟，还要再去县里跑一趟，没有一天时间基本办不了一件事。

（三）利益关系趋于固化，放权难度逐步增大

权力下放在反复，权力运行障碍在增多，也说明权力下放难度增大。

一是县镇间利益关系固化，调整难度加大。以土地出让收入为例，最初龙港的所有土地收入都归镇里所有。在1996年时，扣除上缴有关税费后的土地出让金，镇财政留93%，1996年土地出让收入不过38万元。到2000年，土地出让收入突破1亿元，镇财政留成比例也压缩到70.2%。经过两轮改革后的2013年，龙港镇的土地出让留成比例降为69%，但是留成镇级的土地出让收入高达8.75亿元。在税收分成方面，1996年城市维护税（超1993年基数部分扣除省财政20%的部分后）、教育附加费除上缴省市外，均全部留成镇财政；但2008年后，镇只能按当年实际收入的65%和10%进行分成，其余部分要上缴县政府，由县政府统筹使用。

二是部门法规成为放权的制度障碍。90年代后期以来，随着我国法律制度的不断健全，根据法律法规规定，乡镇一级的分局不具备行政执法的主体资格，一旦出现行政诉讼，镇级分局连应诉资格都没有。据龙港住建分局局长介绍，现在仅涉及住建部门的法律就有4部，还有20部法规和几十个部门规章。从部门利益角度出发，为了维持权力在运行过程中不出问题，也是客观合理的，这也是权力屡屡被收回的理由。

几轮扩权改革反复的原因是综合性的，其中牵涉县镇之间利益分配、公平与效率的轻重权衡、区域平衡与个体发展的内在博弈等多方面问题，在这

个过程中，没有对错，只有立场与角度的不同。但是放权确实增加了发展的自主权，对发展起到一定推动作用。几轮放权改革也可以看出，简单的放权难以通过制度稳固下来，是一种不稳定体制，是不完全的改革，亟待进一步深化。随着法律和部门法规的完善，放权遇到的制度障碍在增多，县镇之间利益关系固化加深，放权难度增大，放权也在不断反复中出现倒退。龙港的经验表明，通过放权难以从根本上解决特大镇发展自主权不足的问题，亟须通过制度将放权固化下来。

四、推进特大镇区划改革的难点分析

特大镇改革不是放权改革那么简单，即使是区划改革，也面临着一些现实困难，这些问题的解决需要中央省市县各级政府通力协作，统筹解决。

1997年中共中央、国务院发布《关于进一步加强土地管理切实保护耕地的通知》要求冻结县改市审批，到目前为止，中国县级市的总量保持了稳定，停止县改市审批的主要出发点是保护耕地。客观上来讲，自1983年实施整县设市以来，我国城市的数量增长速度确实很快，从1983年到1996年城市数量增长436个，占同期我国城市总量的65.5%。这一时期，我国耕地减少速度也是惊人的，仅1992～1994年3年间耕地就净减少了1.1亿亩。实事求是地来讲，耕地减少也与土地管理制度不完善有关，1998年土地管理法进行了修订，修订以后调整了地方政府利用土地的权限，地方政府利用土地的权限变小，十多年的实践已经说明城市设置与耕地占用问题关系不大。

目前一批具有城市经济实力和人口规模的特大镇应当如何去面对，既然我国城镇化的发展要求大量小城镇的存在，当现有体制已经不适应这些特大镇发展需要的时候，应该如何去突破现有体制呢？设市是突破现有体制的一个重要方面，有两种设市方式可以选择：一是切块设市，二是县辖市模式。设市需要面对以下两个问题。

一是如果采取切块设市模式，首先要面对如何处理县镇关系的问题。大多特大镇都是县城的经济支柱，如果将这些特大镇分割出去，那么对所属县的经济和社会影响将是非常大。在固化的利益结构条件下，基层县市政府并没有积极性来推动这项改革，容易出现“两头（省镇）热，中间（市县）冷”的现象，使得改革缺乏动力。浙江省最近推动中心镇发展的文件中，也刻意回避了区划改革的问题。

二是如果采取县辖市模式，需要面对如何突破现行法律约束的问题。我国宪法规定县分为乡、自治乡和镇，并没有规定县辖市的问题。当然我国法律同样没有规定市辖市，但是地级市辖县级市的现象却是普遍存在的。因此，当前推行县辖市的改革冲击着当前的法律体系，关键在于能不能进行制度创新，如果处置得当将会推动特大镇的发展。当然这种模式同样面临着如何处理镇县关系的问题，还要充分考虑辖区变更可能带来的影响。

五、政策建议

20世纪90年代以来，长三角、珠三角地区为解决特大镇的管理体制问题进行了诸多有益的探索，但是由于涉及县镇间的权力再分配，阻力很大，最终总是放了收、收了放，结果是反反复复，难以持续。实践经验充分表明，对特大镇进行简单的放权是不能从根本上解决制约其发展的问题，推动特大镇设市才是解决问题的根本之道。特大镇设市改革的推进，既可以拉动投资和消费，保障经济稳定增长，也可以充分释放改革红利，成为新型城镇化的突破口。

（一）开展特大镇设市工作，可以拉动投资

受镇级管理体制的限制，与城市相比，特大镇的基础设施和公共服务设施标准偏低，相关设施水平也偏低。比如说，小城镇医院标准基本是二级以下，相关方面也按低标准进行投入。设市后必然会带来一系列投资需求的增加。我们与苏州盛泽镇、诸暨店口镇、广州大岗镇等特大镇的相关人员测算，只要理顺了管理体制，预计特大镇每年固定资产投资可在现有基础上多增长25%～30%。如果能够推动300～500个特大镇设市，预计在投资方面每年

可增加3000亿～5000亿元。特大镇经济基础条件较好，企业资本相对充裕，设市后随着资源要素条件的改善，也会增加企业的投资。

（二）开展特大镇设市工作，可以刺激消费

特大镇居民收入水平较高，而且又有人口集聚的条件，具有较好的消费基础，但是以农村管理服务为主体的发展模式，限制了特大镇居民消费需求的释放。特大镇设市可以刺激消费需求的释放，据浙江省瑞安市塘下镇测算，实施小城市培育试点两年来，人均消费支出增长了126.5%，极大地拉动了住房、家用电器、文化娱乐等消费支出的增长。

（三）开展特大镇设市工作，作为新型城镇化发展的突破口

中央已经明确把加快发展中小城市和小城镇作为优化城镇规模结构的主攻方向，但是对于如何推动中小城市和小城镇发展的实质性政策并不多。推进特大镇设市改革，可以极大地增强地方政府发展自主权，推动城镇间更加平等的竞争，更加充分地发挥市场配置资源的决定性作用，真正推动中小城市加快发展。

（四）开展特大镇设市工作，为城镇行政管理体制改革探索出路

对于特大镇设市一直存在一个担忧，就是人员和机构的膨胀，这也是过去我国“小政府，大社会”行政管理体制改革成效并不显著的原因。然而当前一些特大镇的发展经验已经表明，在保持机构和人员编制基本不变的情况下，小马同样可以拉起大车，因此机构设置和人员编制并不是设市的主要障碍，当前真正的障碍在于管理权限和发展自主权的不足。因此在特大镇设市改革中，避开“上下对口”的老思路，设市改革的成本是可以控制的，并可为“小政府，大社会”城镇行政管理体制改革探索出路。

总体上看，推进特大镇设市改革是一件划得来、值得做的大事，当前推进特大镇设市时机已成熟。具体建议如下。

第一，及早开展“撤镇设市”工作。对镇区常住人口达到10万的特大镇可设县级市，达到5万的镇探索在县下设市的模式。中央政府对设市进行宏观管理与指导，因地制宜制定设市标准和程序。对县下设市的审批权可下放给省级人民政府，相关指标实行计划单列管理，直接“带帽”下达。

第二，科学设置新设市的管理机构。撤镇设市后，政府可参照原镇级政府管理模式，打破“上下对口”格局，继续实施综合管理模式。县辖市可以不设“四套班子”。根据常住人口规模和经济社会发展需要，新设市可以自行调整机构设置和人员配置。

第三，控制新设市人员编制。新设市所在行政区域内原则上不增加公务员和事业单位人员编制，新设市增加人员编制可在原县域内进行调剂。在完善功能确保公共服务的基础上，按精简高效的原则，继续发挥自聘、协管人员在城市管理和服务中的作用。

第四，合理划分各级城镇事权。对于县下设市模式，要在经济社会管理方面赋予新设市县级管理权限，使其经济社会管理权限与常住人口规模和经济总量相适应。在人事管理、行政隶属关系等方面，可以仍然归县政府管理。

第五，加强研究，开展试点探索。可允许地方在设市方面进行试点探索，研究设市中其他相关问题，特别是对县下设市的模式研究和试点还要进一步深入，毕竟以往在县下设市方面的政策储备很少。有关部门应积极配合，制定出综合配套的解决方案。有些涉及现行法律和法规的调整，应稳步探索和推进。

第七章

主要结论和政策建议

区划问题关系到国家的稳定和发展。我国区划的经济功能突出，与地区经济发展密切相关，行政区划调整不但可以影响到城市经济发展，更是直接关系到城市的布局，成为影响城镇化发展的重要因素。我国的行政区划调整政策是调控城镇化发展的重要措施，既可以成为城镇化发展的“助推器”，也可以成为过热发展的“刹车片”。特别是改革开放以来，中心城市借助于行政区划调整的制度红利，获得了率先发展的机会，但是随着时间的推移，累积利益矛盾日趋固化，负面效应逐渐显现。在经济新常态背景下，社会各方对行政区划改革的认识并不一致，当前有必要进一步梳理行政区划调整政策脉络，充分利用区划调整手段，推动城市供给侧结构改革，激发中小城市发展活力。

一、行政区划调整政策变迁与城镇化发展历程

我国行政区划调整是适应国家经济社会发展潮流而不断演化，在不同的时代背景下，服务于不同的发展需求，行政区划调整政策也有着不同的重点内容和政策目的，各个阶段的城镇化发展特征也不尽相同。

第一阶段（1949～1978年）

新中国成立以后，市镇是地方行政区划的基本建制。按行政隶属关系，城市分为三种类型：中央直辖市、大行政区辖市和省辖市。在这一时期，市镇还是城区型政区，只管理着市镇自身，区域管理则分为省、县和乡三个层次，并通过地区行署、区公所等派出机构实现对区域的管理。

新中国成立初期，城市设置标准并未有严格的限定，只原则性规定“人

口在5万以上的城镇准予设市”，1951年提高到“凡人口在9万人以下，一般不设市”。到1955年，国务院发布了第一个城市标准，把设市人口规模标准限定在10万人。除对设市人口规模标准进行规定以外，还对“市领导县”体制推广进行探索。1958年为发挥中心城市在经济建设中的聚集效应和辐射作用，国务院先后批准北京、天津、上海三市和辽宁省全部实行市领导县体制，并逐步在一些经济较发达地区试点并推广，到1960年全国有48个市领导234个县。受三年自然灾害影响，“市领导县”政策开始收紧，并重新回归到市县分治的体制，到1965年只有24个市领导78个县。

新中国成立后，随着工商业生产恢复和工业化建设的大规模投资，设市数量和城镇人口都有了大幅度增加，设市城市数量到1957年增加至176个，比新中国成立前的1948年增加了118个，城镇人口年均增长7%。在“大跃进”和“三年自然灾害”期间，设市经历了从扩张到收缩的转变，城镇人口也出现了较大的波动。在1958～1960年，新设市44个，城市人口净增31.4%。从1961年开始连续五年压缩市镇建制，设市城市由1961年的208个减少到1965年的168个，减少40个，1963年城镇人口数量比1960年减少了1427万。此后，设市收缩政策一直延续到1978年，市镇设置一直徘徊不前。这一期间，我国城镇人口总量虽然增长较快，但城镇人口比重变动不大。

第二阶段（1978～1996年）

改革开放以后，市镇设置由严格控制转向积极推动，城镇数量快速增加。我国城市管理体制也发生了重大转变，城区型行政建制逐渐替代了区域型行政建制。

随着中央政府重视城市在经济发展中的地位和作用，1982年中发51号文重新提出市管县的问题，1983年中央又要求“积极试行地、市合并”“积极稳妥地实行市领导县体制”，加快了地级市的设立速度。在20世纪80年代早期，地级市的设立一度成为我国城市设立的主要方式，1980～1985年我国新设地级市55个，占同期我国新设城市数量的54.5%，地级市逐步做实，成为我国一级地方政府。

“整县设市”可以设为地级市，也可设为县级市，深圳、东莞等是直接由县设为地级市。如果要设县级市在《宪法》中还有障碍，因为《宪法》规定一般市不辖区和乡镇。为了破解这个问题，1981年国务院批准了浙江省提出市县合一的请求，解决了县级市辖乡镇的问题。1983年国务院又肯定了撤县设市模式，并提出了县改市的具体标准，我国设市主要模式也从“切块设市”转变为“撤县改市”。此后，我国县级市设立进入快速通道，到1996年我国县级市总数达445个，比1983年增加了304个。1993年国务院颁布了新的设市标准，对撤县设市和撤地设市制定了明确标准，并抬高了撤镇设市标准，实现了从城区型政区向区域型政区的彻底转变。

在经济快速发展推动下，伴随着设市数量的增长，城镇化发展也在加速，1996年我国城镇化达到30.5%，比1978年提高了12.6个百分点，年均增长0.7个百分点。放权让利改革增加了基层城镇发展自主权，让一些小城镇成为了发展主体，从1978年到1985年，我国市镇人口总增长量为2亿，其中小城镇人口增长量占62.4%。在这一时期，城市还受户籍制度、就业制度等体制约束，集聚人口效果还未充分发挥。

第三阶段（1997年至今）

城市数量的过快增长带来了一些问题，1997年国务院发文叫停了撤县设市。但是“地市合并”“撤地设市”政策并未禁止，地级市设立得以持续。1997年我国地级市数量为222个，到2015年已增加到291个。分税制政策实施以后，土地出让收入成为地方政府财政收入的重要来源，一些地级市为了增加本级政府可支配资源，纷纷以中心城市空间不足为由扩大市辖区范围，撤县（市）设区工作逐渐流行，成为当前我国行政区划调整的主要形式。由此带来县（市）数量的减少，我国县级市从442个减少到361个，县从1693个减少到1397个，而市辖区从727个增加到921个。一些经济强县（市）纷纷改成了上级城市的区，比如顺德、南海、武进等。

受益于我国城市行政区划调整和管理体制改革的制度红利，以地级市为代表的大中城市获得了优先发展机会。从2000年到2014年，地级市市辖区实际利用外资总额增长了5.33倍，远高于同期全国1.94倍的增长速度。在固定资产投资方面，全国地级以上城市市辖区固定资产投资占全国固定资产投资的比重从43.1%提高到48.9%。各级城市对农民进城的限制也在减少，在经济高增长的推动下，我国城镇化进入了飞速发展阶段，从1997年到2015年，我国城镇化提高了25.6个百分点，年均增长1.35个百分点。从外出农民工的流向来看，1997～2015年我国地级以上城市吸纳外出农民工比重从46.3%增长到66.3%，提高了20个百分点。

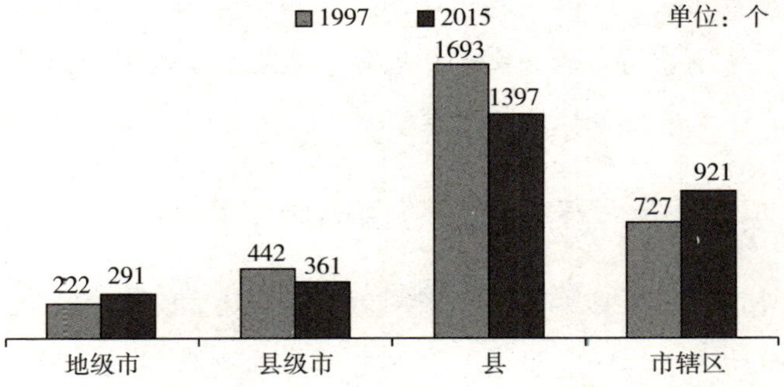

图7-1　1997年和2015年地级市和县级行政区划的数量

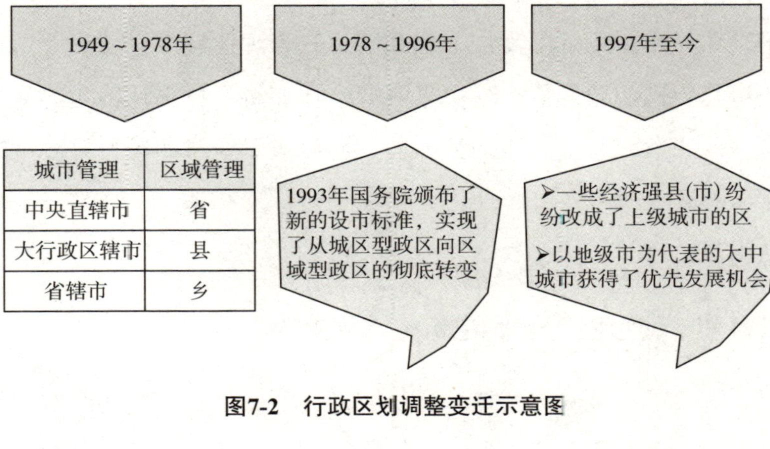

图7-2　行政区划调整变迁示意图

二、行政区划调整对城镇化发展的影响机制

在计划经济时期，城镇人口的增多意味着政府负担的增大，通过控制

城镇政区的设置，可以降低国家工业化发展成本，也抑制了城镇化发展。改革开放以后，始于农村的改革推动了农村工业化进程，一批小城镇脱颖而出，撤县设市工作快速推进，县（市）和小城镇成为改革开放初期城镇化的主体。随着改革从农村向城市的转移，我国城镇行政区划设置发生了根本变化，“地市合并”“市管县”等政策的推行将地区行署从派出机构做实为一级政府，县以上又增加了地级市这一层级。随着行政区划调整政策的实施，城市逐步从城区型政区转变为区域型政区。在等级化城市管理体制下，高等级城市可以利用行政手段调动和集聚更多的资源，对高等级城市发展起到积极推动作用，增强了高等级城市的辐射带动能力，并通过先发带动后发，进而带动我国城市发展，推动城镇化进程。

（一）城乡合治，便于城乡资源要素流通

过去我国的地区、县等区域型政府的主要任务和职能是领导农村，而城市建设与发展是城市政府的事情，两者之间没有直接关系，城乡之间资源要素交流并不通畅。特别是在改革初期，我国经济还带有显著的行政区特征，扩大城市的行政辖区相当于扩大了城市经济区，便于在行政区内实现经济一体化，推动了城市工商业的发展。在我国行政管理体制下，城乡合治意味着城市能够依靠行政手段获取乡村要素资源，比如将农村土地转化为工业和城市建设用地，由此带来的“土地剪刀差”已经成了新时期农村对城市的最大支援。据测算，仅1979～2000年间，国家通过征地在地价上从农民那里就拿走了不低于2万亿元。

（二）扩权赋能，增大城市发展自主权

地区毕竟不是一级政权实体，行政职能并不完善，而且还经常存在行署与驻地县（市）事权不分等问题。“撤地设市”“地市合并”以后，地级市的行政管理职能更全面，有了更大的自主权，有力地推动了经济社会发展和城市建设。随着经济管理方面权限的扩大，有助于充分发挥本地优势，开展更加广泛的地区分工和横向经济合作，有利于城市的招商引资。而在城市建

设和规划方面，地级市的规划标准和水平要高于县和县级市，更有利于城市规划、管理和建设。按照编制部门的要求，地级市的编制也要高于地区，能够更大力度地吸引人才参与城市发展。对于县改市来讲，改市后也会相应地增加部分权力。

（三）强化等级，推动行政配置资源在高等级城市集聚

回顾改革开放以来的行政区划改革，增加了行政层级，强化了等级化管理体制。在等级化管理体制下，行政级别越高，资源获取能力越强。比如财政收入的分配，高等级城市可以利用行政手段获取下级城镇的财政收入。徐勤贤（2011）对广东顺德北滘镇的调研显示，北滘镇创造的税收在市区镇三级的分成比例是21.6%：68.4%：10%。2015年我国地级市市辖区公共财政预算支出占全国比重为38%，而公共财政预算收入仅32.6%。在土地方面，用地指标是从上往下分配，上级政府相对下级政府要掌握更多的土地利用计划指标。据调查，一些省会城市可以获得接近一半的全省用地指标，地级市每年用地指标一般以万亩计量，而县大多仅在几百亩而已。

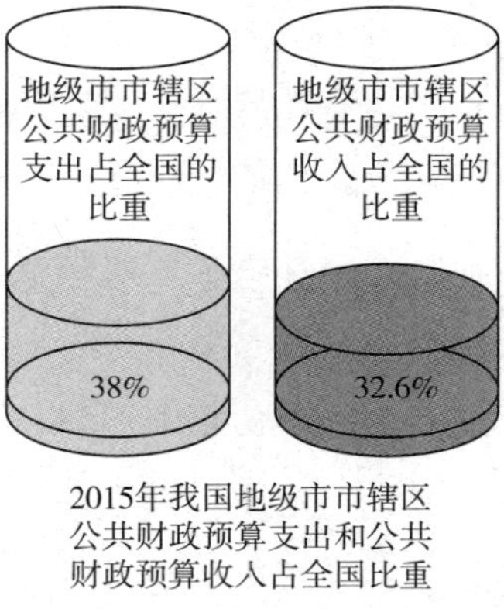

图7-3　地级市市辖区公共财政预算收支占全国的比重

改革开放以来，我国行政区划调整的制度红利得到了充分释放，行政资源的集中带动了市场要素的跟进，城乡合治推动了城市空间的低成本扩张，为高等级城市发展奠定了良好的外部条件，当今我国以地级市为主的大中城

市建设水平与世界发达国家的差距在不断缩小。在城市硬件建设方面，2016年全球十大新建摩天大楼，有6座在我国，一批世界级建筑设计师作品在我国各大城市落地。在经济发展方面，按照世界银行收入划分标准，我国77个地级市市辖区已达到高收入国家标准。

三、行政区划调整的实证效果分析

基于对行政区划调整及其对经济社会发展影响的统计分析。在分析过程中，我们对行政区划调整效果主要分为两个方面进行分析：一方面是对经济发展的影响，另一方面是对人口集聚的影响。而为了更加清晰地反映在一个长时期对经济增长的影响，我们将行政区划调整后5年内（中短期）和5年以后（长期）的情况分别与参照系进行对比分析，从而反映行政区划调整政策的长期效果。我们分析的主要结论如下。

（一）对经济增长情况的影响

1. 设立地级市的实证效果评估

地级市设立以后，其影响主要体现在中心区增长加速，因此我们也主要是研究地级市设立对中心城区（我们使用市辖区代替）发展的影响。研究表明，总体来看，地级市设立后，市辖区在经济增长和财政收入方面的正向激励作用是显著的，从而大约六成的样本城市市辖区经济占全地区的经济比重提高，七成的样本城市财政收入占全地区的比重提高。

而从中短期和长期效果来看，地级市设立的中短期效果相对长期效果更为显著，随着中心区经济总量的增长，中心区的发展速度将会放缓，相应对周边县市的带动作用将会显现。

2. 设立县级市的实证效果评估

数据显示，无论是短期还是长期，撤县设市并未带来显著的效果，特别是与参照系的经济发展速度的对比来看，参照系与新设市之间速度表现为较大的随机性。而且从长期来看，县级市经济发展速度慢于参照系的状况相对更多一些，且整体表现也要更弱。因此从这个角度来看，设立县级市的长期效果并不明显，当然要得出这一结论还需要进一步更加严谨的论证，对于存在这一现象的原因也有待于进一步研究。

3. 撤县（市）设区的实证效果评估

在除地级市设立之外设立的市辖区外，我们根据设立市辖区的城市中心城区发展是否到发展空间的限制，分为发展空间受限和发展空间不受限两类。

对于发展空间受限的市辖区，在市辖区设立的中短期内，对新设市辖区经济发展具有显著的正向激励作用。然而随着时间的推移，正向激励作用逐步弱化，最终不能体现出显著影响。

对于发展空间不受限的市辖区，在市辖区设立的中短期内，与参照城市相比，显著加快和显著减慢的市辖区基本相当，并未体现出显著的影响效果。然而随着时间的推移，新设市辖区与参照城市相比，效果也不显著。

（二）对城镇人口集聚的影响

利用“五普”和“六普”数据，我们对行政区划调整对城镇人口集聚的影响进行了分析，主要结论如下。

1. 设立地级市的实证效果评估

与参照系相比，超过七成的地级市中心区（样本）在吸纳城镇人口增长方面要显著慢于参照城市。我们在选择参照系时考虑选择行政区划调整之前的经济增长速度相当，且地级市设立对中心区具有显著正向激励。与参照城市相比，地级市中心区的经济增长吸纳城镇人口的效果要弱于县城（县级市）。造成这个现象的原因是地级市采取高标准的城市建设抬高了农民进城成本，城市建设带来了经济增长和财政收入的提高，但是人口吸纳不够，从而也出现了土地城镇化快于人口城镇化的现象。

2. 设立县级市的实证效果评估

从县级市和对比县城镇人口增长的对比来看，仅有20%多一点的县级市（样本）的城镇人口增长超过对比县。接近八成的县级市（样本）的城镇人口增长慢于参照县。显然，这个现象的存在是不利于城镇化健康发展的，县级市的进城门槛要高于县。如何降低进城门槛是未来在行政区划调整过程中所必须要考虑的现实问题，也是亟待解决的突出问题。

3. 设立市辖区的实证效果评估

对于发展空间受限和不受限两类市辖区分析来看，两类市辖区吸纳的城镇人口增长速度显著快于参照系的所占比重更高，也就是区划调整对吸纳人口的正向激励作用是显著的。两类之间的比较来看，发展空间受限出现明显正向激励的比重略低于另一类。究其原因，设区以后就成为地级城市中心区的组成部分，由于地级城市相对公共服务水平更高，对人口的吸引力更大，然而在房价等方面，新设区相对原有市辖区价格更低，因此对人口的吸引力相对更大。

（三）总结

行政区划调整带来了一些效果，突出表现在两类：一是当经济社会管理权限扩大以后，对经济增长的推动作用效果显著，比如地级市设立以后，地级市的中心城区的增长明显加快；二是当中心城区发展受到空间等因素限制后，扩大市辖区规模可以显著的推动经济增长，事实上也就是只有中心城区具备较强辐射带动能力以后，行政区划调整才更具效果。

四、行政区划对城镇化发展影响负面效果分析

行政区划调整是推动我国城市和城镇化发展的重要政策措施和保障条件，但是随着时间的推移和城市规模的扩大，这项措施的一些负面效果日益显现，与我国经济发展和城市建设的矛盾逐渐增多。

（一）城乡边界模糊加剧了土地城镇化快于人口城镇化问题

中央城镇化工作会议提出，要划定城市发展边界，希望以此来提高城镇化发展质量，控制城市空间的过快增长。然而在我国城乡合治的管理体制下，行政力量主导着城市的空间扩张，城市可以根据需要利用行政手段调整发展边界，且越高等级的城市越容易做出调整，也越容易获取用地指标支持，并转化为空间扩张行为。如表7–1所示，我们比较了近年来各等级城镇人口和空间增长的情况，相对于城市人口的增长，省会城市（含副省级城市）的空间扩张速度更快。省会城市每增加一个城镇人口所需要的土地是县的2倍多，而直辖市所需要的用地也远高于县。城乡合治的管理体制为城市获取周边农村的土地提供了便利条件，等级化城镇管理体制让等级高的城市更加容易地获取土地，助长了中心城市粗放式扩张。当土地成为融资工具以后，在利益驱动下，这种趋势变得更加难以扼制。

表7-1　　各等级城镇人口和用地增长情况

各等级城镇	城市建设用地（平方公里）		城镇人口（万人）		新增城镇人口人均建设用地（平方米）
	2003	2015	“五普”	“六普”	
县	10180	18718	10892.76	19315.31	101.37
地级及以上城市	23267	39960	25544.06	37488.43	139.76
省会城市	6715	12719	6883.05	9731.23	210.8
直辖市	3912	6898	42197.7	6298.75	143.63

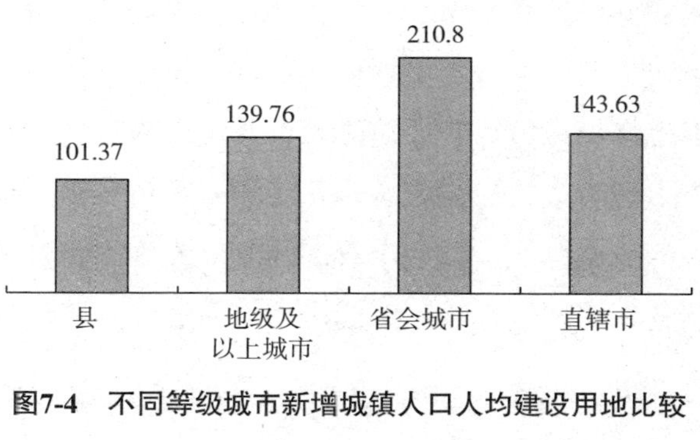

图7-4　不同等级城市新增城镇人口人均建设用地比较

（二）不恰当的撤县设区行为抬高了产业发展成本

市辖区是城市的重要组成部分，当城市中心区发展受限时，增设新区是必要的，但是我国一些城市为了便于在更大的范围内集中财力和资源，实现城市的快速扩张，不顾城市发展规律，将一些县（市）强行设区。比如，1984～2012年期间，我国县（市）改区共计206个[①]，其中距离中心城区50公里以上的有12个，30～50公里的18个，接近新设区的15%。市辖区的扩张增强了城市集聚资源能力，然而一些地方政府并非从城市长远发展角度出发，而是为了在短时间内改变城市面貌，大搞形象工程、景观工程，直接转嫁为居民的生活和产业发展成本，实际上不利于城市发展。以行政手段推动资源要素的集中，结果是要素价格的失真，最终可能带来产业发展成本上升。我们以1998～2009年期间所有的撤县（市）设区案例为样本，选取与其基本条件相似但未设区的县（市）作为参照系进行对比发现，如果现有城市中心区发展空间充足，新设区政策效果在短期内并不明显，但是在长期出现负面影响的情况增多。

（三）城市层级间流动性较弱抑制了中小城市发展活力

最初我国城市层级设计基本是与城市规模相关的，根据规模的大小赋予相应的经济社会管理权限。现实中城市发展是动态的，有些城镇发展相对较快，集聚经济和人口的规模不断增大，由于缺少城镇层级间流动的措施，经济社会管理权限难以根据规模变动同步调整，经常出现“身子大、衣服小”的现象，限制了中小城市发展活力释放。特别是设市工作暂停以后，对特大镇发展的约束表现最为突出。特大镇是改革开放以来自发涌现出一大批吸纳人口多、经济实力强的镇，在长三角、珠三角一带很多镇集聚的经济和人口规模已经达到中等城市标准，但囿于管理体制上原因，仍然采取传统的农村型行政区划体制进行管理，远远不能满足发展需要，给经济社会发展以及各

① 说明：我们从1978～2012年行政区划调整的全部记录中挑选出撤销县级市、县设立区的记录，统计共有212条，剔除6个市、县改区后又改回市、县的记录后，余下206个。以新设立的区人民政府与上级市人民政府为点，测量距离。

种配套设施建设和管理带来很大困难。中央有关部门也注意到这个现象，采取了一些放权式改革，但是囿于县镇间利益关系的固化，改革难以形成稳定的体制，结果是在反复中不断倒退。在一些经济发展较快的强县，经济社会管理权限不足现象同样突出，对发展造成了严重的约束。

（四）权力上移限制了基层政府发展自主权

在基层县（市）与上级政府的利益博弈中，一旦涉及权力再分配，高等级城市往往处于更有利的位置。比如地级市通过吞并周边县或乡镇，将发展快、税源多、土地价格高的地方并入城区，出现“市吃县”“市卡县”“市刮县”等现象，形成行政区划上的大市，而非经济区划上的都市圈。再比如撤县（市）设区的频频发生，解决中心城市空间不足是县改区政策的实施主要依据，但是从县改区的实践来看，空间不足并不能构成县改区的原因。1997年我国市辖区总面积已达34.97万平方公里，建成区面积为1.36万平方公里，建成区仅占市辖区面积的3.9%，空间对绝大多数城市发展的限制有限。在我国市辖区并非一级独立政府，而是作为城市政府的派出机构，并不具备县（市）的完整行政管理职权。县改区后很多决策权和管理职能要上收到市，本来县（市）所具备独立的经济社会发展自主权就大打折扣，也丧失了城市发展的主体地位，发展速度受到较大影响。比如，顺德、南海设区以后，发展速度远落后于长三角的昆山、江阴、张家港等城市，引起了社会各界的关注。

（五）发展机会不均等扩大了不同层级城镇之间的发展差距

不同层级城镇所享受的经济社会管理权限是不同的，地级市的权限要高于县级市、县和小城镇，造成了城镇之间发展机会的不均等，带来了不同层级城市之间差距的扩大。对比各省2001、2006和2013年的数据发现，除西藏和海南之外的29个省（市）[①]市辖区与县的人均GDP之差均呈现扩大趋势，并

① 西藏和海南由于数据缺失，故未计算。

且有接近一半的省（区、市）的市辖区与县人均GDP之比也在扩大。比如，广东市辖区和县人均GDP之比在2001年为4.4：1，到2013年扩大到6.2：1。而在城市商业发展方面，批发零售销售总额地级及以上城市市辖区占比从2001年的69.6%提高到2015年的86.5%，提高了12.9个百分点，社会消费品零售总额占比从2001年的58%提高到2015年的65.4%，提高了7.4个百分点。在金融方面，2015年市辖区金融机构贷款余额占全市的比重为77.98%，而按户籍人口计算仅占全市的34.48%。

五、思考和建议

随着行政区划调整制度红利的不断释放，我国城市建设和城镇化发展取得了举世瞩目的成就，但是矛盾累积也越来越多，城市管理粗放、中小城市活力受限、城市经济区和行政区冲突增多等负面效果开始显现。经过几十年的发展，我国已经有一批具有较强实力的中心城市，可以承担区域增长的龙头作用，但是如果继续通过行政手段集聚资源要素，必然会加剧“城市病”现象。在经济新常态背景下，重点不应该是继续通过行政手段集聚资源要素，让部分城市获得优化发展机会，而应进一步发挥中心城市的辐射带动作用，通过行政引导市场，让各类城镇获得平等发展机会。对中心城市来说，重点在于提高发展质量，像绣花一样管理城市，把城市做精做细，推动城市转型发展。这对我国行政区划调整政策提出了新的要求，推动行政区划调整改革势在必行。

（一）改革的原则

行政区划调整事关稳定和发展，需要做好统筹谋划，当前行政区划调整需遵循以下基本原则。一是促进城市平等发展，培育经济增长新动能。逐步减少城镇行政等级对中小城市和小城镇发展的束缚，激发中小城市发展的活力，保持经济持续健康发展。二是改变资源配置按照计划经济模式或者是等级化的模式集中在高等级城市的状况，减缓特大城市要素过度集中的压力。

三是探索完善区域治理新模式，建立城乡间要素平等交换机制，增强城市对农村的带动作用。四是推动城市发展转型，划定城市发展边界，扼制城市空间过快增长势头，促进城市从粗放发展向精细管理的转变。五是实现城市管理模式创新。探索新型的城市管理办法，寻找实现“小政府、大社会”管理模式，降低城市管理的行政成本。

（二）近期手段措施

近期来看，可以利用的手段有以下几个。一是改革设市模式。增加设市是城镇化发展的大势所趋，当前我国城市的数量不是多了，而是太少。设市改革要以城市型政区方向设置，当前重点是尽快通过“切块设市”模式推动特大镇设市，新设市一定要有明确的城市发展边界，对城市边界不明确的“整县设市”模式要控制和减少。对于特大镇设市条件成熟的可以直接设市；主客观条件不太成熟的，可以实行计划单列管理，深化放权让利改革。加大切块设市探索力度，切块设市可以以镇为单位进行设置，条件具备的也可以打破现有行政区划设置。要简化设市标准，将城区人口规模作为设市的主要条件，把达到一定人口规模的城镇设市，按照城市的标准进行建设和公共服务配置。二是规范县改区。把城市市区人口密度和人口规模作为判断是否需要“县改区”的基本依据，对空间限制较大的城市可适当增设区。对距城市主城区较远的新设区建议重新调整为县或市，增强发展自主权。三是减少行政层级。建议加大省直管县实施力度，逐步回归到《宪法》规定的行政区划管理体制，逐渐减少地级市对县市发展的控制，建议先开展试点探索，以降低改革难度。

（三）远期改革目标

远期来看，行政区划调整改革的目标如下。一是弱化行政等级。城镇有行政等级是我国的特色，也是适应中央对基层管理的需要，这种模式在短期内难以改变。随着信息化等新技术手段的应用，不同层级之间信息交流的成本降低，而且行政等级对处于基层的城镇约束不断增多，已经不适应经济发展的需要。我们建议，部分新设市可以不改变原有行政等级，逐步减少依据行政等级配置经济社会管理权限和公共服务资源的政策，通过综合配套改革，使其管理权限与管辖的经济、人口规模相适应，弱化不同层级城镇之间的经济社会管理及行政管辖关系。权力下放还要理清政府和市场的关系，政府逐步减少参与具体经济事务的行为，重点是做好事前、事中和事后监管。二是推进区域管理与城市管理分开。我国区域管理与城市管理合并的时间事实上并不长，是在改革开放以后才全面实施，但是现在要重新分开，则会涉及市县、市镇之间权力的再分配，阻力会很大。长期来看，城市型政区需要和区域型政区分开，这样更有利于建立完善的市场经济体制，提高经济运行效率；也更有利于加强城市管理，提高城市精细化管理水平。逐步划定城市发展边界，推动城市从区域管理回归到自身管理，真正地发挥城市的功能，并为区域发展提供服务。

参考文献

[1] 付长良. 试论理顺地区行政公署的行政区划体制[J]. 政治学研究，1997（02）：74～80

[2] 李军超. 我国市管县体制的反思及变革途径选择[D]. 河南大学，2006

[3] 戴均良. 行政区划应实行省县二级制——关于逐步改革市领导县体制的思考[J]. 中国改革，2001（09）：38～39

[4] 吴佩纶，郑定铨，耿亮. 市领导县体制改革的初步经验[J]. 理论月刊，1985（04）：32～36

[5] 刘恒寿. 对市领导县体制若干问题的探讨[J]. 财经科学，1989（06）：24～27

[6] 周一星. 论中国城市发展的规模政策[J]. 管理世界，1992（06）：166～171

[7] 叶达夫. 建议放弃市管县体制[J]. 中国经济体制改革，1989（02）：21～23

[8] 戴均良. 省直接领导县：地方行政体制的重大改革创新[J]. 中国改革，2004（06）：69～72

[9] 才国伟，张学志，邓卫广. “省直管县”改革会损害地级市的利益吗?[J]. 经济研究，2011（07）

[10] 戴均良. 中国市制[M]. 北京：中国地图出版社，2000

[11] 浦善新. 中国设市模式探讨[J]. 建设科技，2004（16）：22～24.

[12] 刘君德. 中国政区地理的发展与成就[J]. 人文地理，1996（S1）：63～64

[13] 陈朝辉. “县市化”弊端与城市化的合理进程[J]. 地域研究与开发，1995（04）：10～13

[14] 范毅，张元涛. 我国建设用地政策变迁及其对农村非农就业的影响[J]. 行政与法，2007（09）：22～24

[15] 谢觉哉. 关于人民民主建政工作报告——中央人民政府内务部谢觉哉部长一九五〇年七月十七日在第一届全国民政会议上的报告[J]. 江西政报，1950（Z1）：31 ~ 36

[16] 柏崇卫，饶恣达. 撤县设市后文山市经济发展的研究与思考[J]. 文山学院学报，2012（02）：110 ~ 113

[17] 任名达，王晓敏. 何以热衷县改市?[J]. 社会，1999（08）：20 ~ 21

[18] Chan K W. Cities with Invisible Walls：Reinterpreting Urbanization in Post ~ 1949 China.[M]. Hong Kong：University of Oxford Press，1994

[19] Fan S，Li L，Zhang X. Challenges of creating cities in China：Lessons from a short ~ lived county-to-city upgrading policy[J]. Journal of Comparative Economics，2012，40（3）：476 ~ 491

[20] 黄亮雄，韩永辉，舒元. “撤县建市”提升了地方绩效吗——基于广东省73个县（市）的实证分析[J]. 学术研究，2013（06）：69 ~ 74

[21] 罗震东. 中国当前的行政区划改革及其机制[J]. 城市规划，2005（08）：29 ~ 35

[22] 国家经济体制改革委员会综合规划和试点司. 中国改革开放事典[M]. 第1版. 广州：广东人民出版社，1993

[23] 刘君德，冯春萍等. 中外行政区划比较研究[M]. 上海：华东师范大学出版社，2002

[24] 史育龙. 市镇建制变更与区划调整的城镇化效应研究[J]. 宏观经济研究，2014（02）：3 ~ 9

[25] 高祥荣. 撤县（市）设区过程中的政府职能关系研究——以浙江省为例[J]. 广东行政学院学报，2015（06）：23 ~ 30

[26] 刘君德，舒庆. 中国区域经济的新视角——行政区经济[J]. 改革与战略，1996（05）：1 ~ 4

[27] 张道刚. “撤县设区”辩[J]. 决策，2013（06）：3

[28] 韩永辉，黄亮雄，舒元. 县域行政区划改革的绩效分析——以“撤市设区”为切入点[J]. 经济学报，2014（04）：49 ~ 67

[29] 李郇，徐现祥. 中国撤县（市）设区对城市经济增长的影响分析[J]. 地理学报，2015（08）：1202 ~ 1214

[30] 唐为，王媛. 行政区划调整与人口城市化：来自撤县设区的经验证据[J]. 经济研

究，2015（09）：72～85

[31] 张蕾，张京祥. 撤县设区的区划兼并效应再思考——以镇江市丹徒区为例[J]. 城市问题，2007（01）：36～40

[32] 罗小龙，殷洁，田冬. 不完全的再领域化与大都市区行政区划重组——以南京市江宁撤县设区为例[J]. 地理研究，2010（10）：1746～1756

[33] 单凯，占张明."省直管县"政策下地级市"撤县设区"行为研究——以浙江省为例[J]. 中共杭州市委党校学报，2015（03）：32～39

[34] 高琳. 快速城市化进程中的"撤县设区"：主动适应与被动调整[J]. 经济地理，2011（04）：573～577

[35] 罗震东. 中国当前的行政区划改革及其机制[J]. 城市规划，2005（08）：29～35

[36] 林拓，申立，虞阳. 撤县建区：从政区调整到战略创新——以宁波鄞州为例[J]. 宁波大学学报（人文科学版），2013（01）：75～80

[37] 侯丽. 对计划经济体制下中国城镇化的历史新解读[J]. 城市规划学刊，2010（02）：70～78

[38] 顾朝林，邱友良，叶舜赞. 建国以来中国新城市设置[J]. 地理科学，1998（04）：29～36

[39] 马淑鸾. 关于小城镇人口迁移和流动特征的分析[J]. 人口研究，1990（04）：2～8

[40] 陈锡文. 资源配置与中国农村发展[J]. 中国农村经济，2004（01）：4～9

[41] 于鸣超. 现代国家制度下的中国县制改革[J]. 战略与管理，2002（01）：87～98

[42] 徐勤贤. 关于顺德北滘镇财政体制的调研报告[J]. 国家发改委城市和小城镇改革发展中心城乡动态，2011（第170期）

附　录

涉及文件汇编

国务院关于设置市、镇建制的决定

发布文号：〔55〕国秘习字第180号
（1955年6月9日国务院全体会议第十一次会议通过〔55〕国秘习字第180号）

市、镇是工商业和手工业的集中地。为适应我国社会主义工业化和对手工业、资本主义工商业的社会主义改造，几年来曾采取了各种步骤，使市、镇建制的设置及其行政区域、行政地位的划分有所改进。但由于缺乏统一的规定，各地在设置市、镇建制，和变更市、镇区划的过程中，产生了许多不合理的现象：有些省设置的市过多；有些市的郊区划的太大或者区设的过多；有些镇的行政地位不明确，或者在镇以下还分设了乡的建制，等等，现在为了加强市、镇建设和行政的统一领导，根据《中华人民共和国宪法》第53条的规定，对于市、镇建制的设置作如下决定：

一、市，是属于省、自治区、自治州领导的行政单位。聚居人口10万以上的城镇，可以设置市的建制。聚居人口不足10万的城镇，必须是重要工矿基地、省级地方国家机关所在地、规模较大的物资集散地或者边远地区的重要城镇，并确有必要时方可设置市的建制。市的郊区不宜过大。

人口在20万以上的市，如确有分设区的必要，可以设市辖区。人口在20万以下的市，一般不应设市辖区；已经设了的，除具有特殊情况，经省人民委员会或者自治区自治机关审查批准保留者外，均应撤销，分别设立街道办事处，作为市人民委员会的派出机关。需要设市辖区的，也不应多设。

二、镇，是属于县、自治县领导的行政单位。县级或者县级以上地方国家机关所在地，可以设置镇的建制。不是县级或者县级以上地方国家机关所在地，必须是聚居人口在2000以上，有相当数量的工商业居民，并确有必要时方可设置镇的建制。少数民族地区如有相当数量的工商业居民，聚居人口虽不及2000，确有必要时，亦得设置镇的建制。镇以下不再设乡。

三、工矿基地，规模较大、聚居人口较多，由省领导的，可设置市的建制。工矿基地，规模较小、聚居人口不多，由县领导的，可设置镇的建制。工矿基地，规模小、人口不多，在市的附近，且在经济建设上与市的联系密切的，可划为市辖区。

各省、自治区、直辖市人民委员会，应当依照本决定并结合当地实际情况，对现有的市、市辖区、镇的建制进行审查，其中关于市的建制的设置、保留、撤销或改设和市界的变更须报经国务院批准；市辖区和镇的建制的设置和变更由省人民委员会、自治区自治机关自行决定。

全国人民代表大会常务委员会关于直辖市和较大的市可以领导县、自治县的决定

（1959年9月17日第二届全国人民代表大会常务委员会第九次会议通过）

为了适应我国社会主义建设事业的迅速发展，特别是去年以来工农业生产的大跃进和农村的人民公社化，密切城市和农村的经济关系，促进工农业的相互支援，便利劳动力的调配，决定：直辖市和较大的市可以领导县、自治县。

全国人大常委会

中共中央、国务院关于当前城市工作若干问题的指示

（1962年10月6日）

全国城市的经济形势，总的说来，正在一步一步地好起来。这一方面是由于农村的形势去年比前年好，今年又比去年好；另一方面是由于我们贯彻执行了国民经济以调整为中心的调整、巩固、充实、提高的方针。

毛泽东同志一直强调农业在国民经济发展中的特别重要的地位。他在一九四五年党的第七次代表大会的报告中，就指出了农业是中国工业市场的主体。一九五六年他在《论十大关系》的讲话中，又提出了注意发展农业的问题。在《关于正确处理人民内部矛盾的问题》一文中，突出地指出“重工业要以农业为重要市场”，他认为这一点当时“还没有使人们看得很清楚”。在一九五九年庐山会议上，他总结了从一九四九年到一九五九年的整个经济工作的经验，强调指出要按照农轻重的次序来安排国民经济计划，认真搞好综合平衡，这就是说，要正确处理农轻重的关系，把以农业为基础、以工业为主导的发展国民经济的总方针，作为我们安排国民经济计划的基本纲领。他说：“要强调把农业搞好，要把重、轻、农、商、交的次序，改为农、轻、重、交、商”，“工业要支援农业，重工业要为轻工业、农业服务。”一九六〇年六月在上海会议上，毛泽东同志又指出，我国工业今后的发展，“数量不可不讲，把质量提到第一位，恐怕到时候了。”“要着重搞规格、品种、质量。品种、质量放在第一位，数量放在第二位。”毛泽东同志的这些指示，给我国国民经济和工业的发展规定了总的方向。党中央关于调整、巩固、充实、提高的方针，就是根据毛泽东同志的这些指示提出的。

一九六一年九月，中央在《关于当前工业问题的指示》中指出，我们贯彻执行调整、巩固、充实、提高的方针，要以调整为中心，逐步协调工业内部各行业之间、工业和农业之间、城市和农村之间的关系。这个指示还指出，工业的每一步调整，都要

有利于加强工业对农业的支援，加强轻工业和手工业的生产，加强采掘工业和采伐工业的生产能力，满足国防工业生产的迫切需要。

今年一月的扩大的中央工作会议，根据毛泽东同志历来提出的总方针，又强调指出：工业的发展规模，必须同农业能够提供的农产品和能够腾出的劳动力在一定程度上相适应，工业必须为农业服务。

因此，党中央在扩大的中央工作会议以后，就采取了一系列的重要措施，着重地解决工业生产架子过大、基本建设项目过多、职工人数和城镇人口数量过多的问题；解决财政支出大于收入、货币发行过多的问题。这些调整的措施，是要徒工业的发展同农业提供的粮食和原料相适应，而归根到底，是要使农业生产能够比较快地上去，使工业的发展能够着重提高质量、增加品种这些方面。

上述这些措施，见效很快，成绩很大。主要地表现在：

第一，按照中央提出的集中使用财力和物力的原则，对基本建设战线和工业生产战线作了适当的调整。全国施工的大中型基本建设项目，由去年底的一千三百个减少为今年七月底的六百五十个；全国县以上的国营工业企业，由去年底的六万二千个减少为今年七月底的四万六千个。这就使基本建设和工业生产的规模比较能够适应目前的经济可能性，特别是农业提供粮食和原料的可能性，为减少职工和城镇人口提供了条件，有利于工业本身的整顿。

第二，按照中央提出的“精兵简政”和城乡人口必须保持合理比例的原则，减少了过多的职工和城镇人口。全党各级领导机关下最大决心执行了中央提出的今明两年减少职工和城镇人口的计划，今年一月到八月，减少职工九百三十一万人，完成今明两年计划的百分之八十七，连同去年减少并经过核实的八百七十二万人，共减少了一千八百零三万人；减少城镇人口一千零一万人；完成今明两年计划的百分之五十（就今年减少一千三百万人的计划来说，则完成了百分之七十七），连同去年减少的一千万人左右，共减少了两千万人。由于减少职工和城镇人口，今年一月到八月，国家实发工资比去年同期少支二十六亿元，城镇商品粮销量比去年同期少销三十二亿三千万斤。这就使国家有可能减少粮食的征购量，减轻农民的负担。同时，从去年到现在，从城市回到农村的劳动力共达一千二百六十多万人。所有这些，不但对于城市经济形势的好转，而且对于农业的发展，对于加强农村集体经济，已经发挥了并且还将继续发挥越来越显著的积极作用。

第三，根据中央关于加强财政金融的集中统一管理的决定，压缩了财政开支，减少了货币投放。今年一月到八月，全国财政支出，比去年同期减少了五十三亿元。今年八月底比年初回笼货币四十亿零九千万元。中央在今年初提出的“当年平衡、略有回笼”的要求，是可能实现的，但是货币的流通量在地区之间还会存在不平衡的情况。

第四，根据中央关于调整工业生产的方针，今年一月到七月的工业生产中，支援农业的主要生产资料，以工业品为原料的轻工业和手工业产品，以及当前最急需的重工业产品，多数都比去年同期增产。其中，化肥增长百分之三十八，铝增长百分之二十八，原油增长百分之十七，硫酸增长百分之五，以工业品为原料的日用品产值增长百分之二十七。许多企业，在减少职工、清仓核资的同时，结合《国营工业企业工作条例（草案）》的有关规定，进行了整顿，不少产品的质量有所改进，品种有所增加，原料、材料的消耗有所降低，亏本现象有所减少，劳动生产率也有所提高。

第五，随着农业生产的恢复和工业生产的调整，多数城市的副食品和若干日用品的供应有了一些增加。

所有这些情况有力地证明，今年一月扩大的中央工作会议所规定的进一步调整国民经济的方针和这次会议以后中央为贯彻实现这个方针所采取的重要措施，是正确的、及时的。由于全党同志实事求是地正视困难，依靠工人阶级，依靠农民群众，同心协力地同困难作斗争，我们在城市工作中从被动转入主动比原来设想的要快得多。我们现在可以更加有把握地说，最困难的时期已经渡过，不仅在农村，而且在城市，经济形势正在逐步好转。

但是，也应当指出，我们面前还有不少困难，城市工作中还存在许多问题，调整工作中也存在若干缺点。减少职工和城镇人口的工作进展得还不平衡，绝大多数地方和部门进行得较好，少数地方和部门则进行得较差或者减少得过多和不当，吃商品粮的城镇人口仍然过多，减少下来的职工有不少还没有得到妥善的安置；基本建设方面，不少重点的工程和急需的填平补齐的工程完成得不好，有些非生产性的工程还没有完全停下来；工业生产的正常秩序，还没有在新的基础上完全建立起来，某些重要工业产品的生产计划完成得不好，主要是煤炭和木材的生产还不稳定；在财政开支和货币投放方面，由于收缩有些偏紧，给部分企业的资金周转带来了某些不便；大量减少职工后，城市的就业面有所缩小，加上某些商品的价格上涨，职工生活水平下降，生活困难的职工比过去多些，一部分职工和城市居民的思想有些波动。这些问题的产生，一方面是同大量减少职工和城镇人口、紧缩财政开支和货币投放、缩短生产建设战线有关系的，是在调整的过程中难以完全避免的；另一方面也是同各方面的管理体制不够健全，某些具体措施不尽得当和不够及时有关系的。对于这些问题，中央各有关部门和各城市，必须注意研究，必须迅速采取适当措施，妥善地加以解决。

经过过去一个时期的努力，农村形势已经好转，工业生产和基本建设战线已经按计划缩短，大中城市和重要企业减少职工的任务已经基本完成或者接近完成，曾经一度下放过多、过散的财政金融管理权力已经基本收回，这就为我们继续进行国民经济的调整开辟道路。今后国民经济的调整，必须使工业面向农业，城市面向乡村；必须按照中央《关于进一步巩固人民公社集体经济、发展农业生产的决定》中所规定的我国现在工业发展的方向，使我们各个工业部门“坚决地把自己的工作转移到以农业为基础的轨道上来”。工业的调整，特别是重工业的调整，必须按照农业现代化、国防现代化和保证市场日用品供应的需要，大力地加强采掘和采伐工业、化学工业、有色金属冶炼工业、农业机械和国防机械制造工业、石油工业和建筑材料工业等薄弱部门，并且在增产节约和实施工业七十条规定的要求下，切实地做到工业产品的品种多，质量优良，规格合用。这就是我们调整国民经济和调整工业所必须达到的根本目的。只有这样，我们才能够逐步地实现农业的技术改革，发展轻工业，较好地解决六亿六千万人民的衣食住行用问题，并且逐步地建立独立的完整的现代化的国民经济体系。这个问题的解决，因为牵涉到国民经济的各个方面，需要进行周密的认真的研究，中央将另作决议。

为了今后能够更好地实现上述调整国民经济和调整工业的根本目的，我们必须首先迅速处理过去在执行调整方针过程中所出现的新问题，争取城市经济形势在农村形势好转的基础上进一步好转。

考虑到在过去一段时间内，我们的工作主要放在缩短生产建设战线、减少职工和城镇人口、紧缩财政开支和减少粮食销量方面，目前对调整国民经济所采取的具体措施，应当在紧缩中注意到必要的灵活性。我们必须把增产节约、“精兵简政”、稳定市场、改善供应四项任务更好地有机地结合起来；必须进一步地合理地调整有关计划工作、工业生产、物资供应、财政金融等方面的管理制度；必须千方百计地、实事求是地解决工业生产和基本建设中各项急迫的问题，以便有步骤地搞好工业的正常生产，有效地提高劳动生产率，更好地支援农业和增加市场的商品供应，并且在这个基础上逐步地改善职工和其他城市居民的生活。按照毛泽东同志提出的发展国民经济的总方针和工业发展的总方向，大力组织和发展生产，并且随着生产的发展，相应地稳定和逐步改善职工生活，是目前城市工作的主要任务。一句话，就是抓紧处理工业生产和职工生活的问题。

现在，中共中央、国务院就当前有关城市工作的若干问题，作如下的规定。

一、已经完成和基本完成减少职工任务的大中城市，要集中力量组织生产，今后精简工作的重点转到专、县、社和各级机关。

鉴于大多数大中城市已经完成减少职工计划的百分之八十以上，今后大中城市减少职工的工作，应当同全面地调整工业和改进生产的工作密切地结合起来。已经完成减少职工任务和基本完成减少职工任务百分之八十的大中城市，可以宣布减少职工的工作告一段落，进行收尾、清理和安置的工作，把主要的力量放在组织生产方面。完成减少职工计划很差的大中城市，还应当坚决完成中央规定的减少职工任务。某些老城市减少职工指标定得过高的，应当进行适当调整。

各个大中城市、各个中央有关部门在具体部署减少职工和安排生产的时候，要根据各个企业的不同情况，区别对待。凡是已经完成和基本完成减少职工任务的企业，应当宣布减少职工工作结束，集中力量抓好生产工作，通过合理定员和责任制，逐步地固定职工的工作岗位，减少应当减少的人员；通过企业之间的调剂，补充应当补充的人员。凡是完成减少职工任务不到百分之八十的企业，应当继续抓紧精减的工作，不得半途而废，同时，也要努力抓紧生产工作。一切企业的精减工作，都应当为了促进社会主义企业的合理化，改善企业的经营管理，达到降低成本、提高劳动生产率、改进技术、增加品种、提高质量的目的。

今后减少职工的重点，从全国范围来说，应当转到专、县、公社、大队管理的企业和事业单位，转到各级党政机关和群众团体。在这些方面，特别是专、县、社，减少职工的潜力很大。各省、市、自治区应当对专、县、社的减少职工的情况普遍进行一次认真的检查。凡是没有完成减少职工任务的，要督促他们坚决完成任务，凡是已经完成原定的减少职工任务而还有条件再减的，应当力争多减一些；凡是裁并机构和减少职工过多或不当的，如国家农业基层机构、供销合作社基层机构等，应当予以恢复和补充。

在今后减少职工工作中，技术熟练程度较高和工龄较长的职工，应当不减；年老退休的职工，家庭生活困难的，允许子女顶替；父子、夫妇或者兄弟都是职工的，应当把技术熟练程度较高、工龄较长的留下来，不要一起都减掉。

在减少职工的过程中，根据生产、基本建设或者工作上的需要，应当允许在各省、市、自治区之间合理地调配职工。在省、市、自治区之间调动职工的时候，中央有关主管部门应当把他们的工资以及本人和家属的口粮从调出地区划拨到调入地区。

中央、国务院提醒各地方、各部门注意，在完成减人任务以后，必须更加精打细算地节约劳动力，从社会上新招收职工，包括招收临时工的计划，都必须经过国家计委或劳动部批准。在今后若干年内，一般地不准再从农村中招收职工，不准把临时工改为固定工。

二、争取完成和超额完成今年的工业生产计划，大力支援农业和市场需要。

各个大中城市和各个工业部门，都要根据工业支援农业和保证市场供应的要求，继续努力提高轻、重工业产品的质量，增加国家建设和人民生活迫切需要的品种，努力完成今年的工业生产计划，争取超额完成当前急需的产品的生产计划。同时，要保证完成历次安排的军工生产任务，并且为明年的工业生产做好必要的准备。

为了大力支援农业和增加市场商品供应，特别是为了在秋后同农民交换更多的农副业产品做好准备，各城市中的有关企业，应当努力增产适合各地农业生产需要的农业生产资料，更多地生产以工业产品为原料的日用品。商业部门应当尽可能多收购一些经济作物和土特产品，以便能够多生产一些轻工业品，多增加一些国内外市场需要的商品的供应。

在计划外增加产品的生产，凡是原料有保证、产品有销路的，经过主管部门的批准，可以由工商企业订立产销合同，严格按照合同办事。企业超额分成的产品，经过主管部门的批准，可以通过国营商业和供销合作社去换取它们所需要的一部分原料、材料。

目前工业生产上的一个突出的问题是，煤炭、木材生产还在继续下降，必须引起全党注意；坚决扭转这种下降的趋势。煤炭工业部、林业部和有关省、市、自治区党委，必须认真研究煤炭、木材生产下降的原因，采取切实有效的措施，努力改善生产管理，改善运输工作，加强思想政治工作，鼓足全体职工的干劲，使煤炭和木材的生产逐步上升；同时，还必须大力推行节约、代用和综合利用煤炭、木材的有效措施。煤矿和林区生产所必需的人力的调配，生产资料和生活资料的供应，基本建设的安排，运输的安排，国家计划委员会、国家经济委员会、国务院财贸办公室和农林办公室，应当督促有关的部门和地区切实加以解决。

国家计划委员会和国家经济委员会应当按照不同的城市、厂矿、林区在全国经济生活中的重要程度，有步骤地分批地安排生产和运输，首先要把重要的城市、矿区、林区的生产和运输安排好，以便使整个工业生产更加活跃起来。

各地方和各个工业部门，今后都应当切实加强工业生产的组织工作。要根据需要和可能，安排各个企业、各个行业和各个城市的生产任务；要把原料、材料首先分配给那些产品质量好、品种多、原料材料消耗少、成本低、劳动生产率高的五好企业；要根据生产任务和减人以后的实际情况，在企业内部、行业内部和城市内部，进行人力和设备的调整，作好必要的填平补齐工作。要迅速恢复和建立企业之间、行业之间、地区之间的必要的生产供应协作关系，并且逐步地使这种关系稳定下来。要有领导地组织企业之间、行业之间、地区之间进行合理的来料加工。中央、国务院责成国家计划委员会、国家经济委员会和国务院财贸办公室制订生产供应协作关系和来料加工的具体规定。

各个城市、各个工业部门，都要把加强对工业企业的领导放在自己工作的首要地位。所有的领导干部都要深入企业，进行调查研究，把领导机关的计划、部署和措施都落实到企业，并且具体地帮助企业解决生产中存在的问题。

所有的工业企业，都应当结合当前的中心工作，毫无例外地切实认真地贯彻执行《国营工业企业工作条例（草案）》，进一步加强计划管理，加强责任制度，加强技术管理，加强经济核算，建立和健全正常的生产秩序。

为了进一步调动广大职工的生产积极性，努力增产，厉行节约，各城市、各行业、各企业都要充分发挥先进生产者、先进班组的作用，有步骤地、扎扎实实地开展先进生产者、先进班组运动，积极组织比先进、学先进、赶先进、帮后进的社会主义劳动竞赛。

三、抓紧时间，采取措施，力争完成今年的基本建设计划。

今年的基本建设计划，特别是那些为加强薄弱环节的基本建设项目，各有关地方和部门，必须抓紧时间，努力保证完成。个别的计划项目，如果确实没有条件在今年内完成的，可以推迟它们的建设进度，由各有关地方和部门负责把这一类项目的投资、材料和设备尽可能地集中起来，用于保证那些最急需的填平补齐项目，使它们在今年能够建成投入生产。少数没有列入计划的属于填平补齐的结尾工程，如果建成后就能够增加生产，而且材料、设备已经落实，只是投资不够，可以报国家计划委员会审核，适当增拨投资。

为了完成今年的基本建设计划，应当根据各地基本建设工作量的大小，由中央主管部门同各有关地方进行协商，在各地区之间合理地调配施工力量。经过调配以后，施工力量确实不够的，在慎重研究之后，可以报劳动部批准，在当地城市招收必要的临时工。

明年的基本建设中，要在今年提前施工的项目（如水利工程），或者要在今年做必要的准备工作的项目，它们所需的投资，经过国家计划委员会批准，可以在今年内预拨。

四、减少企业亏损，增加企业盈利。

所有经过调整保留下来的企业，都必须根据中央历来关于勤俭建国、勤俭办企业、勤俭办一切事业的指示，切切实实地改善经营管理，加强经济核算，做好五好工作（努力增加产品的品种，提高产品的质量，减少原料、材料的消耗，提高劳动生产率，降低成本），增加利润上交，以利于增加国家财政收入。凡是由于经营管理不善而亏本的企业，必须认真改进工作，特别是要大力减少非生产人员，大力节约管理费用，力争在今年年底以前扭转亏本的局面；少数实在做不到的，至迟必须在明年六月底以前做到。这些亏本的企业，都要发动全体职工，挖掘潜力，厉行节约，同亏损现象作斗争。

凡是国家计划规定的产品，由于原料、材料涨价而发生的亏损，应当由主管物价的部门，按照合理成本加合理利润的原则，适当地提高出厂价格，或者适当地降低原料、材料的进厂价格；如果不能够提高出厂价格，也不能够降低原料、材料的进厂价格的，应当经过主管部门和财政部门审核批准，给予必要的补贴。至于那些质量低劣、没有销路而又赔钱的产品，应当停止生产。

商业企业中发生的亏损，首先应当努力通过改善经营管理、减少流转环节、降低商品损耗、节约流通费用等办法，来加以改变。至于因收购价格提高而销售价格不能相应提高所造成的亏损，也应当经过国家财政部门审核批准，给予必要的补贴。

五、采取分级负责和群众监督的办法，迅速处理积压物资，防止房屋、物资的损失。

生产单位和基本建设单位积压的生产资料，属于专用的材料和设备由各级专业部门收购，属于通用的材料和设备由各级物资管理部门收购。属于商业部门经营的生产资料和生活资料，统一由各级商业部门收购。收购的物资，凡是需要技术鉴定才能使用的，都要进行技术鉴定，但是鉴定的手续要力求简化，并且尽可能地组织各方面的力量来进行。凡是收购部门不收购的物资，积压单位可以委托商业部门和物资管理部门代销，商业部门和物资管理部门不能代销的，应当允许积压单位自销，其自销办法由中央和省，市、自治区的主管部门另行规定。

清查出来的积压物资中，优质钢材、有色金属、化工原料、橡胶等重要物资的计划外的动用，必须经过国家经济委员会批准；其他物资，可以按照企业的隶属关系，分别由中央主管部门或者由省、市、自治区进行处理。省、市、自治区在动用中央直属企业的物资的时候，要经过中央主管部门的同意。

为了防止积压物资的损失，各单位应当动员群众进行监督和保护，并可提出处理积压的意见。有些单位已经撤销，它们留下的物资，必须由上级主管部门派人保管，并迅速予以处理，留下的房屋必须全部交地方处理。

为了防止新的积压，今后所有生产企业都要根据需要、按照订货合同来进行生产，商业部门应当按照合同进行收购。在收购的时候，要按质论价，好货好价，次货次价，质量十分低劣、不能在市场出售的，商业部门有权拒绝收购。不按需要盲目生产、片面追求数量和产值的毛病，应当继续纠正。

六、迅速清理企业拖欠，恢复正常经济关系。

中央、国务院决定，由人民银行以转账支票形式，对企业发放还账专用贷款。此项支票不准在市面上流通，贷、存都不计利息。企业在取得银行的转账支票以后，应当按照有关部门的规定，迅速清理拖欠。

在清理拖欠货款的过程中，企业之间如果发生经济纠纷，由各地主管部门裁决；行业之间如果发生经济纠纷，由各级经济委员会会同主管部门裁决。

为了防止一面归还旧欠，一面发生新的拖欠，今后所有企业必须严格按照国家计划和本单位生产周转需要进货，不准盲目进货。企业主管部门和人民银行，应当加强对企业的监督，严格执行现金结算的纪律。

七、改善财政开支的管理，保证必要的流动资金。

工业企业，经过清仓核资、处理积压、清理拖欠以后，凡是定额流动资金不足的，应当由财政部门补足；超过定额的流动资金，应当逐步地由财政部门收回。凡是由于物资积压和企业之间拖欠一时清理不完而造成流动资金不足的，由银行给予必要的贷款，定期收回。

工业企业所需的四项费用（技术组织措施费、新产品试制费、劳动保护费、零星固定资产购置费），应当按照财政部门核定的指标，分别由中央和地方的企业主管部门掌握使用。各企业必须根据生产的需要和技术条件、物资供应的可能性，编制四项费用的使用计划，按照隶属关系，分别向中央和地方的企业主管部门申请拨款。四项费用必须按计划使用，应当主要用在花钱少、收效大的方面和为明年增加生产做准备的方面，一律不准用于基本建设。

商业部门收购工、农业产品所必需的资金，应当按计划由银行保证供应。

八、努力保证职工生活稳定在现在的水平上，并且力争有所改善。

对于城市职工的主要生活必需品的价格和房租水电等的收费标准（通称十八类商品），应当基本不动，继续保持稳定。应当努力提高生活必需品的质量，以减少职工由于商品质量下降而增加的支出。大中城市和矿区、林区职工的口粮，一般不再减少，并且注意提高粮食的质量，调剂粮食的品种。某些从事重体力劳动的职工的口粮，如果有偏低的，应当适当增加。随着农业生产的好转和减人任务的完成，城市的副食品、日用品的生产和供应，特别是蔬菜的生产和供应，应当尽可能地逐步改善。工厂、企业、学校、机关，应当努力改进食堂的工作，使职工吃得好，吃得卫生。

改善职工生活的根本办法，是在增加生产、提高劳动生产率的基础上，增加职工的收入。在完成减人任务、实行合理的定员以后，要根据有利于发展生产和节约物资、人力的原则，适当调整现行的工资制度、各种奖励制度以及工资总额的管理办法。中央、国务院责成劳动部、财政部和全国总工会对这些问题进行系统研究，提出调整的意见。目前凡是有条件实行计件工资的，要实行计件工资；没有条件实行计件工资的，要认真改进计时工资加奖励的办法，并且一般可以试行节约提成奖励的办法。在保证劳动定额先进合理的前提下，不限制工人的超额工资。

在实行上述办法以后，对于生活仍然困难的职工，应当给予适当的补助。原定的补助标准，可以适当提高。生活费用较高的重要工业城市，职工家庭每人每月平均收入不足十二元的给予补助；生活费用较低的一般工业城市，职工家庭每人每月平均收入不足十元的给予补助；专、县以下的城镇，对于生活困难的职工，可以酌情给予补助；边远的少数民族地区的职工的补助标准，可以高于十二元。劳动部、财政部和全国总工会，应当根据各个地区的不同情况和国家财力的可能，定出各省、市、自治区的补助总金额，分别下达。各省、市、自治区应当在中央分配的补助金总额内，定出具体实行办法，报劳动部备案。

对于已经减下来的职工，也要关心他们的生活。凡是减下来之后生活确实没有着落的，应当按照国务院的有关规定，发给一定比例的工资，并且积极地负责地为他们安排生活出路，不要推出门不管。对于已经减下来并且离开企业的职工，不论是回到农村，还是回到城镇街道，都应当对他们的安置情况进行一次检查，还没有安置好的，要切实把他们安置好。

对于职工原来按照规定享受的劳保福利待遇，目前一律不变。已经实行劳动保险条例的工业企业，不论新老职工，都统一享受劳动保险条例所规定的待遇。前一个时期由银行冻结的工会经费和保险基金，应当准许提用一部分，提用多少，由全国总工会和财政部商定。

九、妥善安置目前大中城市中的闲散劳动力和不能就学的学生。

对于大中城市中的闲散劳动力，劳动部门、民政部门和市区街道组织，应当尽可能组织他们参加临时性的生产和服务性的工作，或者进行家庭副业生产。有些城市人民公社或者街道举办的一些基础较好、确实适合需要的工业企业、修理服务单位以及托儿所、幼儿园、小学等，可以继续办下去；其中有条件的还可以吸收一部分闲散劳动力，参加生产和工作。

对于不能就学的学生，凡是能够安置就业的，就应当安置他们就业；不能就业的，可以组织一部分人参加广播学校、函授学校、夜校的学习，还可以组织一些人成立自学小组，或者在家庭中补习。在有条件的大中城市，可以组织民办的职业学校和文化补习学校，招收自费学生。有些条件比较好的小学和中学，应当尽可能吸收一部分原校毕业而不能升学和就业的学生，随班旁听，或者开班补习，并且可以为此增加一两个教员名额。

对于城市中这些闲散的劳动力和不能就学的学生，除了在城市进行安置以外，从长远着想，凡是有条件的地方，应当组织他们下乡上山，参加现有国营农场、林场、牧场的生产，或者把一部分人安置到地多人少的生产队中去，或者试办半农半读的劳动学校和新的农场、林场和牧场。各省、市、自治区为此可以提出初期的试办经费，报中央有关部门核定。

十、调整市镇建制，缩小城市郊区，完成减少城镇人口计划。

中央确定的今年减少城镇人口一千三百万人的计划，还有二百九十九万人需要在九月到十二月继续完成。专、县各级应当尽可能多减一些城镇人口，这是今后减少城镇人口的重点。除了少数老城市减少城镇人口指标定得过高应当进行适当调整以外，一般大中城市都应当按照中央的规定，继续完成减少城镇人口的计划。

过去市镇建制标准过宽，新增加的市镇过多，以致城镇人口增长过多。今后凡是人口在十万以下的城镇，即使是重要的林区和矿区，没有必要设立市的建制的，都应当撤销。农村中的集镇，应当尽可能动员能够回到生产队的人去参加农业生产，或者改为半工半农，以便大量减少集镇吃商品粮的人口。各地应当对于这些集镇的情况进行调查研究，提出调整集镇建制和改进集镇管理的意见，以便将来修改过去有关这方面的规定。

农村集镇，在减少职工和非农业人口的时候，要根据传统的经济联系，合理和适当安排农副业产品的加工工业，例如油坊、粉坊、豆腐坊、磨坊、轧棉等，不要不加区别地一律取消；有些，要改为季节性的加工或者分散到生产队去进行加工。

过去大中城市的近郊区（不包括市辖县）一般划得过大，菜农过多。今后应当根据实际需要，适当划小，以便减少吃商品粮的人口。县城和集镇，一律不划郊区。

今后一个长时期内，对于城市、特别是大城市人口的增长，应当严格加以控制。计划新建的工厂，应当尽可能分散在中小城市。所有大中城市，都要根据实际可能，动员减下来的职工和他们的家属下乡；还要有计划地组织城市青年和技术人员到农村中去，参加社会主义新农村的建设。城市中应当积极地提倡节制生育。对于农村人口进城落户，应当加以限制。

十一、逐步改善大中城市的市政建设。

今后大中城市的工商业附加税、公用事业附加税和房地产税，统一划为市财政，由市人民委员会掌握，保证使用于城市的公用事业、公共设施以及房屋等的维修和保养，不要上交，也不能移作他用。这些维修和保养所需要的材料，要列入国家计划。

为了逐步改善城市人民的居住条件，城市房屋的租金，应当贯彻实行专款专用、以租养房的原则，保证使用于房屋的经常维修和改建、扩建；同时，国家应当根据可能的条件，在统一计划的安排下，逐步新建一些居民住宅。对于过去被拆除房屋的居民，凡是没有妥善安置的，都应当尽可能利用这次“精兵简政”后多余的房屋，或者利用一些中途停建而适合于居住的房屋，加以安置。今后，所有城市，在建设中应当尽可能地不拆除民房，凡是必须拆除民房的，都要事先行居民安置好，否则一律不许拆除。

城市中的企业、机关、学校的房屋及其附属的服务性的机构和设施，都应当有计划地、逐步地交给市人民委员会统一经营和管理，并由这些单位缴纳一定的房租和市政经费。在这方面，各大中城市可以先行试点，以便取得经验，逐步推广。

十二、按照集中统一、分级管理的原则，改进各种管理体制。

一九六二年一月扩大的中央工作会议所确定的关于在经济工作方面集中统一的十项要求，所有城市都应当继续贯彻执行。为了更好地加强中央的集中统一领导，同时发挥地方的积极性，中央、国务院责成国家计划委员会和国务院各办公室会同有关部门，分别对于生产任务的安排、基本建设投资的使用、生产资料和生活资料的分配、职工人数和工资总额的管理、财政收支的管理、内外贸易的管理、工业产品和外汇的分成等方面现行的管理体制，进行一次认真的审查，并且根据发展经济、保证供给的方针和集中统一、分级管理、因地制宜和留有机动的原则，结合当前城市生产中出现的新的情况和问题，提出全面的调整意见。

考虑到天津、沈阳、武汉、广州、重庆、西安六大城市在全国经济生活中的重要地位，中央、国务院确定，这些城市的工业生产、基本建设、物资调拨、主要商品分配、职工人数和工资总额、财政预算，在省的计划中单独列出来，同时上报中央，由中央和省共同安排。

为了贯彻执行上列各项规定，必须进一步加强党对城市工作的领导，加强党的城市基层组织的工作，特别是加强对干部和工人群众以及其他城市居民的思想政治工作。

城市的党委，都应当加强对城市党的基层组织的领导，帮助他们健全党的生活，加强党的思想建设和组织建设，充分发挥党支部的堡垒作用和党员的模范作用，团结职工群众和城市其他居民，出色地完成各项工作任务。

在有了正确的方针、政策之后，城市工作的改进，在很大限度上取决于干部的觉悟水平和工作态度。应当指出，在执行中央政策、克服当前困难中间，绝大部分干部的表现是很好的，他们抱着积极的态度，勤勤恳恳，埋头苦干。但是，也有少数干部不是这样，他们在困难面前精神不振，对前途缺乏信心，使得一些本来可以做好的工作不能很快做好，一些本来可以克服的困难不能很快克服。而阶级敌人和右派分子就利用我们的困难进行恶毒的挑拨和诽谤，把我们的情况说成漆黑一团，妄想全盘否定我们的成绩。中央的有关部、委，地方的有关党委，应当加强干部的思想教育工作，加强干部的阶级观点和阶级斗争教育，及时解决干部中的思想问题。必须教育干部实事求是地而又精神奋发地进行工作。要确立依靠工人阶级、特别是依靠老工人的思想，同群众打成一片，团结技术人员。要鼓足干劲，力争上游，千方百计地发展生产，战胜困难。

在过去一个时期内，各地根据中央的指示，向党的各级主要干部传达了今年一月的扩大中央工作会议的精神，又根据三月政府工作报告和五月中央颁发的关于减少职工和城镇人口的宣传要点，对职工和城市居民普遍地进行了宣传教育，效果很好。事实证明，凡是向城市人民认真地讲清形势，指出克服困难的办法以及光明的前途的，精简工作就进行得比较顺利。全国大多数城市的精简工作比较平稳，没有出什么大的乱子，是很不容易的，是同各级党委领导机关认真地细致地抓紧这一工作并且注意对群众的宣传教育有关的。目前，各城市党委应当抓紧时机，在切实解决生产和生活困难的同时，针对在大量减少职工以后部分职工和城市居民生活困难和思想波动的情况，进一步加强思想政治工作，对职工和其他居民进行系统的生动活泼的教育。应当向他们指出：由于党的各项方针、政策，特别是缩短工业生产建设战线、减少职工和城镇人口、节约财政开支的政策已经迅速见效，全国的经济形势正在进一步好转。全国职工响应党和政府的号召，发挥主人翁的精神和艰苦奋斗的传统，分担国家的困难，作出了重大的贡献。虽然目前还存在着不少困难，但是，我们完全有条件逐步克服这些困难，我们正在千方百计地克服这些困难。随着农业生产的恢复、城市精减计划的完成和工业生产的增长，城市的经济情况必将进一步好转。要使他们正确地认识到已经取得的成绩和光明的前途，安定他们的情绪，提高他们的社会主义觉悟，鼓舞他们对困难作斗争的信心，进一步把他们的积极性调动起来，努力增产节约，为争取城市经济形势进一步好转而奋斗。

党中央深信，只要我们进一步贯彻执行调整、巩固、充实、提高的方针，切实解决当前工作中的问题，全党团结一致，和衷共济，同心同德，一定能够战胜暂时的困难，把总路线、“大跃进”、人民公社的光辉旗帜更高地举起，经过几年的努力，达到调整国民经济和调整工业的根本目的，即把工业的发展转移到以农业为基础的轨道上来，切实做到品种多、质量好，我们就能够使我国的社会主义建设进入一个新的大发展的时期。

中共中央、国务院关于调整市镇建制、缩小城市郊区的指示

（1963年12月7日）

市镇是工商业和手工业的集中地。由于这种地区的经济条件和生活方式都不同于农业地区，国家需要设置市镇建制，来对它进行专门的管理。市镇人口占全国总人口的比例，一定要受农业生产水平的制约。因此，对市镇人口必须严格控制，对市镇建制的设置必须恰当。

前几年，我国城镇人口增加过猛，市镇建制增加过多，超过了农业生产的负担能力，给社会主义建设带来不少困难。经过两年多的调整，压缩城镇人口的工作取得了巨大的成绩，市镇数目有所减少。全国城镇人口到1963年6月底止，净减了1600余万人。市的数目，由1961年底的208个，减少到1963年6月底的179个。县属镇的数目，由1961年底的4429个，减少到1962年底的4219个。但是，从我国当前农业生产水平和工业建设的实际需要来看，城镇人口占全国总人口的比重仍然过大；市镇建制仍然过多；市的郊区仍然偏大。这种状况，对于国民经济的发展是不利的，必须加以改变。为此，中共中央、国务院对于调整市镇建制、缩小城市郊区问题，作如下的指示：

一、撤销不够设市条件的市

各省、自治区应该根据中共中央、国务院1962年10月“关于当前城市工作若干问题的指示”中有关调整市镇建制的原则，和国务院1955年6月“关于设置市、镇建制的决定”中规定的设市条件，对现有的市逐个进行审查，凡是在完成精减职工、减少城镇人口任务和缩小郊区以后，聚居人口仍然在10万人以上的，一般可以保留市的建制（没有必要保留市建制的，也应该撤销）；聚居人口不足10万的，必须是省级国家机关所在地，或者是重要工矿基地，或者是规模较大的物资集散地，或者是边疆地区的重要城镇，并且确有必要由省、自治区领导的，才可以保留市的建制。其他一切不

符合上述条件的市，都应该撤销。市建制撤销以后，应该根据不同情况，恢复原来的县，或者改为县属的镇。如果新改的和原有的县属镇规模大、居民委员会数量过多，在必要时，经过省、自治区人民委员会批准，可以建立街道办事处，作为镇人民委员会的派出机构。

二、缩小市的郊区

市的郊区是指这样的地区：（1）当前城市建设所必需的地区；（2）紧靠市区的职工聚居区；（3）设在市区附近的必需的蔬菜等主要副食生产基地；（4）无法从市区划出的插花性质的农业区；（5）受地形限制，划归市比较有利的地区；（6）群众经济生活与城市关系密切的地区。凡是不符合上述原则的地区，都不应该划为郊区。市辖县应当按县的建制进行领导和管理，不得划为远郊区。市的郊区应该尽量缩小。市总人口中农业人口所占比重一般地不应当超过20%，不及20%的，一般不动；超过20%的，应该压缩；确实有必要超过20%的，必须由省、自治区人委报国务院批准。

为了统一市的人口统计口径，规定：市总人口包括市区人口和郊区人口；市区和郊区的非农业人口列入市的城市人口，市区和郊区的农业人口列入乡村人口。各地在缩小城市郊区的同时，应该对城市所需要的蔬菜等主要副食的供应问题，作出统一安排。郊区解决不了的部分，由附近的县负责支援。

三、调整镇的建制

设置镇的建制，应该是工商业和手工业相当集中，绝大多数居民从事这些行业，确实有必要由县领导才有利于经济发展和物资交流的地方。国务院1955年6月“关于设置市、镇建制的决定”中，曾经规定：“县级或者县级以上地方国家机关所在地，可以设置镇的建制。不是县级或者县级以上地方国家机关所在地，必须是聚居人口在2000以上、有相当数量的工商业居民、并确有必要时，方可设置镇的建制。少数民族地区如有相当数量的工商业居民，聚居人口虽不及2000，确有必要时，亦得设置镇的建制。”这个标准在当时还是恰当的；从目前的情况来看，显得宽一些，需要加以改变。现在重新规定：

（一）工商业和手工业相当集中、聚居人口在3000人以上，其中非农业人口占70%以上，或者聚居人口在2500人以上不足3000，其中非农业人口占85%以上，确有必要由县级国家机关领导的地方，可以设置镇的建制。少数民族地区的工商业和手工业集中地，聚居人口虽然不足3000，或者非农业人口不足70%，但是确有必要由县级国家机关领导的，也可以设置镇的建制。现有的镇建制，凡是不符合上述条件的，或者虽然符合上述人口条件，但是以改归乡村人民公社领导为有利的，都应该撤销；即使是县级或者县级以上地方国家机关所在地，也应该撤销。

（二）现在由农村人民公社领导的集镇，凡是以保持原有领导关系更为有利的，即使符合设镇的人口条件，也不要设置镇的建制。在撤销了镇建制的地方，原镇属居民一律列为乡村人口。

四、调整林场、农场、矿山、油田等地区的市镇建制

林场、农场、矿山、油田等地区，很多是产品单一、生产场地分散、不宜于建设集中的市镇。因此，中央指定冶金工业部协同安徽省人民委员会在马鞍山矿区，煤炭工业部协同河南省人民委员会在平顶山矿区，林业部、石油工业部、农垦部协同黑龙江省人民委员会分别在伊春林区、萨尔图油区、密山国营农场，根据城乡结合、工农结合、利于生产、方便生活的原则，重新调整市镇建制。经过试点总结经验，改变现在沿袭一般设置市镇建制的做法。并要求于1964年3月底提出方案，报告中共中央、国务院作出专门规定。因此，这类地区市镇建制的调整，可暂缓进行。这次调整市镇建制、缩小城市郊区的工作，要求在1964年3月底以前完成。市建制的调整和市郊区的变动，该报国务院批准。镇建制的调整，应该报省、自治区、直辖市人民委员会批准，并报国务院备案。

调整市镇建制、缩小城市郊区，是贯彻执行以农业为基础以工业为主导发展国民经济的总方针，使市镇设置适应国民经济发展需要的一项重要措施。各地党委和人民委员会在进行这项工作的时候，必须加强思想政治领导，做好调查研究工作，妥善地解决在调整中遇到的各种问题，针对干部和群众的思想情况，进行深入、细致地说服解释工作，注意保持正常的经济生活和社会秩序。

国务院批转民政部关于调整设市标准和市领导县条件报告的通知

国发〔1986〕46号

各省、自治区、直辖市人民政府，国务院各部委、各直属机构：

国务院同意民政部《关于调整设市标准和市领导县条件的报告》，现转发给你们试行。

各地要认真总结设市和市领导县工作的经验，搞好规划，合理布局，严格按条件办理。应成熟一个搞一个，有计划有步骤地发展中小城市，促进城乡经济的发展。

国务院

一九八六年四月十九日

关于调整设市标准和市领导县条件的报告

国务院：

近年来，由于城乡经济的蓬勃发展，城镇的产业结构和人口结构发生了很大变化。现行的设市标准和市领导县条件，已不适应城乡变化了的新情况。为了适应城乡经济发展的需要，贯彻“控制大城市规模，合理发展中等城市，积极发展小城市”的方针，我部会同国家体改委、城乡建设环境保护部、劳动人事部、公安部、国家统计局等有关部门，进行了广泛的调查研究，并多次征求了各省、自治区、直辖市的意见，建议对一九八三年提出、内部掌握执行的设市标准和市领导县条件作如下调整：

一、非农业人口（含县属企事业单位聘用的农民合同工、长年临时工，经工商行政管理部门批准登记的有固定经营场所的镇、街、村和农民集资或独资兴办的第二、三产业从业人员，城镇中等以上学校招收的农村学生，以及驻镇部队等单位的人员，下同）六万以上，年国民生产总值二亿元以上，已成为该地经济中心的镇，可以设置市的建制。少数民族地区和边远地区的重要城镇，重要工矿科研基地，著名风景名胜区，交通枢纽，边境口岸，虽然非农业人口不足六万、年国民生产总值不足二亿元，如确有必要，也可设置市的建制。

二、总人口五十万以下的县，县人民政府驻地所在镇的非农业人口十万以上、常住人口中农业人口不超过40%、年国民生产总值三亿元以上，可以设市撤县。设市撤县后，原由县管辖的乡、镇由市管辖。

总人口五十万以上的县，县人民政府驻地所在镇的非农业人口一般在十二万以上、年国民生产总值四亿元以上，可以设市撤县。

自治州人民政府或地区（盟）行政公署驻地所在镇，非农业人口虽然不足十万、年国民生产总值不足三亿元，如确有必要，也可以设市撤县。

三、市区非农业人口二十五万以上、年国民生产总值十亿元以上的中等城市（即设区的市），已成为该地区政治、经济和科学、文化中心，并对周围各县有较强的辐射力和吸引力，可实行市领导县的体制。一个市领导多少县，要从实际出发，主要应根据城乡之间的经济联系状况，以及城市经济实力大小决定。

四、有关设市的审批手续，仍按《国务院关于行政区划管理的规定》（国发〔1985〕8号）办理。

以上报告如无不妥，请批转各地试行。

民政部

一九八六年二月三日

国务院批转民政部关于调整设市标准报告的通知

国发〔1993〕38号1993年5月17日

各省、自治区、直辖市人民政府，国务院各部委、各直属机构：

国务院同意民政部《关于调整设市标准的报告》，现转发给你们试行。

为了适应经济、社会发展和改革开放的新形势，适当调整设市标准，对合理发展中等城市和小城市，推进我国城市化进程，具有重要意义。各地要认真总结设市工作的经验，坚持实事求是的原则，搞好规划，合理布局，严格标准，有计划、有步骤地发展中小城市。已经设市和拟设市的地方，都要十分重视农村工作，十分重视农业生产，以使城乡经济协调发展。

新的设市标准由民政部负责解释。

民政部关于调整设市标准的报告

（1993年2月8日）

国务院：

现行设市标准，是一九八六年经国务院批准试行的。从试行的情况看，现行设市标准贯彻了改革精神，方向是正确的。执行这一标准，使设市工作走出了新的路子，基本适应了近年来城乡经济和社会发展的客观要求。六年多来，我部认真贯彻国务院关于城市发展的基本方针，按照现行设市标准，积极而稳妥地新设了一批市的建制，加快了这些地方的繁荣和发展，促进了具有中国特色的城市化进程，推动了我国城市总体布局逐步趋于合理。但是，在实施过程中，现行设市标准也反映出一些不足，主要是：有的指标统计难度较大，且难以核实；一些设市时需要考察的重要条件在现行标准中尚未体现；有些指标还不尽科学合理；分类指导的原则在标准中反映不充分；没有规定设置地级市的标准等。为了进一步适应经济、社会发展的需要，逐步完善设市标准，我部从一九八九年开始，即着手设市标准的调整和修改工作，在深入调查研究，形成修改稿的基础上，又征求了国务院有关部门、各省、自治区、直辖市以及有关科研单位的意见。“八五”计划公布后，又按“八五”计划中关于“城市发展要坚持实行严格控制大城市规模，合理发展中等城市和小城市的方针，有计划地推进我国城市化进程，并使之同国民经济协调发展”的精神，作了相应的修改。经过反复研究和论证，建议对一九八六年国务院批准试行的设市标准作以下调整：

一、设立县级市的标准

（一）每平方公里人口密度四百人以上的县，达到下列指标，可设市撤县：

1. 县人民政府驻地所在镇从事非农产业的人口（含县属企事业单位聘用的农民合同工、长年临时工，经工商行政管理部门批准登记的有固定经营场所的镇、街、村和农民集资或独资兴办的第二、三产业从业人员，城镇中等以上学校招收的农村学生，以及驻镇部队等单位的人员，下同）不低于十二万，其中具有非农业户口的从事非农产业的人口不低于八万。县总人口中从事非农产业的人口不低于30%，并不少于十五万。

2. 全县乡镇以上工业产值在工农业总产值中不低于80%，并不低于十五亿元（经济指标均以一九九〇年不变价格为准，按年度计算，下同）；国内生产总值不低于十亿元，第三产业产值在国内生产总值中的比例达到20%以上；地方本级预算内财政收入不低于人均一百元，总收入不少于六千万元，并承担一定的上解支出任务。

3. 城区公共基础设施较为完善。其中自来水普及率不低于65%，道路铺装率不低于60%，有较好的排水系统。

（二）每平方公里人口密度一百人至四百人的县，达到下列指标，可设市撤县：

1. 县人民政府驻地镇从事非农产业的人口不低于十万，其中具有非农业户口的从事非农产业的人口不低于七万。县总人口中从事非农产业的人口不低于25%，并不少于十二万。

2. 全县乡镇以上工业产值在工农业总产值中不低于70%，并不低于十二亿元；国内生产总值不低于八亿元，第三产业产值在国内生产总值中的比例达到20%以上；地方本级预算内财政收入不低于人均八十元，总收入不少于五千万元，并承担一定的上解支出任务。

3. 城区公共基础设施较为完善。其中自来水普及率不低于60%，道路铺装率不低于55%，有较好的排水系统。

（三）每平方公里人口密度一百人以下的县，达到下列指标，可设市撤县：

1. 县人民政府驻地镇从事非农产业的人口不低于八万，其中具有非农业户口的从事非农产业的人口不低于六万。县总人口中从事非农产业的人口不低于20%，并不少于十万。

2. 全县乡镇以上工业产值在工农业总产值中不低于60%，并不低于八亿元；国内生产总值不低于六亿元，第三产业产值在国内生产总值中的比例达到20%以上；地方本级预算内财政收入不低于人均六十元，总收入不少于四千万元，并承担一定的上解支出任务。

3. 城区公共基础设施较为完善。其中自来水普及率不低于55%，道路铺装率不低于50%，有较好的排水系统。

（四）具备下列条件之一者，设市时条件可以适当放宽：

1. 自治州人民政府或地区（盟）行政公署驻地。

2. 乡、镇以上工业产值超过四十亿元，国内生产总值不低于二十五亿元，地方本级预算内财政收入超过一亿元，上解支出超过50%，经济发达，布局合理的县。

3. 沿海、沿江、沿边境重要的港口和贸易口岸，以及国家重点骨干工程所在地。

4. 具有政治、军事、外交等特殊需要的地方。

具备上述条件之一的地方设市时，州（盟、县）驻地镇非农业人口不低于六万，其中具有非农业户口的从事非农产业的人口不低于四万。

（五）少数经济发达，已成为该地区经济中心的镇，如确有必要，可撤镇设市。设市时，非农业人口不低于十万，其中具有非农业户口的从事非农产业的人口不低于八万。地方本级预算内财政收入不低于人均五百元，上解支出不低于财政收入60%，工农业总产值中工业产值高于90%。

（六）国家和部委以及省、自治区确定予以重点扶持的贫困县和财政补贴县原则上不设市。

（七）设置市的建制，要符合城市体系和布局的要求，具有良好的地质、地理环境条件。

（八）县级市不设区和区公所，设市撤县后，原由县管辖的乡、镇，由市管辖。

二、设立地级市的标准

市区从事非农产业的人口二十五万人以上，其中市政府驻地具有非农业户口的从事非农产业的人口二十万人以上；工农业总产值三十亿元以上，其中工业产值占80%以上；国内生产总值在二十五亿元以上；第三产业发达，产值超过第一产业，在国内生产总值中的比例达35%以上；地方本级预算内财政收入二亿元以上，已成为若干市县范围内中心城市的县级市，方可升格为地级市。

设立县级市及地级市标准中的财政收入指标，将根据全国零售物价指数上涨情况，由民政部报经国务院批准适时调整。

以上报告如无不妥，请批转各地试行。

中央机构编制委员会
印发《关于副省级市若干问题的意见》的通知

中编发〔1995〕5号

《关于副省级市若干问题的意见》已经中央机构编制委员会办公室商有关部门，并报党中央、国务院领导同意，现印发给你们，请贯彻执行。

一九九五年二月十九日

关于副省级市若干问题的意见

中编委关于广州、武汉、哈尔滨、沈阳、成都、南京、西安、长春、济南、杭州、大连、青岛、深圳、厦门、宁波共16市行政级别定为副省级的通知（中编〔1994〕1号文件）下发后，各地普遍认为，将这些城市定为副省级市，不仅有利于加快这些城市的经济与社会发展，而且有利于更好地发挥这些中心城市的辐射作用。同时，各地也提出了一些问题和意见，经研究，现予以明确。

一、关于与省的关系问题。16市定为副省级后，仍为省辖市，由所在省的省委、省政府领导。这些市的机构改革方案仍由所在省审批，同进抄报中编委备案。16市的经济管理权限有关规定执行。

二、关于市直机关、市辖区和县的级别问题。16市直属机关的级别，可比照国办发〔1993〕85号通知中关于国务院直属机构和部委管理的国家局的机构级别确定，即市直工作部门为副厅级，内设机构为处级。市辖区及其工作部门的级别，可比照市直机关相对应的关系确定；市辖县和代管的县级市的级别仍为处级，其工作部门仍为科级。

三、关于干部管理问题。按中央组织部《关于广州等16城市干部管理范围问题的通知》（组通字〔1994〕28号）执行，即：（一）市委书记、市人大常委会主任、市长、市政协主席职务列入《中共中央管理的干部职务名称表》，其职务任免由省委报中共中央审批。（二）市委副书记、市委常委、市纪委书记、市人大常委会副主任、副市长、市政协副主席、市中级人民法院院长、市人民检察院检察长的职务任免报中央组织部备案。备案办法按组通字〔1991〕10号文件规定办理。市委组织部部长的职务任免，须事先征得中央组织部同意。其他干部管理范围的确定，由省委根据本省实际情况研究决定。（三）市委、市纪委、市人大、市政府、市政协领导班子换届选举时，省委须将人事安排方案报中央组织部审核。

四、关于机关工作人员的工资问题。1993年机关、事业单位工资制度改革时，经党中央、国务院批准，广州、武汉、重庆、沈阳、大连、西安、哈尔滨、南京八个市级关工作人员比照国务院直属机构工作人员的套改办法套改职级工资。对其余的八个市，人事部意见，考虑到1993年9月30日全国机关、事业单位工资制度改革时，这八个市尚未明确为副省级，因此，在工资套改中，其机关工作人员应按当时所在省组织、人事部门明确的职务套改职级工资。从确定为副省级市的下一个月起，按重新确定的职务再进入相应的工资标准。职务工资和级别工资标准，比照国务院直属机构工作人员的工资标准执行。

五、关于其他省会市要求为副省级问题。根据国务院领导同志指示，要在总结16市经验的基础上，对其他省会市加强调查研究，提出标准，统筹考虑，适当时候，对条件成熟的省会市的级别问题提请党中央、国务院审批。

此外，关于副省级市行政级别的施行日期，按照国务院有关规定，从中编〔1994〕1号文件的签发日期1994年2月25日起施行。

中共中央、国务院关于地市州党政机关机构改革若干问题的通知

（1983年2月15日）

随着省、直辖市、自治区党政机关机构改革的逐步殿开，地、市、州党政机关机构改革也提上议事日程。1982年12月《中共中央、国务院关于省、市、自治区党政机关机构改革若干问题的通知》已对地市机构改革提出了原则意见，现就有关具体问题提出如下意见，请各地研究试行。

（一）积极试行地、市合并

地区党政领导机关过去做了大量工作，起了重要作用，但是，随着社会主义现代化建设事业的发展，现行地区管理体制的弊端日益明显。主要是，在政治、经济紧密相连的一个地区和城市内，往往存在地、市、县、镇几套领导机构，层次重叠，部门林立，行政工作人越来越多；人为地造成城乡分割、条块分割的局面，工作中互相矛盾，抵消力量；严重地阻碍着城乡的相互支援，束缚着经济、文化事业的协调发展。在六十年代，辽宁等省在经济发达地区。实行了市领导县的体制，中间虽几经反复，但实践证明，这样做好处很多，是符合社会主义建设客观规律的成功经验。

总结历史经验，适应社会主义现代化建设的特点和需要，在进行地、市机构改革时，指导思想上必须明确，以经济发达的城市为中心，以广大农村为基础，逐步实行市领导县的体制，使城市和农村紧密地结合起来，充分发挥两方面的优势，互相依存，互相支援，统一领导，全面规划，促进城乡经济、文化事业的发展，这是我们改革的基本目的和要求。主要办法是，实行地、市合并，由市领导县。一个市领导县数的多少，应根据每个市的经济发展程度，城乡自然联系和交通是否便利等条件确定，不受"一地一市"的限制。除此之外，还可采用扩大中城市郊区，让它多带几个县；把新兴工矿区或城镇改为市，管辖一部分农村；省、市（镇）合并，以及其他适当办

法。一时条件不具备的，也不要勉强硬凑。总之，各地应从实际出发，采取多种形式，有步骤地积极而稳妥地逐步建立起不同类型、不同规模的，以城市带动农村的领导体制和经济网络，以利于加快社会主义物质文明和精神文明的建设。

（二）既要管好城市又要管好农村

实行地、市合并，市领导县的体制后，城市党政领导机关对各项工作一定要统筹规划，全面安排，既要管好城市，又要管好农村。一定要防止放松对农村工作的领导，防止大中城市的进一步膨胀，防止把农村为城市提供农副产品当作唯一目的，防止农村依赖城市、处处向城市伸手。为了不削弱对农村工作的领导，应保留并加强主管农村工作的机构，它的性质和职权由各地自定。

市的领导体制和机构设置，要按照党政企合理分工的原则和经济体制改革的趋势进行改革，要进一步扩大企业的经济自主权，主要依靠经济组织和运用经济办法来管理经济，国家机关适合改为经济组织或事业单位的，就应改为经济组织或事业单位。因此，市的行政管理部门，特别是管理经济的部门，可以精简人员、紧缩编制，具体精简比例应按照城市大中小的不同情况合理确定。

市委委员一般二十五人至四十九人，常委一般七至十三人，正副书记三至五人，正副市长四至六人。在正副书记和市长中，具有高中以上文化程度的要不少于二分之一；年龄一般不超过六十岁，五十岁以下的要占二分之一。市人大设正副主任三至十一人，市政协设正副主席五至十三人。

市委工作部门设六至十一个，市政府工作部门设三十至四十个。小市可少于三十个，特大的市可多于四十个。市属各部门的主要领导干部配二至三人。

人员编制按照城市人口（不含市辖县的人口）的千分之三到千分之四核定（不含公、检、法、司法行政编制），郊区人口所占比重过大的，编制比例要适当降低。市属各级各部门的编制人数，由各市在编制总额内自行安排；市辖县的，每辖一县另增编制五十人。

（三）保留的地区党政机关应成为名副其实的派出机构

由于经济不够发达和其他条件不具备，暂时或在相当长的时期内还需保留的地区党政机关，必须按照党章和地方政府组织法的规定，改成名副其实的省、自治区的派出机构。这样做，有利于精简地区机构，提高工作效率，克服官僚主义，特别是有利于充分发挥县（市）的主动性和积极性。

地区党政领导机关，作为省、自治区的派出机构，主要任务是：检查了解所属各县贯彻执行党的路线、方针、政策和决定的情况，总结交流经验；督促检查所属各县完成上级布置的各项工作任务，协调相互关系；接受省、自治区党委的委托，管理一部分干部；完成省、自治区党委和政府交办的其他事项。

地区党政领导机关不作为一级领导实体，今后不直接管理企业事业单位，现在管理的可交给所在市、镇或者县；一时交不了的，可以暂行代管，过渡一段。县的工作由省、自治区直接布置。计划、财政、物资等主要经济指标，由省、自治区径自下达。某些重大事情需要地区去办时，应由省、自治区党委和政府统一下达，它们的工作部门不得随意给地区增派任务。

地区党政领导干部名额和机构编制，应大大精简：

一、领导干部名额。地委委员九至十三人，不设常委。地委书记和行署专员分别为一正二副，个别地区确因工作需要，可多配副书记和副专员各一人；地委和行署各办事机构的领导干部，一般设一正二副。在正副书记和专员中，高中以上文化程度的应不少于三分之一；年龄一般不超过六十岁，五十岁以下的应占三分之一。

二、机构设置。地委办事机构设五至七个。行署可设综合性的处室十个左右。此外，保留中级人民法院、地区检察分院；工会、共青团、妇联也应改为上级的派出机构。

三、编制人数。作为名副其实的派出机构，党政群机关人员编制一般不超过三百人（不含公、检、法和司法行政的编制）。地区党政机关原则上使用行政编制，一经确定，不得随意扩大或变相增加。

内蒙古、西藏、新疆和四川、云南、贵州、青海等边远、民族地方，因地域辽阔，交通不便，情况复杂，对地区党政机关的工作任务、机构设置和人员编制，可由有关省、自治区根据实际情况提出方案，报中央、国务院核准。

（四）自治州的机构设置和人员编制

按照宪法规定，自治州是一级政权。但也要进行机构改革，机构设置不宜分工过细。州党委可设工作部门五至七个，州政府可设工作部门十五个左右。党政群机关编制人数可视州的具体情况，一般以三百人左右为宜。州党委委员二十一至二十九人，常委七至十一人。州党委正副书记和州政府正副州长等领导干部，可参照对地区的规定配备，名额可增加一、两人。州人大常委正副主任和政协正副主席各设三至九人。

（五）加强领导，保证改革的顺利进行

一、地、市合并和地区成为名副其实的派出机构，是一项重大改革，情况复杂，牵涉面广，工作繁重。各省、市、自治区党政领导机关要统筹规划，加强领导，坚决而有步骤地进行。主要领导干部要亲自做思想动员工作，抓领导班子的人事安排；要注意改革中新的经验、新的形式；要随时发现问题和解决问题；要保证各项工作和生产的正常进行，防止发生任何混乱现象和造成任何损失。

二、配备市、州、地的领导班子，一定要坚持任人唯贤，坚持走群众路线。坚决大胆地选拔任用德才兼备、年富力强的中青年干部，注意培养选拔妇女干部和少数民族干部，在政府机关要安排适当的非党人士。要严格禁止"五种"进入领导班子。如果合适人选一时选不够，宁可留下空额，也不要勉强凑数。

三、地市定编以后，多下来的人员，要根据不同情况，采取多种办法，妥善安置。可以分配一些干部到县、社、厂矿企业去工作；对文化科学水平低的干部，可以送往学校学习、培养；还可以采取留职停薪的办法，接受社会招聘，参加各种形式的承包责任制，使他们各得其所。对在职干部要抓紧组织轮训，有计划地教育、提高。年龄已经过线的同志，要按照规定离休退休，并分别不同情况，组织他们在党、国家和社会生活中作一些力所能及的工作，继续发挥作用。对一些年龄较大、尚未过线、身体还好，但由于名额限制而没能进领导班子的老干部，各地可采取自己认为适当的办法（如在编制以内建立调研室、设立督导员或巡视员等），组织他们经常深入基层，了解情况，检查工作，发挥积极作用。

四、为了适应整个形势发展的需要，地（市）机构改革，特别是领导班子的调整，要求在九月底以前争取完成。

各省、市、自治区应根据上述原则和要求，结合当地的实际情况，拟定地、州、市机构改革的具体方案，报中央、国务院审核。

中央办公厅国务院办公厅
关于地市州机构改革中应注意的几个问题的通知

（1983年6月14日）

各省、市、自治区党委和人民政府，中央和国家机关各部委，军委总政治部，各人民团体：

最近，中央书记处、国务院根据四个月来各地贯彻执行中共中央、国务院《关于地市州党政机关机构改革若干问题的通知》的情况和问题，提出了以下意见，现通知如下：

一、实行地市合并、由市领导县的体制，目前在全国范围内仍处于试点阶段。除了条件确已具备，合并后有把握促进城乡密切结合、经济文化事业发展的地方可以试行以外，不宜多搞，更不可单纯从安排干部出发，在条件不具备的地方匆忙推行地市合并。

二、按照党章和地方政府组织法的规定，地区党政机关虽然不是一级，但是，鉴于多年习惯和现实情况，在全国大部分地区要改变目前地委和行署实际上行使一级领导机关职权的状况，使它们真正成为省、自治区党委和政府的派出机构，还需要一个过渡时期，这个时期也不会很短。但目前地委和行署的机构过于庞大，必须精简。作为第一步，一般应把现有人员编制减少三分之一；原来基数过大的，应该多减一点。精简后的工作机构，地委设五至七个，行署设十五至二十个。以后怎么办，待经过一段实践后再定。

自州区党政机关的现有人员编制，一般应减少三分之一。精简后的工作机构，州党委设五至七个，州政府设二十个左右。

三、现有的地辖市中，有的在经济上和其他方面都已有相当规模（如工业产值在四亿元左右，非农业人口在十五万左右），并且很有发展前途。为了更好地发挥这些城市的作用，可以将它升格为省、自治区辖市，并把周围的一个或两三个县划归市领导，以促进城乡经济文化事业的发展。

四、已经正式实行了地市合并、市领导县的体制的地方，也不要再作新的变动。并且要及时总结经验，切实加强领导，努力把它办好。如果有的市带的农村太多，可以适当划出一部分。有些地市虽然原已拟定合并，并经中央批准，但如果认为条件还不是十分具备，而且还没有正式宣布合并的地方，就不要急急忙忙合并，待总结试点经验以后再定。

请各省、市、自治区按照上述精神，对原定的地市州机构改革和地方合并方案再认真检查、讨论一次，进行必要的调整和修改，并尽快把最后主案报中央、国务院审批，以利于稳定干部思想，抓紧进行地市州机构改革和领导班子配备，促进工农业生产的发展和其他各项工作的顺利进行。

中共中央、国务院
关于进一步加强土地管理切实保护耕地的通知

（1997年4月15日）

土地是十分宝贵的资源和资产。我国耕地人均数量少，总体质量水平低，后备资源也不富裕。保护耕地就是保护我们的生命线。但近年来，一些地方乱占耕地、违法批地、浪费土地的问题没有从根本上解决，耕地面积锐减，土地资产流失，不仅严重影响了粮食生产和农业发展，也影响了整个国民经济的发展和社会的稳定。对于土地管理特别是耕地保护这个事关全国大局和中华民族子孙后代的大问题，党中央、国务院高度重视，经过多次研究认为，从我国国情出发，我国的土地管理特别是耕地保护措施必须是十分严格的，必须认真贯彻“十分珍惜和合理利用每寸土地，切实保护耕地”的基本国策，必须采取治本之策，扭转在人口继续增加情况下耕地大量减少的失衡趋势。为此，特通知如下：

一、加强土地的宏观管理

各省、自治区、直辖市必须严格按照耕地总量动态平衡的要求，做到本地耕地总量只能增加，不能减少，并努力提高耕地质量。各级人民政府要按照提高土地利用率，占用耕地与开发、复垦挂钩的原则，以保护耕地为重点，严格控制占用耕地，统筹安排各业用地的要求，认真做好土地利用总体规划的编制、修订和实施工作。不符合上述原则和要求的土地利用总体规划，都要重新修订。土地利用总体规划的编制和修订要经过科学论证，严密测算，切实可行；土地利用总体规划一经批准，就具有法定效力，并纳入国民经济和社会发展五年计划和年度计划，严格执行。在修订的土地利用总体规划批准前，原则上不得批准新占耕地。

实行占用耕地与开发、复垦挂钩政策。要严格控制各类建设占地，特别要控制占用耕地、林地，少占好地，充分利用现有建设用地和废弃地等。农业内部结构调整也要充分开发利用非耕地。除改善生态环境需要外，不得占用耕地发展林果业和挖塘养鱼。非农业建设确需占用耕地的，必须开发、复垦不少于所占面积且符合质量标准的耕地。开发耕地所需资金作为建设用地成本列入建设项目总投资，耕地复垦所需资金列入生产成本或建设项目总投资。占用耕地进行非农业建设，逐步实行由建设单位按照当地政府的要求，将所占耕地地表的耕作层用于重新造地。在国家统一规划指导下，按照谁开发耕地谁受益的原则，以保护和改善生态环境为前提，鼓励耕地后备资源不足的地区与耕地后备资源较丰富的地区进行开垦荒地、农业综合开发等方面的合作。各地要大力总结和推广节约用地以及挖掘土地潜力的经验。

加强土地利用计划的管理。各级人民政府要根据国民经济与社会发展规划、国家产业政策和土地利用总体规划的要求，按照国民经济和社会发展计划的编报程序，制定包括耕地保护、各类建设用地征用、土地使用权出让、耕地开发复垦等项指标在内的年度土地利用计划，加强土地利用的总量控制。各项建设用地必须符合土地利用总体规划和城市总体规划，并纳入年度土地利用计划。年度土地利用计划实行指令性计划管理，一经下达，必须严格执行，不得突破。

严格贯彻执行《基本农田保护条例》。各地人民政府要以土地利用现状调查的实有耕地面积为基数，按照《基本农田保护条例》规定划定基本农田保护区，建立严格的基本农田保护制度，并落实到地块，明确责任，严格管理。要建立基本农田保护区耕地地力保养和环境保护制度，有效地保护好基本农田。

积极推进土地整理，搞好土地建设。各地要大力总结和推广土地整理的经验，按照土地利用总体规划的要求，通过对田、水、路、林、村进行综合整治，搞好土地建设，提高耕地质量，增加有效耕地面积，改善农业生产条件和环境。

二、进一步严格建设用地的审批管理

对农地和非农地实行严格的用途管制。自本通知下发之日起，冻结非农业建设项目占用耕地一年，确实需要占用耕地的，报国务院审批。解决城镇中低收入家庭住房困难户住房和安居工程以及经国家批准的重点建设项目用地，仍按原规定报批。

各项建设用地都必须严格按照法定权限和程序报批。在建设项目可行性研究报告评审阶段，土地管理部门就要对项目用地进行预审。凡不符合土地利用总体规划的、城市内的建设项目不符合城市总体规划的、未纳入年度土地利用计划的以及不符合土地管理法规和建设用地有关规定的建设项目，都不得批准用地，项目不得开工建设。

三、严格控制城市建设用地规模

城市规划、建设和管理必须严格执行《中华人民共和国城市规划法》和《国务院关于加强城市规划工作的通知》（国发〔1996〕18号）等有关法律、法规，严格控制大城市的用地规模，特别要严格控制中等城市和小城市用地。对城市建设规划规模过大的，要坚决压缩到标准控制规模以内。自本通知下发之日起，冻结县改市的审批。

城市建设用地应充分挖掘现有潜力，尽可能利用非耕地和提高土地利用率。城市的建设和发展要严格按照经批准的城市总体规划，从实际出发，量力而行，分步实施。城市建设总体规划要与土地利用总体规划相衔接，用地规模不得突破土地利用总体规划。

对城市总体规划进行局部调整或作重大变动，必须在得到审批机关认可后进行，并按照《国务院关于加强城市规划工作的通知》要求备案或报批。对各类城市的建设用地，要在城市规划中实行规定标准管理，从我国国情出发，统筹安排，确定人均占地标准，具体落实到每个城镇，不得突破。大城市的城市建设用地和人口规模，到2000年应控制在经批准的总体规划的近期规划范围内，不得再扩大。要加强对用地的集中统一管理，不得下放规划管理权和用地审批权。

四、加强农村集体土地的管理

要结合划定基本农田保护区，制定好村镇建设规划。村镇建设要集中紧凑、合理布局，尽可能利用荒坡地、废弃地，不占好地。在有条件的地方，要通过村镇改造将适宜耕种的土地调整出来复垦、还耕。

农村居民的住宅建设要符合村镇建设规划。有条件的地方，提倡相对集中建设公寓式楼房。农村居民建住宅要严格按照所在的省、自治区、直辖市规定的标准，依法取得宅基地。农村居民每户只能有一处不超过标准的宅基地，多出的宅基地，要依法收归集体所有。

严禁耕地撂荒。对于不再从事农业生产、不履行土地承包合同而弃耕的土地，要按规定收回承包权。鼓励采取多种形式进行集约化经营。

积极推行殡葬改革，移风易俗，提倡火葬。土葬不得占用耕地。山区农村可集中划定公共墓地。平原地区的农村，提倡建骨灰堂，集中存放骨灰。要在做好深入细致的思想工作、取得当事人支持与配合的前提下，对占压耕地、林地形成的坟地，采取迁移、深葬等办法妥善处理，以不影响耕种或复垦还耕、还林。

发展乡镇企业要尽量不占或少占耕地、节约使用土地。乡镇企业用地，要按照经批准的村镇建设规划的要求，合理布局，适当集中，依法办理用地审批手续。大力推广新型墙体材料，限制黏土砖生产，严禁占用耕地建砖瓦窑。已经占用耕地建砖瓦窑的，要限期调整、复耕。

除国家征用外，集体土地使用权不得出让，不得用于经营性房地产开发，也不得转让、出租用于非农业建设。用于非农业建设的集体土地，因与本集体外的单位和个人以土地入股等形式兴办企业，或向本集体以外的单位和个人转让、出租、抵押附着物，而发生土地使用权交易的，应依法严格审批，要注意保护农民利益。

集体所有的各种荒地，不得以拍卖、租赁使用权等方式进行非农业建设。

五、加强对国有土地资产的管理

严格控制征用耕地出让土地使用权。禁止征用耕地、林地和宜农荒地出让土地使用权用于高尔夫球场、仿古城、游乐宫、高级别墅区等高档房地产开发建设以及兴建各种祠堂、寺庙、教堂。

国有土地使用权有偿出让，主要采取公开招标拍卖的方式，鼓励公平竞争。建立土地基准地价和标定地价评估的公布制度。国有土地使用权拍卖底价须在科学估价的基础上，依照国家产业政策确定。成交价格应向社会公布。

涉及国防安全、军事禁区、国家重点保护区域等的国有土地使用权出让和外商投资进行成片土地开发的项目，一律报国务院审批。禁止对外出让整个岛屿的土地使用权。

国家对原以划拨方式取得国有土地使用权用于非农业经营的，除法律规定可以继续实行划拨外，逐步实行有偿有限期使用办法。国有企业改制为有限责任公司或股份有限公司涉及的原划拨土地使用权，必须经过地价评估，依法实行有偿使用。国有企业改组涉及的原划拨土地使用权，按国家有关规定办理。旧城区改造涉及的原划拨土地使用权，可由政府依法收回，除按法律规定的范围实行划拨外，其余一律依法实行有偿有限期使用。

规范土地使用权转让市场，严禁炒买炒卖“地皮”等非法交易。以出让方式取得的国有土地使用权，未按法律规定的期限和条件开发、利用的，其土地使用权不得转让。非法转让的，应依法处罚，没收其非法所得，直至终止其土地使用权。国有土地使用权转让，必须依法进行土地权属变更登记，未经登记的，属于非法转让，要依法查处。

今后，原有建设用地的土地收益全部留给地方，专款用于城市基础设施建设和土地开发、中低产田改造；农地转为非农建设用地的土地收益，全部上缴中央，原则用于耕地开发，具体办法国务院另行规定。国有土地使用权出让等有关土地收益全部纳入财政预算管理，各级人民政府及其财政、审计部门要加强对土地收益的监督管理，防止资产流失。

六、加强土地管理的执法监督检查

要在总结一些地方进行土地执法监察试点经验的基础上，建立和完善土地执法监察制度，强化土地管理的执法监督工作。

各省、自治区、直辖市人民政府要组织力量，对辖区内1991年以来各类建设（包括各类开发区建设）以及农村宅基地用地情况进行全面的清查，对发现的问题，要依法处理。清查工作要在1997年10月底之前完成，并向党中央、国务院报告清查及查处情况。

清查的主要内容包括：（1）凡未经国务院或省级人民政府批准的各类开发区一律撤除，并立即停止一切非农业建设活动，限期复垦还耕；对已经国务院或省级人民政府批准的各类开发区未按计划进行开发的土地，要依法处理。（2）全面清理整顿经营性房地产开发项目（包括高尔夫球场等）用地。对未按审批权限依法办理审批手续的用地，要逐个依法清理检查。对未按照合同规定期限进行开发的土地，也要依法清理检查，属于农田的，必须限期恢复农业用途。（3）依法全面清查土地使用权转让、出租、抵押等交易行为。对于非法炒买炒卖“地皮”牟取暴利的行为，要依法从严惩处。（4）全面清理整顿乡镇企业、村镇建设、农村宅基地等占用的土地，特别是要全面清理整顿占用的耕地。

国务院责成国家土地管理局、建设部、监察部会同有关部门，组织联合执法检查组，对各地的土地清查工作情况进行执法监察，并提出相应的监察建议。土地执法监察要形成制度，对发现的问题要从严查处。违反土地利用总体规划、破坏耕地的，国家工作人员滥用职权违法批地、严重渎职的，要依法追究刑事责任。

土地管理部门要抓紧建立全国土地管理动态信息系统，采用现代技术手段，加强对全国土地利用状况的动态监测。

七、加强对土地管理工作的组织领导

土地问题涉及全民族的根本利益，必须服从国家的统一管理。国家管理土地的职能只能加强，不能削弱。要进一步改革和完善土地管理体制，加强土地管理的法制建设。

各级党委、人民政府都要高度重视土地管理特别是耕地保护工作，支持土地管理部门依法行政。各级土地管理部门要切实履行职责，严格执法，依法管好土地。要将加强土地管理、切实保护耕地、合理利用土地资源工作情况，作为考核地方各级党委和人民政府及其负责人工作的重要内容，实施监督、监察，并接受社会的监督。

要加强全民的土地国情国策的宣传教育。重点是教育广大干部特别是领导干部增强土地忧患意识，提高保护耕地的自觉性。在干部教育中要增加土地国情国策的内容。发展经济要以保护耕地为前提，办一切事业都要十分珍惜和合理利用每寸土地。

各省、自治区、直辖市党委、人民政府，要认真学习和传达本通知精神，并研究贯彻落实的具体措施，在今年6月底前向党中央、国务院作出报告。国务院责成国家土地管理局会同监察部等有关部门监督检查本通知的贯彻执行情况。

附图目录

附表目录

后记 Postscript

行政管理体制与行政区划改革是城镇化进程中的一个重要话题，一直也是城市中心研究的重点内容。2013年以来，在民政部区划地名研究课题资助下，课题组对行政区划问题进行了持续研究。2014年，国家发展和改革委员会将《积极稳妥推进新型城镇化》列入“2014年度全委层面重大课题”，并且将《城镇化进程中的行政区划体制改革》列为其中一个子课题。在上述课题研究的基础上，我们课题组针对城镇化进程中行政区划调整改革的实证效果进行了细致分析，形成了这份研究报告。

报告是城市中心研究人员多年持之以恒研究成果的积累，没有中心先前的研究基础就不会有今天这份报告，在此我们课题组要向中心研究人员表示感谢和致敬。在本报告研究写作过程中，中心主任李铁研究员对研究工作的开展给予了很大支持，李铁主任的一些思想和观点对课题研究开展具有重要作用，他开阔的视野为研究开展拓宽了思路，他缜密的逻辑为课题顺利推进提供了保障，在此我们要对李铁主任给予课题研究的支持表示真诚的感谢。

课题研究过程中得到了民政部区划地名司、国家发展改革委员会规划司和政策研究室的大力支持，他们的工作为课题研究成果应用提供了平台。研究过程中我们也得到了中科院地理所陈田研究员、王开泳副研究员、上海复旦大学陆铭教授、广州中山大学李珣教授、徐现祥教授等专家学者的帮助，为课题研究提出了很好的建议。

结合当前行政区划调整新形势，为让行政区划调整可以更好地与城镇化发展适应，并引导社会各界关注和参与到行政区划调整研究中，课题组决定将研究报告出版。报告的出版不是一个终点，而是一个全新的开始，今后在新的发展形势下，我们将会继续对行政管理体制以及行政区划调整进行持续跟踪研究，希望与社会各界同仁一起，为中国新型城镇化发展贡献一份力量。

范　毅

2017年9月